民事证据法学

第二版

Civil Evidence Law

主编 江伟 邵明

撰稿人（以撰写章节先后为序）

邵 明 纪格非 韩 香 江 伟

常廷彬 熊跃敏 曹新华

中国人民大学出版社

·北京·

编审委员会

作者分工

（以撰写章节先后为序）

邵　明（中国人民大学民商事法律科学研究中心专职研究员，中国人民大学法学院教授，法学博士，博士生导师）：前言、第一章、第二章第三节、第八章。

纪格非（中国政法大学副教授，法学博士）：第二章、第五章。

韩　香（中国人民大学法学院博士）：第三章、第四章。

江　伟（中国人民大学法学院教授，博士生导师）：第六章、第七章。

常廷彬（广东外贸大学教授，法学博士）：第六章、第七章。

熊跃敏（北京师范大学法学院教授，法学博士，博士生导师）：第九章、第十章。

曹新华（河南大学法学院讲师，法学博士）：第九章。

全书（第二版）由邵明教授统稿。

主编简介

江伟：中国人民大学法学院教授，中国人民大学民商事法律科学研究中心专职研究员，博士生导师。我国当代著名法学家，系新中国民事诉讼法学奠基人之一。曾兼任中国法学会民事诉讼法学研究会名誉会长，最高人民检察院专家咨询委员会委员。曾为北京师范大学、西南政法大学等高等院校的特聘教授或客座教授。

独著：《探索与构建》《民事诉讼法》等书。主编：《民事诉讼法》（国家级规划教材）、《证据法学》（全国高等自学考试指定教材）、《民事诉讼法典专家修改建议稿及立法理由》等。在《中国社会科学》《中国人民大学学报》《中国法学》《法学研究》《法学家》和《日本国际商事法务》等刊物上，发表诸多有重大影响的学术论文。

曾获全国高校人文社会科学研究成果二等奖、教育部全国高等学校优秀教材一等奖、司法部优秀教材与优秀法学成果二等奖等国家级和省部级奖励。

邵明：法学博士，中国人民大学法学院教授，博士生导师；国家教育部人文社会科学重点研究基地中国人民大学民商事法律研究中心专职研究员。兼任国家博士后基金项目评审专家、教育部学位中心论文评审专家、北京电视台科教节目中心特约法学专家等。

独著：《民事诉讼法理研究》（首届中华优秀出版物奖）、《民事诉讼法学》《正当程序中的实现真实——民事诉讼证明法理之现代阐释》（中国法学学术丛书）、《现代民事诉讼基础理论》等。合著：《民事诉讼法学原理》《中国大百科全书（法学卷）》《民事诉讼法》（普通高等教育"十一五"国家级规划教材）等书。

发表《论社会主义法与利益分配正义》《论诉的利益》《论我国和谐社会中的民事调解》《论民事诉讼证据裁判原则》《论民事诉讼程序参与原则》《宪法视野中的民事诉讼正当程序》《析现代民事证明责任的减免》《析法院职权探知主义》《论民事诉讼安定性原理》《论我国涉外民事诉讼程序之完善》《论民事之诉的合法要件》《论现代民事诉讼当事人的主张责任》等学术论文。

内容简介

"为法院裁判提供真实的事实根据"是民事诉讼证明和民事证据法的主要目的。根据证据裁判原则，必须依据经过法定的证据调查程序后具有证据能力的证据来证明案件事实。争讼案件的实体事实采用严格证明和完全证明，而程序事项和非讼案件的实体事实采用自由证明和释明即可。民事诉讼证明和民事证据法的主要内容包括：（1）证明什么——主要阐释证明对象和免证事实；（2）用何证明——主要阐释证据及其规则；（3）由谁证明——主要阐释当事人证明责任和法院职权探知；（4）如何证明——主要阐释诉讼证明程序或证据调查程序。

总　序

曾宪义

在人类文明与文化的发展中，中华民族曾作出过伟大的贡献，不仅最早开启了世界东方文明的大门，而且对人类法治、法学及法学教育的生成与发展进行了积极的探索与光辉的实践。

在我们祖先生存繁衍的土地上，自从摆脱动物生活、开始用双手去进行创造性的劳动、用人类特有的灵性去思考以后，我们人类在不断改造客观世界、创造辉煌的物质文明的同时，也在不断地探索人类的主观世界，逐渐形成了哲学思想、伦理道德、宗教信仰、风俗习惯等一系列维系道德人心、维持一定社会秩序的精神规范，更创造了博大精深、义理精微的法律制度。应该说，在人类所创造的诸种精神文化成果中，法律制度是一种极为奇特的社会现象。因为作为一项人类的精神成果，法律制度往往集中而突出地反映了人类在认识自身、调节社会、谋求发展的各个重要进程中的思想和行动。法律是现实社会的调节器，是人民权利的保障书，是通过国家的强制力来确认人的不同社会地位的有力杠杆，它来源于现实生活，而且真实地反映现实的要求。因而透过一个国家、一个民族、一个时代的法律制度，我们可以清楚地观察到当时人们关于人、社会、人与人的关系、社会组织以及哲学、宗教等诸多方面的思想与观点。同时，法律是一种具有国家强制力、约束力的社会规范，它以一种最明确的方式，对当时社会成员的言论或行动作出规范与要求，因而也清楚地反映了人类在各个历史发展阶段中对于不同的人所作出的种种具体要求和限制。因此，从法律制度的发展变迁中，同样可以看到人类自身不断发展、不断完善的历史轨迹。人类社会几千年的国家文明发展历史已经无可争辩地证明，法律制度乃是维系社会、调整各种社会关系、保持社会稳定的重要的工具。同时，法律制度的不断完善，也是人类社会文明进步的显著体现。

由于发展路径的不同、文化背景的差异，东方社会与西方世界对于法律的意义、底蕴的理解、阐释存有很大的差异，但是，在各自的发展过程中，都曾比较注重法律的制定与完善。中国古代虽然被看成是“礼治”的社会、“人治”的世界，被认为是“只有刑，没有法”的时代，但从《法经》到《唐律疏议》、《大清律例》等数十部优秀成文法典的存在，充分说明了成文制定法在中国古代社会中的突出地位，唯这些成文法制所体现出的精神旨趣与现代法律文明有较大不同而已。时至20世纪初叶，随着西风东渐、东西文化交流加快，中国社会开始由古代的、传统的社会体制向近现代文明过渡，建立健全的、符合现代理性精神的法律文明体系方成为现代社会的共识。正因为如此，近代以来的数百年间，在西方、东方各主要国家里，伴随着社会变革的潮起潮落，法律改革运动也一直呈方兴未艾之势。

从历史上看，法律的文明、进步，取决于诸多的社会因素。东西方法律发展的历史均充分证明，推动法律文明进步的动力，是现实的社会生活，是政治、经济和社会文化的变迁；同时，法律内容、法律技术的发展，往往依赖于一大批法律专家以及更多的受过法律教育的社会成员的研究和推动。从这个角度看，法学教育、法学研究的发展，对于法律文明的发展进步，也有着异常重要的意义。正因为如此，法学教育和法学研究在现代国家的国民教育体系和科学研究体系中，开始占有越来越重要的位置。

中国近代意义上的法学教育和法学研究，肇始于19世纪末的晚清时代。清光绪二十一年（公元1895年）开办的天津中西学堂，首次开设法科并招收学生，虽然规模较小，但仍可以视为中国最早的近代法学教育机构（天津中西学堂后改名为北洋大学，又发展为天津大学）。三年后，中国近代著名的思想家、有“维新骄子”之称的梁启超先生即在湖南《湘报》上发表题为《论中国宜讲求法律之学》的文章，用他惯有的富有感染力的激情文字，呼唤国人重视法学，发明法学，讲求法学。梁先生是清代末年一位开风气之先的思想巨子，在他的辉煌的学术生涯中，法学并非其专攻，但他仍以敏锐的眼光，预见到了新世纪中国法学研究和法学教育的发展。数年以后，清廷在内外压力之下，被迫宣布实施“新政”，推动变法修律。以修订法律大臣沈家本为代表的一批有识之士，在近十年的变法修律过程中，在大量翻译西方法学著作，引进西方法律观念，有限度地改造中国传统的法律体制的同时，也开始推动中国早期的法学教育和法学研究。20世纪初，中国最早设立的三所大学——北洋大学、京师大学堂、山西大学堂均设有法科或法律学科目，以期“端正方向，培养通才”。1906年，应修订法律大臣沈家本、伍廷芳等人的奏请，清政府在京师正式设立中国第一所专门的法政教育机构——京师法律学堂。次年，另一所法政学堂——直属清政府学部的京师法政学堂也正式招生。这些大学法科及法律、法政学堂的设立，应该是中国历史上近代意义上的正规专门法学教育的滥觞。

自清末以来，中国的法学教育作为法律事业的一个重要组成部分，随着中国社会的曲折发展，经历了极不平坦的发展历程。在20世纪的大部分时间里，中国社会一直充斥着各种矛盾和斗争。在外敌入侵、民族危亡的沉重压力之下，中国人民为寻找适合中国国情的发展道路而花费了无穷的心力，付出过沉重的代价。从客观上看，长期的社会骚动和频繁的政治变迁曾给中国的法治与法学带来过极大的消极影响。直至70年代末期，以“文化大革命”宣告结束为标志，中国社会从政治阵痛中清醒过来，开始用理性的目光重新审视中国的过去，规划国家和社会的未来，中国由此进入长期稳定、和平发展的大好时期，以这种大的社会环境为背景，中国的法学教育也获得了前所未有的发展机遇。

从宏观上看，实行改革开放以来，经过二十多年的努力，中国的法学教育事业所取得的成就是辉煌的。首先，经过“解放思想，实事求是”思想解放运动的洗礼，在中国法学界迅速清除了极左思潮及苏联法学模式的一些消极影响，根据本国国情建设社会主义法治国家已经成为国家民族的共识，这为中国法学教育和法学研究的发展奠定了稳固的思想基础。其次，随着法学禁区的不断被打破、法学研究的逐步深入，一个较为完善的法学学科体系已经建立起来。理论法学、部门法学各学科基本形成了比较系统和成熟的理论体系和学术框架，一些随着法学研究逐渐深入而出现的法学子学科、法学边缘学科也渐次成型。1997年，国家教育主管部门和教育部高校法学学科教学指导委员会对原有专业目录进行了又一次大幅度调整，决定自1999年起法学类本科只设一个单一的法学专业，按照一个专业招生，从而使法学学科的布局更加科学和合理。同时，在充分论证的基础上，确定了法学专业本科教学的14门核心课程，加上其他必修、选修课程的配合，由此形成了一个传统与更新并重、能够适应国家和社会发展需要的教学体系。法学硕士和博士研究生及法律硕士专业学位研究生的专业设置、课程教学和培养体系也日臻完善。再次，法学教育的规模迅速扩大，层次日趋齐全，结构日臻合理。目前中国有六百余所普通高等院校设置了法律院系或法律本科专业，在校本科学生和研究生已达二十余万人。除本科生外，在一些全国知名的法律院校，法学硕士研究生、法律硕士专业学位研究生、法学博士研究生已经逐步成为培养的重点。

众所周知，法律的进步、法治的完善，是一项综合性的社会工程。一方面，现实社会关系的发展，国家政治、经济和社会生活的变化，为法律的进步、变迁提供动力，提供社会的土壤。另一方面，法学教育、法学研究的发展，直接推动法律进步的进程。同时，全民法律意识、法律素质的提高，则是实现法治国理想的关键的、决定性的因素。在社会发展、法学教育、法学研究等几个攸关法律进步的重要环节中，法学教育无疑处于核心的、基础的地位。中国法学教育过去二十多年所走过的历程令人激动，所取得的成就也足资我们自豪。随着国家的发展、社会的进步，在21世纪，我们面临着更严峻的挑战和更灿烂的前景。“建设世界一流法学教育”，任重道远。

首先，法律是建立在经济基础之上的上层建筑，以法治为研究对象的法学也就成为一门实践性很强的学科。社会生活的发展变化，势必要对法学教育、法学研究不断提出新的要求。经过二十多年的奋斗，中国改革开放的前期目标已顺利实现。但随着改革开放的逐步深入，国家和社会的一些深层次问题，比如说社会主义市场经济秩序的真正建立、国有企业制度的改革、政治体制的完善、全民道德价值的重建、环境保护和自然资源的合理利用等等，也已经开始浮现出来。这些复杂问题的解决，无疑最终都会归结到法律制度的完善上来。建立一套完善、合理的法律制度，构建理想的和谐社会，乃一项持久而庞大的社会工程，需要全民族的智慧和努力。其中的基础性工作，如理论的论证、框架的设计、具体规范的拟订、法律实施中的纠偏等等，则有赖于法学研究的不断深入，以及高素质人才特别是法律人才的养成，而培养法律人才的任务，则是法学教育的直接责任。

其次，21世纪是一个多元化的世纪。20世纪中叶发生的信息技术革命，正在极大地改变着我们的世界。现代科学技术，特别是计算机网络信息技术的发展，使传统的生活方式、思想观念发生了根本的改变，并由此引发许多人类从未面对过的问题。就法学教育而言，在21世纪所要面临的，不仅是教学内容、研究对象的多元化问题，而且还有培养对象、培养目标的多元化、教学方式的多元化等一系列问题，这些问题都需要法学界去思考、去探索。

中国人民大学法学院建立于1950年，是新中国诞生后创办的第一所正规高等法学教育机构。在半个多世纪的岁月中，中国人民大学法学院以其雄厚的学术力量、严谨求实的学风、高水平的教学质量以及丰硕的学术研究成果，在全国法学教育领域处于领先地位，并开始跻身于世界著名法学院之林。据初步统计，中国人民大学法学院已经为国家培养法学专业本科生、硕士生、博士生一万余人，培养各类成人法科学生三十余万人。经过多年的努力，中国人民大学法学院形成了较为明显的学术优势，在现职教师中，既有一批资深望重、在国内外享有盛誉的法学前辈，更有一大批在改革开放后成长起来的优秀中青年法学家。这些老中青法学专家多年来在勤奋研究法学理论的同时，也积极投身于国家的立法、司法实践，对国家法制建设贡献良多。

有鉴于此，中国人民大学法学院与中国人民大学出版社经过研究协商，决定结合中国人民大学法学院的学术优势和中国人民大学出版社的出版力量，出版一套“21世纪法学系列教材”。自1998年开始编写出版本科教材，包括按照国家教育部所确定的法学专业核心课程和其所颁布印发的《全国高等学校法学专业核心课程基本要求》而编写的14门核心课程教材，也包括法学各领域、各新兴学科教材及教学参考书和案例分析在内，到2000年12月3日在人民大会堂大礼堂召开举世瞩目的“21世纪世界百所著名大学法学院院长论坛暨中国人民大学法学院成立五十周年庆祝大会”之时，业已出版了50本作为50周年院庆献礼，到现在总共出版了80本。为了进一步适应高等法学教育发展的形势和教学改革的需要，最近中国人民大学法学院与中国人民大学出版社决定将这套教材扩大为四个系列，即：“本科生用书”、“法学研究生用书”、“法律硕士研究生用书”以及“司法考试用书”，总数将达二百多本。我们设想，本套教材的编写，将更加注意“高水准”与“适用性”的合理结合。首先，本套教材将由中国人民大学法学院具有全国影响的各学科的学术带头人领衔，约请全国高校优秀学者参加，形成学术实力强大的编写阵容。同时，在编写教材时，将注意吸收中国法学研究的最新的学术成果，注意国际学术发展的最新动向，力求使教材内容能够站在21世纪的学术前沿，反映各学科成熟的理论，体现中国法学的水平。其次，本套教材在编写时，将针对新时期学生特点，将思想性、学术性、新颖性、可读性有机结合起来，注意运用典型生动的案例、简明流畅的语言去阐释法律理论与法律制度。

我们期望并且相信，经过组织者、编写者、出版者的共同努力，这套法学教材将以其质量效应、规模效应，力求成为奉献给新世纪的精品教材，我们诚挚地祈望得到方家和广大读者的教正。

2006年7月1日

序　言

王利明

法学教育是高等教育的重要组成部分，是建设社会主义法治国家、构建社会主义和谐社会的重要基础，并居于先导性的战略地位。在我国社会转型的新世纪、新阶段，法学教育不仅要为建设高素质的法律职业共同体服务，而且要面向全社会培养大批治理国家、管理社会、发展经济的高层次法律人才。近年来，法学教育取得了长足的进步，法科数量增长很快，教育质量稳步提高，培养层次日渐完善，目前已经形成了涵盖本科生、第二学士学位生、法学硕士研究生、法律硕士研究生、法学博士研究生的完整的法学人才培养体系，接受法科教育已经成为莘莘学子的优先选择之一。随着中国法治事业的迅速发展，我们有理由相信，中国法学教育的事业大有可为，中国法学教育的前途充满光明。

教育的基本功能在于育人，在于塑造德才兼备的高素质人才。法学教育的宗旨并非培养只会机械适用法律的“工匠”，而承载着培养追求正义、知法懂法、忠于法律、廉洁自律的法律人的任务。要完成法学教育的使命，首先必须认真抓好教材建设。我始终认为，教材是实现教育功能的重要工具和媒介，法学教材不仅仅是法学知识传承的载体，而且是规范教学内容、提高教学质量的关键，对法学教育的发展有着不可估量的作用。

第一，法学教材是传授法学基本知识的工具。初学法律，既要有好的老师，又要有好的教材。正如冯友兰先生所言：“学哲学的目的，是使人作为人能够成为人，而不是成为某种人。其他的学习（不是学哲学）是使人能够成为某种人，即有一定职业的人。”一套好的教材，能够高屋建瓴地展示法律的体系，能够准确简明地阐释法律的逻辑，能够深入浅出地叙述法律的精要，能够生动贴切地表达深奥的法理。所以，法学教材是学生学习法律的向导，是学生步入法律殿堂的阶梯。如果在入门之初教材就有偏颇之处，就可能误人子弟，学生日后还要花费大量时间与精力来修正已经形成的错误观念。

第二，法学教材是传播法律价值理念的载体。好的法学教材不仅要传授法学知识，更要传播法律的精神和法治的理念，例如对公平、正义的追求，尊重权利的观念。本科生、研究生阶段的青年学子，正处在人生观、价值观形成的阶段，一套优秀的法学教材，对于他们价值观的塑造和健全人格的培养具有重要意义。

第三，法学教材是形成职业共同体的主要条件。建设社会主义法治国家，有赖于法律职业共同体的生成。一套好的法学教材，向法律研习者传授共同的知识，这对于培养一个接受共同的价值理念、共同的法律思维、共同的话语体系的法律共同体，具有重要的作用。

第四，法学教材是所有法律研习者的良师益友。没有好的教材，一个好的教师或可弥补教材的欠缺和不足，但对那些没有老师指导的自学者而言，教材就是老师，其重要作用是显而易见的。

长期以来，在我们的评价体系中，教材并没有获得应有的注重，对学术成果的形式优先考虑的往往是专著而非教材。在不少人的观念中，教材与创新、与学术精品甚至与学术无缘。其实，要真正写出一部好的教材，其难度之大、工作之艰辛、影响之深远，绝不低于一部优秀的专著，它甚至可以成为在几百年甚至更长的时间内发挥作用的传世之作。以查士丁尼的《法学阶梯》为例，所谓法学阶梯，即法学入门之义，就是一部教材。但它概括了罗马法的精髓，千百年来，一直是人们研习罗马法最基本的著述。日本著名学者我妻荣说过，大学教授有两大任务：一是写出自己熟悉的专业及学术领域的讲义乃至教科书；二是选择自己最有兴趣、最看重的题目，集中精力进行终生的研究。实际上，这两者是相辅相成的。写出一部好教材，必须要对相关领域形成一个完整的知识体系，还要能以深入浅出的语言将问题讲清楚、讲明白。没有编写教材的基本功，实际上也很难写出优秀的专著。当然，也只有对每一个专题都有一定研究，才能形成对这个学术领域的完整把握。

虽然近几年我国法学教育发展迅速，成绩显著，但是法学教育也面临许多挑战。各个学校的师资队伍和教学质量参差不齐，这就更需要推出更多的结构严谨、内容全面、角度各有侧重、能够适应不同需求的法学教材，为提高法学教学和人才培养质量、保障法学教育健康发展提供前提条件。

长期以来，中国人民大学法学院始终高度重视教材建设。作为新中国成立后建立的第一所正规的法学教育机构，中国人民大学法律系最早开设了社会主义法学教学课堂，编写了第一套社会主义法学讲义，培养了新中国第一批法学本科生和各学科的硕士生、博士生，产生了新中国最早的一批法学家和法律工作者。中国人民大学法律系因此被誉为“新中国法学教育的工作母机”。半个多世纪以来，中国人民大学法学院为社会主义法制建设培养了大批优秀的法律人才，并为法学事业的振兴和繁荣作出了卓越贡献，也因此成为引领中国法学教育的重镇、凝聚国内法律人才的平台和沟通中外法学交流的窗口，并在世界知名法学院行列中崭露头角。为了对中国法学教育事业作出更大的贡献，我们有义务也有责任出版一套体现我们最新研究成果的法学教材。

承蒙中国人民大学出版社的大力支持，我们组织编写了本套教材，其中包括本科生用书、法律硕士研究生用书、法学研究生用书和司法考试用书四大系列，分别面向不同层次法科教育需求。编写人员以中国人民大学法学院教师为主，反映了中国人民大学法学院整体的研究实力和学术视野。相信本套教材的出版，一定能够为新时期法学教育的繁荣发展发挥应有的作用。

是为序。

2006年7月10日

法律文件略语

简　称	全　称
《民事诉讼法》	《中华人民共和国民事诉讼法》（2012年修正）
《公证法》	《中华人民共和国公证法》（2005年）
《证据规定》	《最高人民法院关于民事诉讼证据的若干规定》（法释［2001］33号）
《民诉法解释》	《最高人民法院关于适用〈中华人民共和国民事诉讼法〉的解释》（法释［2015］5号）

目　录

第一编　总　论

第一章　民事诉讼证明总论 …… 3
第一节　民事诉讼证明的含义和分类 …… 3
第二节　实现真实与证据法律制度 …… 7
第三节　证据裁判原则与自由心证原则 …… 14
第四节　诚实信用原则 …… 19
第二章　民事诉讼证据总论 …… 26
第一节　证据含义与证据能力和证明力 …… 26
第二节　证据的分类 …… 28
第三节　证据的共通性原理 …… 35

第二编　证据论

第三章　实物证据 …… 43
第一节　书　证 …… 43
第二节　物　证 …… 47
第三节　视听资料与电子数据 …… 49
第四节　勘验笔录 …… 55
第四章　言词证据 …… 59
第一节　证人证言 …… 59
第二节　鉴定意见 …… 63
第三节　当事人陈述 …… 70
第五章　证据规则 …… 76
第一节　证据规则概述 …… 76
第二节　关联性规则 …… 80
第三节　合法性规则 …… 84
第四节　证言豁免规则 …… 89
第五节　最佳证据规则 …… 93

第六节　补强证据规则 …… 96

第三编　证明论

第六章　证明对象 …… 103
第一节　证明对象的含义和构成 …… 103
第二节　经验法则 …… 107
第三节　地方习惯、行业习惯与外国法律 …… 111
第七章　相对免证的事实 …… 115
第一节　概　述 …… 115
第二节　司法认知的事实 …… 116
第三节　裁判已决的事实 …… 120
第四节　推定的事实 …… 123
第五节　当事人诉讼上自认的事实 …… 129
第八章　证明责任与职权探知 …… 136
第一节　辩论主义与职权探知主义 …… 136
第二节　当事人证明责任的概念与功能 …… 149
第三节　证明责任分配一般规则 …… 154
第四节　证明责任的减轻、倒置与裁量 …… 158
第五节　我国现行法对证明责任分配的规定 …… 168
第九章　证明标准 …… 181
第一节　证明标准的概念与功能 …… 181
第二节　两大法系证明标准 …… 184
第三节　我国证明标准 …… 188
第十章　证明程序 …… 199
第一节　收集与交换证据 …… 199
第二节　当事人质证 …… 209
第三节　法官审核认定证据 …… 218

第一编

总　　论

第一章

民事诉讼证明总论

本章概要

民事诉讼证明可分为严格证明与自由证明、完全证明与释明。通常情况下，争讼案件的实体事实应采用严格证明和完全证明，而程序事项和非讼案件的实体事实采用自由证明和释明即可。民事证据法的宗旨是遵行宪法，保障诉讼当事人的证明权，保证当事人和法院公正和及时地证明和认定案件事实，为法院作出裁判和当事人保护权利提供真实的事实根据。根据证据裁判原则，对真实性尚未确定或者存在争议的案件事实，应当使用具有证据能力的证据来证明。该原则的适用例外是法定的“相对免证的事实”。

关键术语

诉讼证明　严格证明　自由证明　完全证明　释明　证明权　实现真实　证据裁判原则

第一节　民事诉讼证明的含义和分类

一、民事诉讼证明的含义

在一般意义上，证明可以指从未知达到已知的过程，即指证明的过程（比如说“我在证明我说的话是真实的”）；也可指从未知出发而达到已知的状态，即指证明的结果（比如说“这个命题已被证明了”）。

民事诉讼证明也包括证明的过程和证明的结果，是指在民事诉讼中依法运用证据来确认案件事实真伪的过程或结果。具体说：（1）民事诉讼证明的对象是真实性未确定或者当事人之间存在争议的“案件事实”，即证明对象（或称待证事实）。（2）民事诉讼证明是运用证据证明案件事实的过程，所以必须遵循证据裁判原则和法定的证明程序。（3）民事诉讼证明所要达到的结果或目的是，按照证明标准，利用证据确认案件事实的真实性，为法院作出裁判提供事实方面的根据。

二、民事诉讼证明的分类

按照一定的标准，可将民事诉讼证明作不同分类，比如直接证明与间接证明、本证与反证、严格证明与自由证明、完全证明与释明等。通常所说的“诉讼证明”多指严格证明和完全证明，证据法规范的主要也是严格证明和完全证明。

严格证明与自由证明、完全证明与释明在证据方法、证明程序、证明对象、证明责任或证明标准等方面存在不同。上述分类在我国立法和司法上尚未获得合理规定和充分关注。有鉴于此，下文就严格证明与自由证明、完全证明与释明作出阐释。

（一）严格证明与自由证明

以是否利用法定的证据种类并且是否遵循法定的证明程序为标准，将诉讼证明分为严格证明与自由证明。

所谓严格证明，是指应当利用法定的证据种类并且应当遵循法定的证明程序所进行的证明。严格证明是以慎重的程序来确认案件事实的真实性，所以被称为“在合乎法治原则的程序中发现真实”。

严格证明应当：(1) 利用“法定的证据种类”，比如我国《民事诉讼法》第63条规定的书证、物证、视听资料、电子数据、证人证言、当事人的陈述、鉴定意见和勘验笔录；(2) 遵循法定的证明程序，大致包括提供与交换证据、当事人质证与辩论、法官判断证据与认定事实。严格证明的程序是争讼程序的基本组成部分，应当遵行双方审理原则（应当平等保障双方当事人的质证权和辩论权），同时还应遵行公开审理、直接言词审理等原则。

严格证明之外，为自由证明。自由证明侧重于证明的快捷性，以避免诉讼迟延。所谓自由证明，是相对于严格证明而言的，其基本含义是无须运用法定的证据种类或者无须遵循严格证明的程序。

自由证明时，证据是否在法庭上出示，出示以后用什么方式调查，由法院自由裁量。自由证明无须遵循严格证明的程序，是指自由证明不必遵循证据交换规则、双方当事人质证程序和辩论程序、直接言词原则等。

自由证明有其独特的证明方式或证明程序。比如，在非讼程序中，有以公告、支付令异议、申报权利等方式来认定事实（详见下文）。应当注意，自由证明虽无须运用法定的证据种类，但也不排斥运用法定的证据种类。

（二）完全证明与释明

以是否需要使法官心证达到确信为标准，将诉讼证明分为完全证明（狭义的证明）与释明（或称疏明）。换言之，广义的诉讼证明包括完全证明和释明。完全证明与释明都是证实行为，但是两者影响法官心证的程度有所不同，即证明要求或证明程度有所差异，亦即完全证明的标准高于释明的标准。

完全证明是指让法官确信案件事实为真的诉讼证明。让法官对案件事实达到确信状态时，即符合完全证明的标准，亦即通常所说的证明标准，民事诉讼中通常为优势盖然性或高度盖然性的标准，刑事诉讼则是排除合理怀疑的标准。

释明是指法官根据有限的证据可以大致推断案件事实为真的诉讼证明。就是说，当事人对自己所主张的事实无须达到使法官确信的程度，仅需提出使法官能够推测出案件事实大体真实的证据。释明所使用的证据多是能够立即进行调查或能够即刻利用的，例如当事人申请正在法庭上的人作证、提出现在所持有的文书等。①

（三）严格证明和完全证明的适用

严格证明与完全证明的分类标准和内涵是不同的。严格证明与自由证明的分类指向证明的过程，而完全证明与释明的分类则指向证明的结果和证明的标准。事实上，严格证明与完全证明在证明对象和证明责任的适用对象上主要是民事争讼案件的实体事实，由此决定了严格证明与完全证明在证据种类、证明程序和证明标准等方面有着一致的要求。

严格证明与完全证明的事项之所以是争讼案件的实体事实，首先是因为这类事实真实与否直接决定当事人实体权益能否得到保护，为慎重起见，采用严格证明和完全证明。其次是因为严格证明与争讼程序原理或程序保障原理是相通的，即“争讼性”或“对审性”是民事争讼程序首要的正当性原理，在制度上体现为双方审理原则（或称对审主义），即保障双方当事人的程序参与权，其中特别注重平等保障双方当事人的质证权和辩论权。

（四）自由证明和释明的适用

1. 概述

关于自由证明的对象，迄今为止，德国、日本和我国台湾地区等立法上并未作出规定。通说认为，法官职权调查事项（比如诉讼要件、上诉要件、再审要件，需确定或查明的经验法则、地方习惯、行业习惯等）②，无须言词辩论的程序事实，官方答复的证据手段，司法救助的决定等，只需自由证明。

为预防法院随意降低证明标准，对于释明的对象，一般限于法律有明文规定的事项。虽然各国民事诉讼中的释明对象有所不同，但是下列事项在许多国家和地区被规定为释明对象：回避事由、诉讼费用额、诉讼救助原因、期间迟误原因、证人拒绝作证理由、证据保全理由、财产和行为保全（假扣押、假处分）理由、假执行理由、辅助参加诉讼理由、公示催告理由、第三者请求阅览法庭记录的条件（第三者与案件有法律利害关系）等。

由于自由证明与释明的划分标准不同，所以两者的适用对象或适用范围不完全一致，比如

---

① 《日本民事诉讼法》第 188 条规定：“释明，应以能即时调查的证据进行。”《德国民事诉讼法》第 294 条规定：“Ⅰ. 对于某种事实上的主张应该释明的人，可以使用一切证据方法，也准许用保证代替宣誓。Ⅱ. 不能即时进行的证据调查，不得采用。”我国台湾地区“民事诉讼法”第 284 条规定：“释明事实上之主张者，得用可使法院信其主张为真实之一切证据。但依证据之性质不能实时调查者，不在此限。”

当释明缺乏证据时，有些国家的诉讼法规定，法院根据情况允许当事人以寄存保证金或宣誓替代自由证明或释明，若以后发现其所主张的事实是虚假的，则没收保证金或处以罚款。旧《日本民事诉讼法》第 268 条至第 270 条规定了以上做法。这一规定在日本的诉讼实务中几乎不被利用，1996 年修正《日本民事诉讼法》时被废止。参见［日］新堂幸司：《新民事诉讼法》，林剑锋译，373 页，北京，法律出版社，2008。

② 参见［德］奥特马·尧厄尼希：《民事诉讼法》，周翠译，259～261 页，北京，法律出版社，2003。关于法官职权调查的事项，参见本书第八章第一节“三、职权调查事项”。

经验法则、地方习惯、行业习惯等作为实体争议事项需要证明时，即使采取自由证明也得遵循完全证明的标准。

笔者认为，自由证明与释明的适用对象也存在重合的内容，主要有法院裁定事项、非讼案件事实、法院决定事项等。对于这些事项，根据正当程序保障原理、诉讼的过程与结果一体性原理，自由证明（的过程）应当与释明（的结果）相一致。①

2. 法院裁定事项

与判决程序（或争讼程序）不同的是，裁定程序更倾向于“快捷”，其处理的事项通常采用自由证明，不以“对审”为原则（但也不排除适用），不必遵循证据交换规则，也无须遵行双方当事人言词质证和辩论程序。

将诉讼程序事项作为自由证明的对象，旨在谋求迅速处理程序问题，以保证诉讼迅速进行，并非“轻程序”。一件诉讼案件需要处理许多的程序问题，若均要求采取严格证明，则将花费过多时间，必然造成诉讼迟延。

就财产保全、行为保全等临时性救济事项以及证据保全等亟待处理的事项而言，由于具有紧迫性而必须及时采取保全措施，所以在法院作出保全裁定之前，不必通知被申请人，也不必展开双方当事人之间的言词质证和辩论，对保全理由采取比较快捷的自由证明。

3. 非讼案件事实

在我国，民事判决既适用于争讼案件和争讼程序，又适用于非讼案件和非讼程序。但是，在外国民事诉讼中，争讼程序又称判决程序，非讼程序则属于裁定程序。

非讼程序在证明程序方面不同于争讼程序。由法院处理的民事非讼案件，由于不具有争议性，无对立的双方当事人而只有申请人一方，所以与争讼程序和严格证明程序不同的是，非讼程序的证明程序或证据调查程序中不存在双方当事人质证和辩论程序，并且法官通常进行书面审查或者采用比较独特的证明方式。

比如，在宣告公民死亡案件中，以公告方式确定公民是否死亡的事实；在督促程序中，法院依据债权人提供的事实证据进行书面审理，并以支付令异议方式进一步确定债权债务关系是否明确、合法；在公示催告程序中，法院依据申请人提供的事实证据进行书面审理，并以公告和申报权利方式确定申请人对票据是否拥有权利。

非讼案件不具有争议性，案情往往比较简单，需要迅速处理，所以非讼程序多是简易快捷的程序。与争讼程序更强调“慎重”（即更强调真实方面的程序保障）有所不同，非讼程序更强调诉讼经济方面的程序保障。若非讼案件采取上述的严格证明，则背离了非讼案件的性质，且不当增加非讼案件的处理成本。总之，非讼案件的非讼性和简单性决定了只需采用简易快捷的非讼程序或自由证明，就能实现正确裁判。②

---

① 在大陆法系民事诉讼中，普遍认为，自由证明与严格证明均属证明，所以在确信的程度上并无差异，即自由证明的证明标准并未降低。参见［日］新堂幸司：《新民事诉讼法》，林剑锋译，373页，北京，法律出版社，2008；［德］罗森贝克、施瓦布、戈特瓦尔德：《德国民事诉讼法》，李大雪译，815页，北京，中国法制出版社，2007。

② 为预防因为事实不清或虚假而作出错误的裁判，许多非讼程序中规定了一些特有的程序制度，比如督促程序中债务人可以提出支付令异议、公示催告程序中利害关系人可以申报权利等，若支付令异议、申报权利合法的（即意味着存在争议），则终结非讼程序而转入争讼程序采取严格证明和完全证明。对于因为事实不清或虚假而作出了错误的裁判，非讼程序中规定了简捷的纠正或救济途径，比如向法院申请撤销认定公民为无民事行为能力人的判决。

从广义上说，民事执行程序属于非讼程序。与民事争讼程序不同，民事执行程序所处理的事项是强制义务人执行确定判决、仲裁裁决等执行名义所确定的义务，以实现权利人的权益，这种权益和义务已被执行名义所确定，所以民事执行程序不在于确定双方当事人的民事权益义务，相应的也就不存在双方当事人质证和辩论程序。

在民事执行中，判断或识别义务人的财产主要是采用形式化规则。德国和日本等国法律规定，由执行人员依据民法典尤其是物权法的规定，直接参照物权法上的物权公示原则作出形式判断。我国《物权法》第 16 条和第 17 条规定，不动产登记簿是物权归属和内容的根据，不动产权属证书是权利人享有该不动产物权的证明。①

4. 法院决定事项

在我国，法院用“决定”来处理诉讼中特殊事项，比如申请延长期间的理由、申请回避的理由、司法救助（诉讼救助）的理由、证人拒绝作证的理由、第三者请求阅览法庭记录的条件（第三者与案件有法律利害关系）、妨害民事诉讼行为的事实等。这些特殊事项需要快速处理。

法院裁定事项、非讼案件事实、法院决定事项一般不宜作为“证明责任”的适用对象，通常作为“释明责任”的适用对象，即由提出利己的释明事实的当事人，对该事实承担提供证据加以释明的责任。

严格证明与完全证明的事项只能采行严格证明程序和完全证明标准，而不得采行自由证明程序和释明标准，否则将构成上诉和再审的理由。至于自由证明和释明的事项，即使采行严格证明程序和完全证明标准，虽不构成上诉和再审的理由，也会迟延诉讼或提高成本。

第二节　实现真实与证据法律制度

一、实现真实

（一）何谓“真实”

“实现真实”作为民事诉讼（证明）努力实现的价值之一，可以说具有超越法体系和法文化的普遍意义。要作出判决，法官必须对作为判决基础的案件事实获得确信，这是一个原则。

我国诉讼法向来要求法院判决所依据的案件事实是客观真实（或“自然真实”、“绝对真实”），即案件事实的本来面目。从当为或应然的角度来说，民事诉讼（证明）不应放弃“客观真实”的理念。② 从常识的角度来看，如果一种诉讼制度或证据制度不能保证大部分案件中所认定的事实是高度真实的话，则该制度恐怕很难长久地存立下去。③

---

① 对于如何判断或识别义务人的财产，我国现行司法解释也采取形式化规则。参见《最高人民法院关于人民法院民事执行中查封、扣押、冻结财产的规定》（法释［2004］15 号）第 2 条；最高人民法院等《关于依法规范人民法院执行和国土资源房地产管理部门协助执行若干问题的通知》（法发［2004］5 号）第 5 条第 1 款等。

② 参见江伟、吴泽勇：《证据法若干基本问题的法哲学分析》，载《中国法学》，2002 (1)。

③ 参见王亚新：《社会变革中的民事诉讼》，55 页，北京，中国法制出版社，2002。

从能为或实然的角度来说，法院判决所依据的“真实”事实是“客观真实”的“折扣”，即民事诉讼（证明）采取的是与“客观真实”有所差距分歧的“相对真实”或“法律真实”的标准。“相对真实”或“法律真实”体现了诉讼证明的相对性。

所谓法律真实，即法律上的真实，是“法律”（合法性）与“真实”（真实性）的整合，系指法院判决所依据的案件事实应当符合实体法和程序法的有关规定，并且应当达到从法律的角度来衡量是真实的程度。这种“真实”虽然受到“法律”（合法性）的规制，但是毕竟以“真实”为内核和基础。

法院判决正当性的来源或根据主要在于判决具有说服力，而判决的说服力在于诉讼过程和判决结果具有合法性和合理性，或者说在于判决的作出过程和判决的内容能够充分体现诉讼的价值和实现诉讼的目的。就作为判决基础或根据的案件事实来说，案件事实应当是真实的，是当事人和社会上一般人认为是真实的。①

（二）为何采取“法律真实”

诉讼证明采取“法律真实”的标准和适用“相对性原理”，其主要根据有：

1. 认识论方面的根据。法院判决所依据的真实事实，是当事人证明的结果和法官认知的结果，是客观事实转化为当事人和法官主观认识的事实。法谚云：“法律为未来作规定，法官对过去做判决。”诉讼证明属于“历史证明”，是对过去发生的事实予以证明。在证据裁判原则之下，诉讼证明是运用证据来证明过去发生的案件事实。法官与历史学家相同的是，理解过去发生之事，然后向人们作出解释。②

诉讼证明既然是主观认识和历史证明，就必然受到主客观因素的制约，比如认识主体的利益偏向、科技水平和认识能力的有限、证据的灭失变异、证据遗存的偶然、语言的多义性或语义的模糊性③等，均能导致诉讼证明不能完全恢复案件事实的本来面目。即便是科学领域也只存在相对真理，更何况诉讼证明还受制于法律规定和诉讼机理等。

就科学技术而言，科学技术的发展和运用有助于查明案件事实真相，并且能够改进诉讼制度。比如，有学者经过研究认为，在古代世界各地，口供被视为最重要的证据，刑讯逼供被大量使用，一个或许是最重要的因素就是当时缺乏可靠、可信的鉴定技术。如今，禁止刑讯逼供，在很大程度上（尽管并非全部）是由于现代科学技术的发展使得司法制度可以有更多、更可靠并更有效率的手段来查明案件事实。

---

① 运用正当性原理或从正当性的角度分析和论证形式的法律真实的合理性和必要性。参见［美］罗伯特·萨摩尔、阿西尔·莫兹：《事实真实、法律真实与历史真实：事实、法律和历史》，载王敏远编：《公法》，第4卷，北京，法律出版社，2003。

② 参见［美］柯文：《历史三调：作为事件、经历和神话的义和团》，杜继东译，3页，南京，江苏人民出版社，2000。

③ 现代研究早已表明，语词与其指称的对象之间并不存在严格的对应关系，加之语言或词语的多义性或语义的模糊性，使得当事人所用的语词难免与其所要真实表达的事实存在差别，也使得当事人所要表示的真实意思难免与法官的理解有所不同。正如维特根斯坦指出，语言只是约定俗成的符号，词义的赋予具有相对任意性，语言之意义就在于其用法。语言作为一种符号，具有多义性、歧义性、自我诠释性，当事人陈述的语言本身在不同解读者看来很可能具有不同的含义，同样是当事人陈述，法官、对方当事人、对方当事人的律师、旁听者可以作出不同的诠释，而当事人作为陈述的作者本身亦对陈述有个人化的诠释。

该学者还认为，科学技术的发展限度导致科学技术也无法保证法律和诉讼获得理想的、正确的结果，这就促使或迫使法律采取相应的制度来回应或避免更大的错误。例如，对于共同危险行为，之所以由共同危险行为人承担连带责任，一个重要原因是当前科学技术无法确证共同危险行为人中谁是真正的伤害行为人。这种制度安排，也许没有实现理想化的绝对真实和公正，但是避免了不予赔偿或任意判定某人赔偿所可能带来的更大不公正。从这个角度看，许多法律制度和诉讼制度是在特定物质技术条件下追求相对公正的产物。①

2. 实体法方面的根据。法院判决所依据的事实是经过法律评价或“过滤”过的案件事实，即裁判事实或规范事实。民事诉讼的严格规范性，要求法官根据实体法规范构成要件，对错综复杂、繁多凌乱的客观事实进行整理，使其完整化、连贯化、条理化、明晰化而载于判决之中，作为法院判决当事人胜诉或败诉的根据。

“法律不理会琐细之事”，“法官不理会琐细之事”。这两句法律格言的意思是，法律不规定和法官不考虑过于轻微或琐细的事项，而是规定和处理法律价值和社会意义较为重大的必要事项，其表现为实体法关注规范构成要件事实，比如就一般民事侵权损害赔偿案件来说，法律和法官关注的是侵权损害赔偿的构成要件事实和抗辩事实。

法谚云：“法律只究近因而不问远因。”法律通过“责任构成要件”来界定承担法律责任的边界和要件事实的构成，从而实现追究法律责任的目的。科学研究发现的因果关系，即使是完全正确的，也往往会形成一个无限的链条。例如，在离婚家庭子女成年后违法犯罪的案件中，尽管父母离异确实可能对该违法者的违法行为有重大影响，但是法官仍然可能主要考虑违法者个人的责任，而认为父母离异是一个非常遥远的原因，不予考虑或基本不予考虑。

科学的最基本要求是具体问题具体分析，实事求是，不排除任何可能的影响因素，拒绝以人为的规则来限制对具体事实的探讨。因此，法律与科学的追求是不重合的，势必存在一定内在的紧张关系。法院不可能而且也不应当等待所有的因果关系都被发现和确证之后再作出判决，往往只能依据为人们所公认的一般的或主要的（甚或有时可能是错误的）因果关系来作出判决。因此，法律对因果关系的认定总是要受到立法目的等因素的制约，科学发现的因果关系并不能完全决定法律上的因果关系。②

3. 程序法方面的根据。客观事实或自然事实转化为“裁判事实”，必须经过诉讼证明的过程。诉讼和诉讼证明讲求的是“规则性”，即诉讼和诉讼证明必须严格遵行诉讼法和实体法。在诉讼程序方面，诉讼和诉讼证明的“规则性”即诉讼的安定性，要求法官和当事人必须按照法定程序有序地进行诉讼和诉讼证明。

法律是为维护权利而设，维权思维很容易导致法律必分对错（要么维护，要么侵犯权利）的结果，从而演绎出“对抗性”制度。这样的制度优点在于明确权利，弱点则在于把许多其实不涉及对错的案件推入必分对错的制度性框架。同时，这样的思维也可以演绎出由对抗双方负责举证的原则，并据此形成“法庭真实”（courtroom truth）的想法，即把法庭程序下所能证明的事实与实质性的真实（即包含不能在法庭程序允许下证明的事实）区别开来，认为法庭审理只能根据前者来运作，不可能苛求掌握实质真实或（“唯有上帝才能知道的”）绝对真实。由

①② 参见苏力：《法律与科技问题的法理学重构》，载《中国社会科学》，1999（5）。

此，更导向了对程序的特别强调。①

法院裁判的事实根据不是自然生成的，而是人为造成的，即它们是根据证据规则、法庭规则、判例汇编传统、辩护技巧、法官雄辩能力以及法律教育成规等诸如此类的事物而构设出来的。② 在诉讼证明的过程中，当事人主张、证明事实与法官认定、采用事实均受制于诉讼证明的价值、原则和规则。这些价值追求和原则规则一方面维护真实的实现，另一方面为维护更高的价值利益而不得不放弃或限制某种真实。所以说，法院判决所依据的真实应当是经过正当程序所实现的真实。

比如，既判力原则和非法证据排除规则、证言豁免规则等诉讼原则和证明规则，为实现更高的价值利益，而不得不在一定程度上牺牲真实。同时，处理私人纠纷的民事诉讼，尊重当事人的处分自由，而将主张事实和提供证据交由当事人负责和处分，那么当事人可能没有提供全部事实或全部证据。

诉讼证明与科学研究不同。科学研究的唯一目的是揭示客观真理，为达到此目的，往往是不计成本，不考虑时间的长短；但是诉讼证明不同，其具有相对性。对于诉讼证明来说，达到“客观真实”是其理想，也是诉讼证明尽可能遵行的理念，但是诉讼证明不能为实现真实而不计成本，这就需要谋求“真实与效率”之间的均衡。③

事实上，在诉讼中实现“客观真实”往往是一种理想或理念，完全实现“客观真实”在诉讼实务中往往不具有客观可能性，而且往往也没有必要实现“客观真实”。坚持“客观真实”的做法实际上是忽视这种不可能性和无必要性。由此，若严格要求“客观真实”，则必然造成许多民事案件因其证明不能达到“客观真实”而无法作出判决，这实际上也是不践行“法院不得拒绝审判”的法治原则。

不过，我们也必须认识到，在统计意义上，“法律真实”在多数情况下若不能与“客观真实”基本一致，判决所依据的“法律真实”标准就会失去正当性，司法过程因此就会变质。④ 事实上，诉讼原则、证据规则、证明规则和证明程序，均是围绕着使“裁判事实”尽可能地接近“客观真实”来设立的。

二、证据法律制度

实现真实的法律化，即将实现真实的手段、方式、程序等予以法律化，则为证据法或称证

① 参见黄宗智：《中国法庭调解的过去和现在》，载《清华法学》，第 10 辑，北京，清华大学出版社，2007。黄宗智、巫若枝在《取证程序的改革：离婚法的合理与不合理实践》（载《政法论坛》，2008（1））中分析道，过去的取证理念是以实质真实为主的，没有把其区分于法庭程序下所能证明的真实，它要求审判员深入实地调查，了解事情真实情况，而后据此处理纠纷，或调解妥协，或判决对错；其出发点不是维护当事人权利，而是处理纠纷，审判不一定要区分对错而是根据纠纷实际情况来解决问题。

② 参见［美］克利福德·吉尔兹：《地方性知识：事实与法律的比较透视》，载梁治平主编：《法律的文化解释》，北京，三联书店，1994。

③ 美国法学家波斯纳说过，美国法律制度求真的目的与其他目的（比方说，经济性、保护某些自信、助长某些活动、保护某些宪法性规范）相互竞争。程序制度要在精确性和成本之间追求最大兼顾。参见［美］理查德·A·波斯纳：《法理学问题》，苏力译，259 页，北京，中国政法大学出版社，2002。

④ 参见张志铭：《裁判中的事实认知》，载王敏远编：《公法》，第 4 卷，北京，法律出版社，2003。

据法律制度。民事证据法是由一系列关于民事诉讼证据的法律规范或法律规则构成的，主要包括有关民事诉讼证据的种类、证据能力和证明力等证据规则。事实上，民事证据法还包括有关证明对象、推定、自认、司法认知、证明责任和证明标准等证明规则。英美法系主要国家的证据法典包含证据规则和证明规则，应当说是“证明法典”，但是习惯上仍然称之为“证据法典”。

(一) 英美法系证据法律制度

英美法系的主要国家（英国、美国、加拿大、印度等）自 20 世纪以来相继颁行了证据法典。① 其中又有两种情况：（1）制定专门性的证据法，如英国 1968 年制定了《民事证据法》、1984 年制定了《警察与刑事证据法》。（2）制定统一的证据法，如《美国联邦证据规则》统一规定了民事诉讼证据法律规范和刑事诉讼证据法律规范②，适用于联邦法院。

由于英美法系国家中许多已颁行了单独的证据法典，所以在立法上证据法与诉讼法是分立的，比如美国就分别制定了《美国联邦证据规则》和《美国联邦民事诉讼规则》等。在英美法系，证据规范还大量地存在于实体法之中，比如侵权法中的事实不证自明的规则、刑法中对伪证法律责任的规定等。

英美证据法的宗旨是有效使用法院时间，阻止当事人混淆陪审团的思考并帮助法院弄清案件真相，其主要内容是关于证据的资格或可采性的规则。按照通行的解释，“陪审团制”是英美法系诉讼中“脊梁”式的制度，造就了英美法系诉讼的基本构造和基本制度，英美法系证据法的宗旨、内容和特色是陪审团制与当事人主义（或对抗制）共同作用的结果。③

非法律专家的陪审员很容易受到法官言行的影响。如果法官在诉讼中积极行为，就无法期待陪审团（Jury）作出公正的判断。于是，逐渐地形成一种把诉讼主导权赋予当事人，法官采取在其背后进行控制的消极态度的诉讼习惯。关于询问证人采取交叉询问制也是这个原因。英美法实行彻底的当事人主义的原因可以说是来自陪审团制。④

基于“对抗制”（adversary system），诉讼程序由当事人启动并为当事人所控制。对抗制的典型模式是，由当事人承担提供证据、主张事实和进行辩论的责任。在诉讼中，法官倾听当事人双方的陈述，基于当事人所提供、主张的内容作出裁断。法官相当于一个公断人，力图确保律师遵守程序规则。在此意义上，整个诉讼程序是由当事人、律师控制的。⑤

作为事实判断者的陪审员不是法律专门人士，为了避免陪审员事实认定的错误或感情用事的危险，英美法系国家和地区运用关于证据资格或可采性的证据规则指导和约束其判断事实。

---

① 对此，英美法系有学者说：“这些开发证据法典的努力主要在于：它们试图在某一地区按目录划分那些早已在我们的法院中牢固确立的证据原则。仅在少数情况下，这些证据法典才有新的突破。”［美］乔恩·R·华尔兹：《刑事证据大全》，2 版，何家弘等译，7 页，北京，中国人民公安大学出版社，2004。

② 在美国除了刑事案件之外，均为民事案件，即便是如我国范畴的行政诉讼案件也依民事诉讼程序解决。

③ 以詹姆斯·塞耶（James Thayer）为代表的学者认为，普通法系事实认定制度首先也最主要是“陪审团之子”。以埃德蒙·摩根（Edmund Morgan）为代表的学者则认为是“对抗制之子”。米尔吉安·R·达马斯卡（Mirjan R. Damska）却认为，原型审判法庭、集中式诉讼程序和对抗式诉讼制度是支撑英美证据法大厦的三根支柱。参见［美］米尔吉安·R·达马斯卡：《漂移的证据法》，李学军等译，北京，中国政法大学出版社，2003。

④ 参见［日］中村英郎：《民事诉讼理论的法系考察》，32 页，东京，成文堂，1986。

⑤ 参见［美］史蒂文·苏本、玛格丽特·伍：《美国民事诉讼的真谛》，蔡彦敏、徐卉译，29 页，北京，法律出版社，2002。

因此，英美法系的证据规则主要是关于证据资格或可采性的规定。

同时，将诉讼的进行和证据的调查确定为当事人的责任，致使英美法系证据规则的重心是对证据的资格或可采性的规范，以限制当事人和律师的任意证明行为，防止给陪审团带来不良影响，因而其证据规则较为复杂。

虽然英美法系今天没有多少民事案件适用陪审团制，但是历史所形成的传统和制度仍然存在生命力。英美法系国家虽然与时俱进地修正了证据规则，但是基本上仍然沿用着过去的证据规则。其缘由主要有：(1) 法律制度包括证据规则和诉讼制度是历史的产物，具有强大的历史延续性；(2) 英美证据规则是针对陪审员的弱点而建立，陪审员的弱点或多或少也存在于职业法官身上，所以证据可采性规则仍然具有可适用性。

英美法系国家多不严格区分民事证据法与刑事证据法，其民事证据规则与刑事证据规则基本相近。这是因为英美法系在法律传统上，民事诉讼与刑事诉讼的区别并不明显，两者均采用统一的对抗制。[①] 只是由于民事诉讼与刑事诉讼性质和目的之差异，刑事证据法律制度在证据规则、证明责任和证明标准等方面有着比民事证据法更严格的要求，在交叉询问和证明程序等方面更注重对证人和被告人的权利保护，并且存在民事证据法律制度不具有的一些规则（比如自白排除规则等）。[②]

（二）大陆法系证据法律制度

大陆法系证据法律制度一般是成文法，但并非是独立的证据法典。大陆法系国家和地区证据法律制度的具体规则主要规定在诉讼法典之中，同时实体法中也存在相当数量的证据法律规范。在具体立法体例上，大陆法系国家虽有差异，但其证据法与诉讼法在立法体例上并未分立。

日本没有单独的证据法典，有关证据法的规范，规定于宪法、诉讼法及有关实体法之中，其中诉讼法典集中规定了证据法律制度。在法国，对诉讼起决定性作用的“证据的许可”问题规定在民法典之中，而民事诉讼法典仅关注提出证据的形式问题。其理由是：证据问题离开诉讼也会发生。这种做法无论是在理论上还是在实践中都产生了很大的麻烦。比如法国民法典遗漏了两种重要的证据形式：鉴定和现场临检。同时，民法典对物权以及财产以外的权利的证据似乎也不感兴趣，因为法国民法典的起草者机械地沿用法国大革命前法学家波蒂埃（Pothier）的排列式，而把有关证据的各种规定放到民法的“债”篇之中。[③]

从发展趋势上看，大陆法系国家和地区越来越注重证据法规范的条理性和体系化，在诉讼法典中越来越多地以专编或专章的形式集中地规定证据法规范，以《日本民事诉讼法》、《德国民事诉讼法》、我国台湾地区“民事诉讼法”，《日本刑事诉讼法》、《意大利刑事诉讼法》和我国澳门特区《刑事诉讼法》为典型。[④]

---

① 参见张卫平：《民事证据法必要性之考量》，载《法商研究》，2001 (3)。

② 参见徐昕：《英国民事诉讼与民事司法改革》，222页，北京，中国政法大学出版社，2002。

③ 参见［法］让·文森、塞尔日·金沙尔：《法国民事诉讼法要义》下册，罗结珍译，906～907页，北京，中国法制出版社，2001。

④ 参见宋英辉、郭云忠：《我国刑事证据立法模式之选择》，载陈光中主编：《诉讼法理论与实践》上卷，北京，中国政法大学出版社，2003。

与英美法系相比，大陆法系的证据法律制度，主要是为法院调查证据和认定事实而规定的。在大陆法系，不存在英美法系式陪审制，由于采取参审制，职业法官和陪审员一道认定事实，所以没有必要制定英美法系指导和约束陪审员式的证据制度，其证据制度重在限制法官恣意。同时，为使法官形成合理心证而要求证据应经合法调查始可取舍，所以其证据法律制度重在规定证据调查程序。

与英美法系相比，大陆法系刑事诉讼与民事诉讼存在较大差异。刑事诉讼具有很强的职权主义因素，而民事诉讼具有显著的当事人主义因素。大陆法系民事诉讼的历史渊源主要是古罗马民事诉讼，自古罗马法始就存在公法和私法的区分。私法领域以私权自治为原则，于是在大陆法系解决私权纠纷的民事诉讼及民事证据法律制度采行了体现当事人意思自治的辩论主义和处分主义。与此相一致，在民事证据法律制度中存在与刑事证据法律制度不同的一些原则和规则，比如辩论主义、自认制度、优势盖然性证明标准等。

（三）我国证据法律制度

我国现行证据法律制度，分散于三大诉讼法典及其他法律和司法解释之中。我国现行有关证据的法律规范主要规定在《刑事诉讼法》（2012 年修正）（第 48～63 条）、《民事诉讼法》（2012 年修正）（第 63～81 条）、《行政诉讼法》（2014 年修正）（第 33～43 条）。有关民事诉讼证据问题的司法解释主要有：《民诉法解释》（第 90～124 条）、《证据规定》等。

对于我国将来证据法律制度的立法体例，存在不同看法。主要有：（1）统一证据法典体例，即将民事诉讼证据规范、行政诉讼证据规范和刑事诉讼证据规范统一规定于一部证据法典之中[①]；（2）专门证据法典体例，即分别制定民事诉讼证据法、行政诉讼证据法和刑事诉讼证据法；（3）现行立法体例，即将民事诉讼证据法规范、行政诉讼证据法规范和刑事诉讼证据法规范分别规定在民事诉讼法典、行政诉讼法典和刑事诉讼法典之中。

我们认为，不管采取哪种立法体例，我国证据法律制度均应致力于完善证据规则。有关证据能力、证明力和提供证据（包括举证）、质证和判断证据的规范，均可构成证据规则。证据规则对当事人和法院均具有法律约束力。在现代诉讼证明领域，由于采用“自由心证原则”，证据规则主要是就证据能力和证据提供作出规范。至于证明力和判断证据，则委诸法官的自由判断，属于法官自由心证的范畴。关于质证，更多的是程序规则（比如法官询问程序、交叉询问程序），在诉讼法与证据法分立的立法体例中，放入诉讼法典中可能更合理。

在“自由心证原则”之下，我国应当通过证据规则对“证据能力”加以严密规定以指导和约束法官，排除外部对审判法官的非法干预，以保障法官形成合理的“心证”；并且由于原则上各种证据的法律价值为平等，证据的“证明力”交由法官遵循经验法则和逻辑规则在具体案件中自由判断，所以关于证明力一般不以机械的规则来限定，即使有，也是比较少的，而且应当根据经验法则和逻辑规则作出合理规定。[②]

---

① 参见张保生主编：《〈人民法院统一证据规定〉司法解释建议稿及论证》，409～430 页，北京，中国政法大学出版社，2008。

② 《证据规定》第 77 条和《最高人民法院关于行政诉讼证据若干问题的规定》第 63 条。这两条中的规定并未将证明力大小的认定绝对化，使用了“一般大于”、“一般小于”、“一般可以按照下列情形分别认定”这样的语句。比如，规定“原始证据的证明力一般大于传来证据”等。这样的规定有其积极意义，既可以指导当事人提供证明力更大的证据，又可以指导法官合理判断证明力和采用证据。

证据规则对证据能力的合理规定，一方面指导当事人如何提供证据、进行质证，另一方面指导和约束法官判断证据，并排除外界非法干预审判，以保障法官形成合理的“心证”。但是，过于严格的证据规则也可能潜存着一些危险，比如过于严格的证言豁免规则与实现真实的目标难以一致、严格的非法证据排除规则不利于保护弱者，这就需要根据“利益衡量原理或方法”作出具体判断和合理选择。

我们认为，我国至少应当建立和完善如下证据规则：关联性规则、真实性规则、合法性规则（非法排除规则）、证言豁免规则、最佳证据规则、补强证据规则和证据失权规则等。

第三节　证据裁判原则与自由心证原则

就诉讼证明方法而言，曾有过两次重大的进化，第一次是以“神判”为主的证明方法进化为以“人证”为主的证明方法；第二次是以“人证”为主的证明方法进化为以“物证”和“人证”为主的证明方法。与之相应，在人类早期的历史发展阶段，较为普遍地存在过“形式证据主义”（或称“形式证据制度”），其后普遍采用“实质证据主义”（或称“实质证据制度”）。

形式证据主义是让诉讼当事人履行一套既成的形式或者仪式，例如宣誓、水审、火审、决斗、卜卦、抽签等，再根据履行过程中发生的情况或者履行的结果来判断案件的是非曲直，并以此来解决纠纷。[①] 形式证据制度的典型是神示证据制度或神明裁判主义。

在实质证据主义中，有关法官心证的形成存在两种原则：一种是法定证据主义（或称“法定证据原则”），另一种是自由心证主义（或称“自由心证原则”）。法定证据原则和自由心证原则均遵行证据裁判原则，故此将两者纳入实质证据主义的范畴。

一、证据裁判原则

（一）我国有关证据裁判原则的法律规定

我国现行诉讼法典虽未直接规定证据裁判原则，实际上也要求当事人和法官应当根据证据来证明或认定案件事实。

比如，《民事诉讼法》中明确规定，证据必须查证属实，才能作为认定事实的根据（第 63 条第 2 款）；当事人对自己提出的主张，有责任提供证据，并且法院应当按照法定程序，全面地、客观地审查核实证据（第 64 条）；证据应当在法庭上出示，并由当事人互相质证，否则会成为再审的理由（第 68 条）；“原判决、裁定认定事实的主要证据是伪造的”，“原判决、裁定认定的基本事实缺乏证据证明的”为再审的理由（第 200 条）等。

我国相关司法解释中也有规定证据裁判原则的。比如，《民诉法解释》第 90 条第 1 款规定：“当事人对自己提出的诉讼请求所依据的事实或者反驳对方诉讼请求所依据的事实，应当提供证据加以证明，但法律另有规定的除外。”

---

① 参见王亚新：《刑事诉讼中发现案件真相与抑制主观随意性的问题》，载《比较法研究》，1993（2）。

（二）证据裁判原则的主要内容

证据裁判原则要求当事人和法官必须运用物证、书证、证人证言和鉴定意见等证据来证明或认定案件事实。申言之，必须依据经过法定的证据调查程序后具有证据能力的证据（即“出于审判庭”的证据）来证明或认定案件事实。

证据裁判原则的主要内容有：

1. 当事人和法官必须运用证据来证明或认定案件事实。这里所谓的“案件事实”是指真实性尚未确定或者存在争议的案件事实，即证明对象（或称待证事实），其是否具有真实性需要运用物证、书证、证人证言和鉴定意见等证据来证明。证据裁判原则的历史意义主要在于否定神示证据制度或神明裁判制度。近现代文明社会确立了证据裁判原则，运用我们认为是合理的、正当的方式或手段（比如书证、物证和鉴定意见等证据）来认定案件事实“真相”，以此谋求裁判和诉讼的正当性。

2. 作为证明或认定事实的证据必须具有证据能力。通常情况下，必须同时具备关联性、真实性和合法性的证据才具有证据能力，才能作为法院认定案件事实的根据，即具有“可采性”。证据裁判原则是对证据“质”的规定性的要求，即证据具有“作为法院认定事实根据”的法律资格，所以“证据能力”又称“证据资格”、证据的“适格性”。不过，证据裁判原则并不规范证据的“证明力”，即没有将证据“量”的规定性（指证明力的“大小”）纳入其规范的范围。

3. 作为证明或认定事实的证据是否具有证据能力，必须经过法定的证据调查程序来调查和确定。根据正当程序保障原理或者程序参与原则，应当充分保障当事人平等行使主张权、举证权、质证权、辩论权等，这些权利在立法上被融入相应的程序中，即提供与交换证据程序、当事人质证程序或法庭言词辩论程序。所谓证据调查程序，包括提供与交换证据、当事人质证和法官判断证据。未经法定的证据调查程序调查的证据，或者未经当事人充分质证和法官审查判断的证据，在其证据能力之有无未得到确定前，不能作为法院认定案件事实的根据。

4. 当事人和法院应当遵行证据裁判原则。证据裁判原则要求当事人以证据来证明事实，要求法官以证据来认定事实。若法官违背证据裁判原则，比如没有用证据来认定待证事实、采用未经法定的证据调查程序或未经当事人充分质证的证据等，则构成上诉的理由和再审的理由。在证据裁判原则的逻辑延长线上，将要处理的问题是“由谁负责提供证据”，这一问题是由“辩论主义”（“证明责任”是其当然内涵）与“职权探知主义”来解决。大体上说，“辩论主义”适用于民事私益案件，“职权探知主义”适用于民事公益案件。

（三）证据裁判原则的适用例外

“凡有原则必有例外。”证据裁判原则的适用例外主要有：

1. 真实性已经得到确定或者没有争议的争讼案件事实，比如司法认知的事实、裁判已决的事实、推定的事实、诉讼上自认的事实等，为相对免证事实或毋庸证明的事实，主张此类事实的当事人通常无须运用证据来证明，法院直接采用为裁判的根据。因此，证据裁判原则或者证明责任的适用对象是“待证事实”。“毋庸证明的事实”被充足的反证推翻的，则成为“待证事实”。

2. 在简易诉讼程序和小额诉讼程序中，有些国家和地区允许法官在一定范围内可不调查证据，依衡平法理裁判，以节省劳费，提高诉讼效率。比如，我国台湾地区“民事诉讼法”第436条之14规定：“有下列各款情形之一者，法院得不调查证据，而审酌一切情况，认定事实，为公平之裁判：一、经两造同意者。二、调查证据所需时间、费用与当事人之请求显不相当者。”

3. 自由证明或释明的对象，即法院裁定事项，非讼案件事实，法院决定事项，经验法则、地方习惯、行业习惯等。自由证明不以“对审”为原则，无须遵行双方当事人质证辩论程序。非讼案件中，除证据外，还可以公告、支付令异议、申报权利等方式认定事实。在一些国家，对于裁定事项、决定事项，当缺乏相应证据时，法院可以允许当事人以寄存保证金或宣誓来替代释明，若以后发现当事人主张的事实是虚假的，则没收保证金或处以罚款。

二、自由心证原则

（一）自由心证原则的内涵

自由心证原则，或称自由心证主义，是公法上的强行规范，适用于严格证明与自由证明、完全证明与释明，不许法官和当事人合意变更或排除适用。其主要内涵是，法律不预先设定机械的规则来指示或约束法官，而由法官针对具体案情，根据证据规则、证明规则、经验法则、逻辑规则和自己的理性良知等，独立自由地判断证据并据此认定事实。

自由心证原则要求：（1）对于证据能力和证明力，由法官根据证据规则、证明规则、经验法则、逻辑规则和理性良知等作出自由判断；由此（2）形成内心确信，即法官内心对案件事实的真实性形成确信，亦即法官对案件事实真实性的心证程度应当达到“证明标准”。

在自由心证主义下，原则上视各种证据的法律价值为平等，法律不预先设定机械的规则来规定各种和各个证据的证明力，具体证据的证明价值或证明力由法官根据具体案件依据经验法则和逻辑规则进行自由判断。不过，法律也可以根据经验法则、逻辑规则对某些证据的证明力作出合理规定，比如原始证据的证明力一般大于派生证据，公文书的证明力一般大于私文书。①

在自由心证原则下，法官自由裁量的是证据能力和证明力，还是仅限于证明力？在英美法系，事实裁判者心证的“自由”主要是就证明力而言的。在大陆法系，法官自由裁量的内容包括证据能力和证明力。

英美法系通过证据规则对证据能力加以规定以指导或约束陪审员，所以英美法系证据制度重在证据能力的规定，而对证据的证明力却较少限制。因此，事实裁判者心证的“自由”主要是就证明力而言的。英美法系的这一做法沿用至今。② 不过，英美法系国家一直致力于通过修

---

① 在我国，最高人民法院《证据规定》第77条和《关于行政诉讼证据若干问题的规定》第63条等，也作出了如是规定。

② 尽管英美法系并没把自由心证作为一项实定法上的原则，但是事实上英美法系诉讼中对于证据和事实的评价判断也是“自由”的。

改传统的证据规则来适应现代科技和社会生活的发展，其重要表现就在于有关证据能力的证据规则的适用例外愈来愈多①，所以有关证据能力的判断也愈来愈多地被纳入法官心证“自由”的范围。

在自由心证原则下，大陆法系的法官自由裁量的内容包括证据能力和证明力。在大陆法系，认定案件事实是作为法律专家的法官的职责，没有必要如英美法系为适应陪审员制度而制定大量的有关证据能力的规则，并且大陆法系很强调法官自由判断证据的证明力以发现案件真实②，所以法官心证的“自由”是就证据能力和证明力的判断而言的。

总体上说，现阶段包括以后很长的一段时期内，我国法官的职业素质难以满足现代司法的要求，加之妨害司法的力量依然强大，所以，为保障法官独立判断证据和真实认定事实，我国可以借鉴英美法系证据制度，通过“证据规则”严格规定“证据能力”以指导和约束法官，并可排除外部对审判的非法干预。那么，在此制度之下，法官“自由”心证主要是对“证明力”的判断。

促成法官心证形成的资料（或称法官心证形成的原因），既包括“调查证据的结果”（即“证据调查的结果”），又包括“辩论的全意旨”（即“辩论的全旨趣”）。调查证据的结果大体是指通过合法证据调查程序所获得的本案所有证据资料。法官根据证据和事实共通性原则，运用调查证据的结果来认定事实。辩论的全意旨大体上是指在法庭辩论过程中出现的、除了证据资料之外的其他全部资料。比如，当事人违背“真实义务”的陈述、当事人和证人肢体语言所透视出的信息等。

诉讼或司法是一种察言观色和亲历性的法律活动。我国古代“五声听狱讼”，就反映了司法的亲历性。在法官、双方当事人和证人“面对面”（face to face）的活动中，当事人和证人的“肢体语言”（如陈述事实时所体现出的坐姿、语调、眼神、情绪等）均能够传达出语言文字所无法传递的案情信息（即“言外之意”、“无言之知”），从而影响到法官的“心证”③。这就是采行直接言词原则和强调司法亲历性的经验上和心理学上的根据。直接言词主义要求法官亲自聆听当事人言词辩论和证人言词作证，可以直接观察当事人和证人的肢体语言，直接察看证据实际状况，易于准确掌握案件事实。因此，直接言词主义是自由心证主义的支柱之一。

不管怎样，在现代诉讼中，由于采行证据裁判原则，证据在确认案件事实和形成法官心证方面具有不可比拟或不可替代的作用，法官不能仅凭借“辩论的全意旨”来认定事实。在刑事诉讼中，应当更加强调证明的慎重和证明过程的透明度，必须明确强调以“证据调查的全部结果”为法官心证形成的原因和有罪判决的基础，而不能单纯或过分强调以法庭辩论的全部意旨为法官心证形成的原因和有罪判决的基础。

---

① See Mueller and Kirkpatrick, *Evidence under the Rules*, Little, Brown and Company, 1993, pp. 712 - 727; John Peysner, “Hearsay is Dead! Love Live Hearsay!”, *The International Journal of Evidence and Proof*, Volume2, Number4, Blackstone Press Ltd, 1998.

② 参见毕玉谦：《民事证据法及其程序功能》，380 页，北京，法律出版社，1997。

③ 研究表明，人与人之间的沟通有 50%以上是靠肢体语言。参见［美］盖瑞·史宾塞：《最佳辩护》，魏丰等译，36～41 页，北京，世界知识出版社，2003。

（二）法官自由心证的保障和制约

诉讼中，法官判断证据和认定事实虽然属于主观认识活动，自由心证虽然属于法官自由裁量的范畴，但是自由心证主义并非容许法官恣意判断，而是要求法官作出合理的心证。为此，法律一方面保障法官心证形成的自由，另一方面制约法官恣意判断，从而在制度上对法官自由心证的形成设置了充足的保障措施和合理的制约措施。

1. 法官心证形成前的保障和制约①

法官心证形成前的保障和制约措施，主要有：

（1）司法独立，禁止外部的非法干预，确保法官能够自由地形成心证；

（2）法官资格限制，保障法官能够以其职业素质、理性良知及其所熟知的经验法则、逻辑法则等形成合理心证。

2. 法官心证形成过程中的保障和制约

法官心证形成过程中的保障和制约措施，主要有：

（1）审判公开，以约束法官随意形成心证，使其能够作出合理的判断；

（2）回避制度，保障法官具有理性判断能力，使其能够作出理性和中立的判断；

（3）对重大案件的判断采用复数主体制度（即合议制），以保证判断的合理性②；

（4）证据裁判原则，要求法官认定事实必须依据具有证据能力的证据，把没有证据能力的证据排除在外，以间接保证法官形成合理的心证；

（5）直接言词原则，要求法官的心证在法庭审理或直接审理的基础上产生，以保障法官心证形成的原因或基础的真切性；

（6）程序参与原则，禁止法院将双方当事人未发表过意见或未进行过辩论的事实证据作为裁判的基础和内容③；

（7）法官判断证据和认定事实时应当遵循证据规则、逻辑规则和经验法则，并且法官心证形成的原因或基础应是调查证据的全部结果及法庭辩论的全部意旨；

（8）证明标准，要求法官内心对于案件事实真实性的认知应当达到确信程度；

（9）诚实信用原则，既要求当事人和证人负担真实义务，又要求法官本着诚实信用形成心证。

3. 法官心证形成后的保障和制约

法官心证形成后的保障和制约措施，主要有：

（1）判决理由制度，要求法官心证形成的过程及原因或基础应记明于判决书之中。根据法治国家原理，法院应当承担附裁判理由的义务。这也是审判公开的实质内容，能够在一定程度

---

① 以下论述主要参考了王亚新：《社会变革中的民事诉讼》，318～344 页，北京，中国法制出版社，2001；［日］田口守一：《刑事诉讼法》，刘迪等译，225～226 页，北京，法律出版社，2000。

有学者认为，法官自由心证需合乎以下三个条件才是合法的：（1）为裁判基础的证据应经当事人质证或辩论；（2）事实的判断应依逻辑方法为之；（3）法院判决应载明其所以然的理由。参见曾世雄：《损害赔偿法原理》，287～288 页，北京，中国政法大学出版社，2001。

② 主张非专职人员加入判断主体的陪审制和参审制，也有保障合理判断的意图。

③ 参见邵明：《论民事诉讼程序参与原则》，载《法学家》，2009（3）。

上起到禁止法官突袭判决和枉法裁判。

(2) 事后审查制度，将下列情形作为上诉理由或再审理由：判决未附理由的、判决理由相互矛盾的、误认事实的、判决理由与判决内容不一致的；违背经验法则、逻辑法则的；背离审判公开、回避、证据裁判、直接言词和诚实信用等诉讼原则制度的。①

第四节　诚实信用原则

一、诚实信用原则的含义

"诚实信用原则"（简称"诚信原则"）不仅适用于私法领域，而且也适用于公法领域，当然也是民事诉讼法中的基本原则。在民事诉讼中，诚实信用原则大体上是指法院、当事人及证人等诉讼参与人诚实信用地实施诉讼行为。

诚实信用原则虽来源于道德上的诚实信用，但作为一个法律原则，则属于强行性规范，不允许法院、当事人及证人等诉讼参与人违反或者排除适用。作为法律原则，违反诚实信用原则的，则会产生法律后果。

在民事诉讼立法上，大陆法系国家以"真实义务"为诚实信用原则立法的先导。比如，奥地利在 1895 年在其《民事诉讼法》第 178 条中规定了当事人的真实义务。后来，在立法上逐渐扩大诚实信用原则的内涵。比如，《德国民事诉讼法》第 138 条规定了当事人真实义务，第 282 条、第 296 条规定了当事人"促进诉讼"的义务等；《日本民事诉讼法》在总则中确立了诚实信用原则②，并在第 63 条、第 209 条、第 224 条、第 303 条等条文中作出了具体规定。在英美法系，许多国家也有诚实信用原则内容的规定，比如确立了当事人的真实义务和"禁反言"规则等。

我国《民事诉讼法》在总则部分明确规定"民事诉讼应当遵循诚实信用原则"（第 13 条第 1 款），在分则部分则增加了禁止虚假诉讼、规避执行的规定，并修改提高了对妨害民事诉讼行为的罚款上限，加大了制裁力度；《民诉法解释》对此作出补充性的规定。

二、法院遵守诚实信用原则的具体要求

法院应当按照法定程序，平等对待各当事人，尊重当事人的程序基本权；公正、及时地行使司法权，不得滥用司法权；本着诚实信用形成合理心证，不作出突袭性裁判。

---

① 就再审理由而言，我国现行法尚未明文规定下列情形为再审理由：判决未附理由的、判决理由相互矛盾的、判决理由与判决内容不一致的；违背经验法则、逻辑法则的；背离审判公开、直接言词和诚实信用等诉讼原则制度的。

② 《日本民事诉讼法》第 2 条〔法院与当事人的职责和义务〕规定："法院应为民事诉讼公正并迅速地进行而努力；当事人进行民事诉讼，应以诚实信用为之。"

（一）法官合理心证

法官行使自由裁量权和自由地形成心证须受到合理制约，其中包括受到诚实信用原则的制约。心证本为主观判断，然须具备客观的妥当性。心证是否符合客观的妥当性，其基准之一即诚实信用原则。笔者认为，该原则要求法官本着诚实信用形成心证，若法官违背诚实信用原则而形成心证，则将成为当事人上诉或再审的理由。

基于诚实信用原则，法官应当立足于案件真相，不得对当事人提出的证据任意加以取舍，法官心证基础应当是调查证据的全部结果及法庭辩论的全部意旨。基于诚实信用原则，法官在判断证据时，须遵循经验法则、逻辑规则等。

在法律有关证明责任分配出现漏洞时，则需法官自由裁量证明责任的具体分配。诚实信用原则要求法官合理行使自由裁量权，来确定证明责任的合理负担。对于法官滥用自由裁量权，不合理确定证明责任负担的，当事人有权以此为由提起上诉或再审。

（二）禁止突袭裁判

“禁止突袭裁判”属于民事诉讼正当程序保障的内容。与法官所担负的“禁止突袭裁判”的职责相对的是当事人和相关第三人的“程序参与权”。笔者认为，“禁止突袭裁判”主要包括下面两种情形[①]：

1. 禁止发现真实的突袭。“发现真实的突袭”主要是指法院在言词辩论终结前，未使当事人有充分机会证明和辩论法院判决所采用的事实，从而使当事人在未能就不利于己的事实作出反证和陈述意见的情况下，接受法院裁判。

比如，原告提起违约之诉，法院以存在合同无效事由作出判决。但是，在法庭言词辩论终结前，没有就合同无效事由给双方当事人陈述意见或进行辩论的机会，甚至当事人根本不知道法院是以合同无效事由作出判决。此例中，法院根据合同无效事由作出判决，属于典型的发现真实的突袭。

禁止发现真实的突袭要求法院适时公开心证，使当事人及时了解法官如何判断证据、如何根据证据认定事实、是否形成确信的心证等，便于当事人及时补正事实和证据。

2. 禁止法律适用的突袭。禁止法律适用的突袭主要是指，法官在对程序事项或实体事项按照诉讼法或实体法作出裁判之前，对如何适用法律规范，应当给予受裁判结果影响的当事人及第三人表达意见和作出解释的机会。

比如，法院在作出驳回起诉裁定前，应当就作出该裁定的理由给予原告辩解的机会，这既符合正当程序的要求，又能减免不必要的上诉。再如，法院根据诚实信用原则确定证明责任的承担（详见本书第八章第四节中的证明责任的倒置与裁量部分），作出判决前，应当允许双方当事人表达意见。

事实上，禁止突袭裁判在程序保障方面与程序参与原则、处分原则和辩论原则及证据裁判

---

① 有学者将突袭裁判的情形区分为：发现真实的突袭、推理过程的突袭和促进诉讼的突袭。参见邱联恭：《突袭性裁判》，载民事诉讼法研究基金会编：《民事诉讼法之研讨》（一），台北，三民书局，1986。

原则、自由心证主义等是一致的，法院违背以上原则或主义进行审判的则为突袭裁判，应成为上诉或再审的理由。①

三、当事人遵守诚实信用原则的具体要求

（一）禁止滥用诉讼权利

滥用诉讼权利，比如滥用上诉权、程序异议权、回避申请权、证明权等，是指当事人违背诉讼权利的目的而行使诉讼权利，以达到拖延诉讼或给对方当事人造成损害等非法目的。

至于在诉讼程序上如何规制诉讼权利的滥用，笔者提出如下建议：（1）法院有权裁定驳回滥用诉讼权利的行为或认定其无效，比如驳回上诉等；（2）滥用诉讼权利人承担因此产生的诉讼费用；（3）规定法律责任，比如滥用情节或后果比较严重的，则处以罚款。同时，他人若因滥用诉讼权利受到损失，则有权要求赔偿。

（二）促进诉讼的义务和诉讼权利的失效

当事人负有“促进诉讼”的义务，应当在法定期限或合理期限内行使诉讼权利，若无正当理由不在法定期限或合理期限内行使诉讼权利，则该权利失效，即产生“失权”的法律后果（简称“失权效”）。从期间的角度看，民事诉讼中的“失权”又被认为是“诉讼权利的时效问题”，民事诉讼法关于诉讼权利在何种情形下丧失的规定称为“失权制度”，不过，为了与实体法上的“时效制度”区别，对于诉讼权利的失权规定不宜称为诉讼权利时效制度。②

民事诉讼法规定了诉讼权利行使的期间要求。诉讼权利行使的期间要求，实际上构成了诉讼行为合法性或有效性的要件。通常情况下，当事人必须按照期间实施诉讼行为，才能产生预期的法律效果。当事人若无正当理由耽误法定的不变期间，其后果主要是权利失效（失权），比如当事人耽误上诉期的则丧失上诉权，当事人耽误举证期限的则失去举证权（《民事诉讼法》第65条、《民诉法解释》第102条）。

民事诉讼失权制度包括举证时限制度要求当事人在法定期间或约定期间内行使权利（包括提供证据）。而诚实信用原则的要求更高，要求当事人应当在法定期间或约定期间内“尽其所能”地“及时”行使权利（包括提供证据）。同时，诚实信用原则还要求法官承担“促进诉讼”的职责，从而与当事人所承担的“促进诉讼”义务（或“不得阻碍诉讼”义务）一起，共同起到推动诉讼程序尽快顺畅运行的效果。

（三）禁反言

在诉讼证明领域，“禁反言”主要是指同一当事人对同一案件事实的陈述应当前后一致，禁止前后矛盾。大体上可将禁反言分为直接禁反言和间接禁反言。

直接禁反言是指在同一案件的诉讼程序中，禁止同一当事人对同一案件事实作出前后矛盾

---

① 参见邵明：《民事争讼程序基本原理论》，载《法学家》，2008（2）。

② 参见张卫平：《论民事诉讼中失权的正义性》，载《法学研究》，1999（6）。

的陈述；不过，当事人可以受诈欺、胁迫或意思表示错误等正当理由，撤销前面陈述。①

间接禁反言则要求在前后不同案件中，提出同一案件事实的同一人应当作出一致的主张或陈述；间接禁反言与"确定判决理由"的拘束力、预决效力、争点效力或争点排除效力有着相通之处，对此本书第七章第三节将作出阐释。

（四）真实（陈述）义务

所谓"真实（陈述）义务"，主要是指当事人及其法定代理人不得故意或重大过失地作出不真实陈述，也不得故意或重大过失地对真实事实或他方当事人的真实陈述进行争执。真实义务并不要求当事人主动陈述自己掌握的所有真实事实，主要是消极地禁止当事人陈述其明知是虚假的事实。②

如果将"完整（陈述）义务"理解为，当事人须将所知事实全部提出，则与辩论主义相抵触。因为辩论主义将是否主张某一事实的决定权委诸当事人。因此，完整义务并非要求当事人作出完全的陈述，应被理解为"只有在当事人基于隐瞒事实而作出的不完全的陈述从整体上看违反其主观真实时，才禁止其进行这种陈述"③，如法谚所云"隐瞒真相就是虚伪陈述"，由此可将完整义务作为真实义务的一个方面来把握。

《民诉法解释》第110条规定：人民法院认为有必要要求当事人到庭接受询问的，询问之前，可以要求其签署保证书。保证书应当载明据实陈述、如有虚假陈述愿意接受处罚等内容。当事人应当在保证书上签名或者捺印。负有举证证明责任的当事人拒绝到庭、拒绝接受询问或者拒绝签署保证书，待证事实又欠缺其他证据证明的，人民法院对其主张的事实不予认定。

"法律不强人所难"，民事诉讼当事人也应拥有沉默权，要求当事人对于己不利的事实作出完全的真实陈述，乃是强人所难和不近人情，所以当事人的真实义务并非以当事人陈述真实的积极义务为其内容，而是要求当事人不得故意违背自己对事实的主观认识而作出陈述，即当事人的真实义务中的"真实"指的是当事人主观认为的真实，并不要求是客观真实。④同时，为追究当事人违背真实义务的行为，需要对当事人所作出的事实陈述是否背离其对该事实的主观性真实认识进行证明，这种证明往往难度较大且易招致诉讼迟延，事实上进行这种证明不如直接证明案件事实是否真实。此外，民事诉讼中，当事人的真实义务虽说是对国家为之，但更主要的是对对方当事人为之而谋求当事人双方的平等。

从本质上来说，当事人的真实义务是一种比较薄弱的义务。⑤基于这种立场，对于当事人违背真实义务的行为，许多国家法律没有给予现实的制裁，即便施予制裁的也有所限制，比如

---

① 《民诉法解释》第342条规定："当事人在第一审程序中实施的诉讼行为，在第二审程序中对该当事人仍具有拘束力。当事人推翻其在第一审程序中实施的诉讼行为时，人民法院应当责令其说明理由。理由不成立的，不予支持。"

② 参见黄国昌：《民事诉讼理论之新开展》，34页，台北，元照出版公司，2005。这与康德所言有异曲同工之妙，即"一个人所说的必须真实，但没有义务把所有的真实都说出来"。

③ ［日］高桥宏志：《民事诉讼法》，林剑锋译，379～380页，北京，法律出版社，2003。

④ 参见［德］汉斯·约阿希姆·穆泽拉克：《德国民事诉讼法基础教程》，周翠译，241页，北京，中国政法大学出版社，2005。

⑤ 参见［日］高桥宏志：《民事诉讼法》，林剑锋译，380～382页，北京，法律出版社，2003。

若当事人在宣誓或保证后仍然作出虚假陈述，则应承担罚款等法律责任。

通常情况下，当事人违背真实义务所作出的事实陈述，纵然没有获得罚款等制裁，但是其不真实的陈述使人产生了对其不信任的心理倾向，这种倾向往往会影响法官形成对该当事人不利的心证。同时，对于因当事人违背真实义务所产生的诉讼费用，理当由该当事人负担。

（五）不得妨害证明

诉讼前或诉讼中，当事人、案外人（第三人）等可能故意或重大过失地违反诚实信用原则，实施妨害证明的行为。对于妨害证明（或称证明妨碍），我国现行《民事诉讼法》将其作为妨害民事诉讼行为的一种，英美法系多将其作为"藐视法庭"行为的一种。

在我国，"妨害证明"的构成要件有：

(1) 行为人可以是当事人或案外人（第三人）等，但须具有诉讼行为能力或者具有法律责任能力。①

(2) 行为人有主观故意或重大过失。即行为人明确意识到或应当意识到隐藏、毁灭或阻碍提供的证据是本案主要证据或者唯一证据。

(3) 实施了妨害证明的行为，包括作为和不作为。比如，拒不提交证据，毁灭或毁损证据，过失遗失证据，隐藏证据，以暴力、威胁、贿买方法阻止证人作证，指使、贿买、胁迫他人作伪证，阻碍对方当事人收集、提供证据，拒绝、阻碍法院调查取证等。

(4) 妨害证明的行为导致了上述证据所证明的案件事实无法得到证明或者处于真伪不明状态。

在我国，对于妨害证明行为人，施以"妨害民事诉讼的强制措施"，即处以罚款或拘留（参见《民事诉讼法》第 111 条、《民诉法解释》第 113 条和第 189 条）；并且让其承担其妨害证明所产生的诉讼费用。若构成犯罪的，则依法追究刑事责任。

法谚云："破坏证据者应承担不利于他的推定。""一方当事人"虽应负担证明责任，但若"对方当事人"妨害证明，致使相关待证事实不能或难以证明，则"推定"该事实或该证据不利于该"对方当事人"②。

从程序保障的角度来说，法院在判定是否构成妨害证明之前，或者法院在作出处理或处罚决定之前，必须进行必要的调查，并应给予妨害证明行为人提出陈述辩驳的机会。笔者认为，在诉讼中，当事人对自己因妨害证明而承担证明责任有不同意见的，有权提出异议或者提起上诉。

四、证人、鉴定人和翻译人等遵守诚实信用原则的具体要求

根据诚实信用原则，证人不得无正当理由拒绝作证，应当真实陈述案件事实，不得故意或重大过失地作伪证和作出前后矛盾的证言；鉴定人不得故意或重大过失地作出与案件事实和科

---

① 狭义的"妨害证明"，是指不负证明责任的当事人通过作为或不作为，阻碍负有证明责任的当事人对其事实主张的证明。

② 《证据规定》第 75 条规定："有证据证明一方当事人持有证据无正当理由拒不提供，如果对方当事人主张该证据的内容不利于证据持有人，可以推定该主张成立。"

学原理不符的鉴定意见；翻译人不得故意或重大过失地作出与当事人陈述、证人证言和书证文件等原意不符的翻译。

与当事人有所不同，在大陆法系国家和我国，证人、鉴定人和翻译人的真实义务一般源自公法上的规定，是对国家或法院为之，所以他们对于真实义务负有责任。

根据《民诉法解释》第 119 条、第 120 条和第 189 条，法院在证人出庭作证前应当告知其如实作证的义务以及作伪证的法律后果，并责令其签署保证书（无民事行为能力人和限制民事行为能力人除外）；证人签署保证书适用本解释关于当事人签署保证书的规定；证人拒绝签署保证书的，不得作证，并自行承担相关费用；证人签署保证书后作虚假证言，妨碍人民法院审理案件的，法院可以适用《民事诉讼法》第 111 条的规定处理。

值得注意的是，虽然英美法系将证人（事实证人和专家证人）作为“当事人的证人”，强调其对当事人所负的义务，但是如今已经注重证人对国家所负的责任。英国的法律改革家们充分意识到，过度的诉讼对抗将导致诉讼迟延，于是在保留“对抗制”的原则下，采取措施适当减缓诉讼中的对抗性。《英国民事诉讼规则》自 1999 年始在制度上强调当事人的专家证人独立、公正和客观地协助法院的责任，强化其对法院负责，而弱化其对委托的当事人的责任。[1] 其目的在于将当事人的利益排除在专家证人作证之外，尽量避免专家证人为了己方当事人而作出与对方专家证人相对立的证明，从而避免在专家证人之间产生新的对抗，以减弱诉讼的对抗性。

法谚云：“法律惩罚不诚实的行为。”与当事人的真实义务不同，许多国家的法律对于证人、鉴定人和翻译人违背真实义务的，规定了罚款等处罚，倘若触犯刑法则处以刑罚。

延伸阅读文献

1. 王亚新．民事诉讼与发现真实．清华法律评论．第 1 辑．北京：清华大学出版社，1998

2. 刘荣军．诚实信用原则在民事诉讼中的适用．法学研究，1998（4）

3. 张卫平．论民事诉讼中失权的正义性．法学研究，1999（6）

4. 肖建国．论合同法上的证据规范．法学评论，2001（5）

5. 江伟，吴泽勇．证据法若干基本问题的法哲学分析．中国法学，2002（1）

6. 汤维建．论民事诉讼中的诚信原则．法学家，2003（3）

7. 张卫平．证明妨害及对策探讨．见：何家弘主编．证据学论坛．第 7 卷．北京：中国检察出版社，2004

8. 高家伟．论证据法上的利益衡量原则．现代法学，2004（4）

9. 常鹏翱．物权法中的权利证明规范．比较法研究，2006（2）

10. 占善刚．论民事诉讼中之自由证明．法学评论，2007（4）

11. 邵明．论民事诉讼证据裁判原则．清华法学，2009（1）

12. 张保生主编．《人民法院统一证据规定》司法解释建议稿及论证．北京：中国政法大

① See Vice Chancellor's Working Party, *Code of Guidance on Expert Evidence*.

学出版社，2008

13. 江伟主编．民事诉讼法学关键问题．北京：中国人民大学出版社，2010

14. ［美］米尔吉安·R·达马斯卡著，李学军等译．漂移的证据法．北京：中国政法大学出版社，2003

问题与思考

1. 举例说明严格证明和自由证明在适用方面的不同。

2. 试析证据裁判原则的主要内容。

3. 简述民事诉讼诚信原则。(2009 年中国人民大学考研试题)

4. “判决所认定的事实推定为客观事实。”此话如何理解？你是否同意该观点？并说明理由。(2002 年北京大学考研试题)

5. 2015 年 2 月 3 日，A 借给 B 人民币 10 万元，B 交给 A 此项借款的借据。B 逾期未还此项借款，于是 2015 年 7 月 10 日 A 对 B 提起返还借款之诉，请求法院判决 B 返还 10 万元借款，在起诉状中 A 提出了借给 B 人民币 10 万元的事实和 B 逾期未还此项借款的事实，并且还提到了借据。但是，诉讼中，A 并未向法院提供本案主要证据（借据），而是向法院提供了证人 C。C 证明道：2015 年 5 月 12 日 14 时，自己看到 A 拿着借据要求 B 返还 10 万元借款，B 突然从 A 的手中抢走了借据并立即烧毁。

在此案例中，根据证明责任分配的一般规则，原告 A 应当对本案借款事实和欠款事实承担证明责任。但是，证人 C 证明被告 B 烧毁了本案主要证据（借据），即被告 B 实施了“妨害证明”的行为，对此应当如何处理并如何作出事实认定？

第二章

民事诉讼证据总论

本章概要

“证据”是指能够证明案件事实真伪的根据。这种意义上的证据指的是“裁判证据”，具有关联性、客观性（或真实性）和合法性等。“证据能力”是对裁判证据的要求。“证明力”是指裁判证据对案件事实证明的价值大小或影响程度，取决于关联性之强弱、真实性之高低和违法性之大小。通常首先对证据能力的有无作出判断，再对证明力的大小加以衡量。应当注意，证据的种类与证据的分类是不同的范畴。

关键术语

证据　证据能力　证明力　言词证据　实物证据　本证　反证　直接证据　间接证据　原始证据　传来证据

第一节　证据含义与证据能力和证明力

一、证据的含义

“证据”具有很强的目的性和工具性。从字面上理解，“证据”是指证明的根据。“证据”既可由原告使用，又可由被告使用；既可用来证实某项事实（即证明某项事实是真实的），又可用来证伪某项事实（即证明某项事实是虚假的）。

从可否作为法院认定事实根据或者是否具有证据能力的角度，可将“证据”理解为证据材料和裁判证据。证据材料是指证据能力尚未得到确定的证据，尚需通过法定的证据调查程序来调查和确定其是否具有证据能力，此际还不能作为法院认定事实的根据。裁判证据是指证据材料经过法定的证据调查程序的调查，法院确定其具有证据能力，可以作为认定事实的根据，此际的证据即裁判证据。将证据界定为能够证明案件事实真伪的根据，实际上揭示的是裁判证据的含义。

二、证据能力与证明力

（一）证据能力

证据能力，又称证据资格、证据的可采性、证据的适格性，是指作为法院认定事实根据的证据所应具备的属性、要件或资格。证据能力是对“裁判证据”的要求，通常称“证据的属性”，即作为法院认定事实根据的证据应当具有的性质。

通常，裁判证据具有关联性、客观性（或真实性）和合法性三种主要属性。关联性要求只有与案件事实有内在关联的证据才可作为法院认定事实的证据。具有证据能力的证据，其内容应当体现和揭示案情的真相，虚假的证据将被排除使用。合法性则要求作为法院认定事实的证据，在形成、取得和内容等方面必须符合法律强行规范。

对于证据的关联性和合法性，本书第五章第二、三节将作出阐释，在此简要阐释证据的客观性。证据的客观性表现在内容和形式两个方面：（1）证据内容的客观性指证据的内容必须是客观存在的事实，必须反映客观实际。只有是真实的证据才可能成为法院认定事实的基础。（2）证据形式的客观性指证据必须能够以某种方式为人所感知。证据只有以特定的物质载体表现出来并以某种方式为人们所感知才能够对案件事实起到证明作用。

当然，证据具有客观性并不意味着证据不具有主观的成分。虽然证据在其形成、收集、判断和采用等方面往往离不开当事人、证人、鉴定人和法官等主观认知，但是法院对证据的判断应当满足“主观符合客观”的要求，不能否定证据的客观性。司法判决如果不是建立在客观的证据的基础上，其公正性就无法得到保障。

通常情况下，同时具备关联性、客观性和合法性的证据，则具有证据能力。但是，在特殊情形中，即使同时具备了这“三性”的证据，也并不具有证据能力，比如，当事人在调解与和解程序中使用过的证据、对事实所做过的陈述和自认等，虽然具备关联性、真实性和合法性，但是其证据能力或可采性在以后的相关诉讼中将被剥夺或被限制。①

例如，《民诉法解释》第107条规定：“在诉讼中，当事人为达成调解协议或者和解协议作出妥协而认可的事实，不得在后续的诉讼中作为对其不利的根据，但法律另有规定或者当事人均同意的除外。”《最高人民法院关于建立健全诉讼与非诉讼相衔接的矛盾纠纷解决机制的若干意见》（法发［2009］45号）第19条中规定，当事人不得在审判程序中将调解过程中制作的笔录、当事人为达成调解协议而作出的让步或者承诺、调解员或者当事人发表的任何意见或者建议等作为证据提出。但是，下列情形除外：双方当事人均同意的；法律有明确规定的；为保护国家利益、社会公共利益、案外人合法权益，法院认为确有必要的。

《中国国际经济贸易仲裁委员会仲裁规则》（2014年修订）第47条（九）规定：“如果调解不成功，任何一方当事人均不得在其后的仲裁程序、司法程序和其他任何程序中援引对方当事人或仲裁庭在调解过程中曾发表的意见、提出的观点、作出的陈述、表示认同或否定的建议或

① 参见邵明：《正当程序中的实现真实——民事诉讼证明法理之现代阐释》，210～213页，北京，法律出版社，2009。

主张作为其请求、答辩或反请求的依据。”《中国海事仲裁委员会仲裁规则》第 52 条也作出了相同的规定。

一般情况下，与待证事实具有关联的证据是可采的，除非该证据被排除规则排除或被法官依据自由裁量权排除。因此，应当从肯定与否定两个角度来理解证据能力或可采性。从肯定的角度来看，具有证据能力的证据是指与待证事实有关联的证据。因此，证据的关联性是可采性的基础和前提，没有关联性的证据不具有可采性。

从否定的角度来看，证据具有证据能力的另一个前提是，该证据没有被排除。事实上，对证据可采性问题，英美法系国家很少从肯定的角度来规定，主要是从否定的角度对某类证据不具有证据能力作出明确的规定。事实上，某一证据与待证事实是否存在关联主要是事实问题而不是法律问题，既然是事实问题就应当允许法官依据经验和逻辑作出判断，而不应由法律作出具体规定。

（二）证明力

证明力，也称证据力、证据价值，是指证据对案件事实证明的价值大小或影响程度，也意味着证据在事实审理者（法官、陪审员）心目中产生相信与否的力量或程度。证明力之大小取决于关联性之强弱、真实性之高低和违法性之大小。比如，通常情况下，直接证据的证明力大于间接证据（直接证据与案件主要事实的关联性强于间接证据），原始证据的证明力大于派生证据（原始证据的真实性高于派生证据）。

证据能力与证明力两个概念在以下两个方面存在显著的区别：

1. 证明力的实质是证据的可信程度，而这种可信程度是靠审理者的内心来感知的。因而关于什么样的证据应该产生何种分量，立法多无法事先作出硬性规定，只能交由事实审理者依据经验与理性作出判断。但是证据能力则不然。关于证据能力的规则中蕴涵着立法者的价值判断，审理者被要求严格按照立法者所确定的规则对证据能力的有无进行识别。

2. 证明力是对证据可信性的判断，不同的证据可信性有大小之别。而证据能力只有有无之分，无大小之别。也就是说证明力是定量的概念，证据能力是定性的概念。

当然，证据能力与证明力也不是毫无联系的。一方面，许多关于证据能力的规则都是由证明力问题转化而来的。比如，传闻证据规则，正是由于传闻证据的可靠性差，法律才将其排除于可采纳证据之外。另一方面，对于证明力大小的判断总是离不开经验、伦理规则，因此，如果某一证据的采信明显违背经验规则，立法一般不承认该种证据具有证据能力。

总之，在证据能力与证明力的关系上，应当坚持证据必须先具有证据能力，才产生证明力的问题。审理者应当首先对证据能力的有无作出判断，再对证明力的大小加以衡量。

第二节　证据的分类

“证据的分类”与“证据的种类”不是同一个概念。证据的种类是法律根据证据的存在形式和形成特征对证据所作的划分，我国《民事诉讼法》第 63 条规定了 8 种证据，即当事人陈述、书证、物证、视听资料、电子数据、证人证言、鉴定意见和勘验笔录，法定的证据种类是对证据的“不周延”划分。证据的分类是根据一定的标准对证据进行周延的划分。通常将证据做如下分类：言词证据与实物证据；本证与反证；直接证据与间接证据；原始证据（原生证据）与传来证据（派生证据）。

一、言词证据与实物证据

（一）言词证据与实物证据的划分标准与概念

以存在或表现形式的不同为标准，证据可划分为言词证据与实物证据。

言词证据是以“人的陈述”为存在或表现形式的证据，也称人证，比如我国法定证据种类中的当事人陈述、证人证言、鉴定意见。

实物证据是以“实物形态”为存在或表现形式的证据，又称广义的物证，包括物证（狭义的物证）、书证、视听资料、勘验笔录等。

在理解言词证据与实物证据时，应当注意如下几个问题：

1. 言词证据就其内容而言，是陈述人直接或间接感知的与案件有关的事实，而其陈述又往往固定于一定的载体之中。言词证据有以笔录（即记录材料）为载体的，如对证人的询问笔录；有使用录音、录像的方式记录陈述人的陈述。① 但不论记载方式如何，记载的内容仍是陈述人陈述出来的案件事实，因此，不能因载体表现为实物而认为上述证据为实物证据。

2. 鉴定意见也属于言词证据。鉴定意见虽然表现为书面形式，但其实质是鉴定人就案件中某些专门性问题进行鉴定后所作出的结论性意见，而且在法庭审理时，当事人等有权对鉴定人就鉴定意见发问，鉴定人也有义务作出口头回答。在英美法系国家中，鉴定意见属于证人证言的范畴，称为“专家证言”。

3. 勘验笔录不属于言词证据。与鉴定意见不同，勘验笔录是法院或公安机关勘查、检验案件现场或物证时，对勘查、检验的过程和结果所制作的客观记录，是对实物证据内容的固定和反映，不得掺入勘验主体的主观推断，因此，属于实物证据的范畴而非言词证据。

（二）言词证据与实物证据的特点

1. 言词证据的特点

（1）言词证据具有生动形象的特征，证明作用比较明显。言词证据所反映的案件情况存在于人的大脑之中，通过人的陈述表达出来，它虽然不像实物证据那样是可见的，但也不像实物证据那样处于静止和被挖掘的地位，人们可以主动地提供所感知的案件情况，从而对案件事实起到及时证明作用。同时，语言的生动形象性决定了言词证据能够形象、生动、详细、具体地反映案件事实，不仅能把案件发生的过程和具体情节陈述出来，而且往往能把案件发生的前因后果、来龙去脉表述清楚，在诉讼中起到较好的证明作用。

---

① 《民事诉讼法》第73条规定：“经人民法院通知，证人应当出庭作证。有下列情形之一的，经人民法院许可，可以通过书面证言、视听传输技术或者视听资料等方式作证：（一）因健康原因不能出庭的；（二）因路途遥远，交通不便不能出庭的；（三）因自然灾害等不可抗力不能出庭的；（四）其他有正当理由不能出庭的。”

（2）言词证据的真实性易受提供者的主观因素及客观因素的影响。言词证据是客观事物在人头脑中映像和记忆的反映，一般要经历感受、判断、记忆、复述几个环节，在这几个环节中任何一个环节都可能受到主客观因素的影响，使言词证据失真；而且还受言词证据提供者是否愿意如实提供证据的影响，如提供者与案件存在利害关系，则其可能有意作虚假陈述。同时，言词证据提供者在感知案件事实时的环境等客观因素也会影响言词证据的真实性。

2. 实物证据的特点

（1）实物证据能够比较客观地反映案件真实情况。实物证据本身是客观存在的，往往伴随着案件的发生而形成，不像言词证据那样易受人的主观因素的影响而失真。

（2）实物证据容易受环境影响而发生物理或化学变化。实物证据可能由于证据本身的物理或化学性质易受外界条件的影响而发生变化，从而削弱其对案件事实的证明作用。

（3）实物证据关联性不明显，并且只能从静态上证明案件事实。所谓关联性不明显，大体是指实物证据一般不能自己证明它与案件事实之间的联系，而需要另外有证据揭示它对证明案件事实的意义。所谓只能从静态上证明案件事实，指实物证据不能像言词证据那样生动、全面地反映案件事实，实物证据往往只能证明事实的一个部分。比如，在民事诉讼中，一方当事人提供的书证合同文本上有涂改的迹象，但是何人、在何种场合下、出于何种目的进行的涂改，都不能从书证自身中寻找答案，即使通过笔迹鉴定找到涂改人，也只能证明该人实施了涂改行为，至于涂改是基于当事人的协商一致对合同的修改，还是基于欺诈目的对合同的篡改，则需要其他证据加以证明。

（三）言词证据与实物证据的运用

区分言词证据与实物证据的意义在于，在司法实践中，可以针对言词证据与实物证据的不同特征，制定相应的收集、质证、判断规则。

1. 言词证据的运用规则

言词证据是由当事人、鉴定人等通过陈述而产生的证据，不可避免地会受到主客观因素的影响，因此，为保证其真实性和使其具有证明力，司法人员和当事人等必须遵守以下运用规则：

（1）根据言词证据的特点，采用合适的方法对其进行收集和保全。言词证据的收集方法主要是询问。询问应当按照法律规定的程序进行，以保证陈述人能够如实陈述，保证证据收集的合法性。收集言词证据不得采用威胁、引诱、欺骗以及其他非法方法，并保证一切与案件有关或知道案情的公民有客观地提供证据的条件。收集言词证据一般应以口头询问的方式进行，使陈述人按照感受的案件事实的顺序进行陈述，切忌诱导、暗示。对证人和鉴定人，应告知其有义务如实提供证据，讲明作伪证和虚假陈述所应负的法律责任。

在证据的保全上，也要根据言词证据与实物证据的不同表现形式分别采用不同的方法。对于言词证据，一般是以笔录的形式加以固定，证人、当事人可亲笔书写证词或供词，也可以录音、录像的方式加以记录。

（2）对言词证据进行审查判断时，要着重审查言词证据在形成过程中有无影响其真实性的主客观因素，如证人、鉴定人有无因为与当事人有亲疏关系等而故意作虚假证明或鉴定；陈述人感受案件事实时客观环境的好坏，如光线的明暗、地势的高低、天气的变化等，以及是否受到威胁、引诱；等等。

（3）在法庭调查阶段，言词证据通过询问或宣读等方式提出，对案件的查证和对全部证据的审查，都必须以言词方式进行，不允许仅用案卷中的书面材料来认定案情和作为判决的依据。

2. 实物证据的运用规则

与言词证据相比，实物证据自身客观性较强，但它是“哑巴证据”，不能自动对案件事实作出证明，从而不容易为司法人员和当事人所直接了解，而且还可能被伪造、变造或发生变质。因此，在收集、保全和判断实物证据时，法官和当事人等必须遵守以下规则：

（1）充分利用现代科学技术手段，采用适当的方法及时对实物证据进行收集和提取。实物证据的收集主要是通过察验、搜查、扣押、当事人提供等方式进行。采取上述方式收集实物证据必须依照法定的程序进行，如对收集的实物证据要开列清单或开具收据，并妥善保管。不能保存的应采用拍照、制作模型、绘图等方法进行保全和固定。实物证据的取得，要履行必要的交接手续（如制作扣押物品清单、调取证据清单等）。针对实物证据容易灭失的特点，收集实物还必须及时进行，以防止由于自然或人为因素而使实物证据灭失、毁损或被伪造、变造，并且，我们还应当在收集过程中深入细致，以保证能够发现提取到各种微量物证。

（2）对实物证据的审查则主要是查明其与案件的关联性。如通过审查实物证据的来源，证明该物证是否来源可靠、出处确切，有无伪造、变造的情况；通过审查证据的保存情况，查明是否变形、损坏或被替换等；通过与其他证据相互印证，查明实物证据与本案有何种关联，能否证明案件事实，能证明案件事实的什么情节；同时，还应注意收集实物证据的专业人员业务素质以及使用技术设备的质量等情况，以便作出准确的判断。

（3）在法庭调查阶段，实物证据由一方当事人向法庭和对方当事人出示或播放，双方进行质证并经过法庭查证属实后才能作为定案的根据。

综上所述，言词证据有动态证明的优点，极有可能直接证明案件主要事实而成为直接证据，司法和执法人员可据此直接、迅速地认识案件的主要事实，但言词证据又容易出现虚假或失真，为避免在认定案情上出现差错，在运用言词证据时，就要把它与实物证据相互印证，运用实物证据客观性、稳定性强的优点，克服言词证据的弱点。在运用实物证据时，则要注意运用言词证据挖掘实物证据的证明力，如用鉴定、辨认的方式，揭示实物证据与案件事实的联系，用当事人的陈述说明现场的情况，等等，实物证据具有较强的客观性和稳定性，一旦其证明意义被揭示出来，便成为证明力很强的证据。因此，关于言词证据与实物证据的运用，最佳途径和方法是把言词证据与实物证据结合起来使用，相互印证、相互充实，发挥各自的优势，避免各自的弱点，以取得最佳的证明效果。

二、本证与反证

（一）本证与反证的划分标准与概念

根据证据对当事人所主张的事实的证明作用，将证据区分为本证和反证。

本证是对待证事实负有证明责任的一方当事人提出的，能够证明待证事实真实的证据。反证则是指对证明待证事实不负证明责任的一方当事人提出的，能够证明该事实不真实的证据。

由此可见，本证与反证的区分与证明责任的划分有密切的关系。

本证与反证的区分是以证据与待证事实之间的关系为标准的，而不是以证据是由哪一方当事人提出的为标准，也就是说，并非原告提出的证据都是本证，被告提出的证据都是反证。在民事诉讼中，原告和被告都有权利提出利己的事实主张，也都有权利提出反证证明利于对方的事实主张不成立。

比如，甲诉乙要求乙返还10万元借款，按照“谁主张谁举证”的证明责任一般分配规则，原告提供了被告书写的借据，以证明借款事实的存在，此借据即为本证；被告提供了该借据是原告伪造的证据，以证明不存在借款事实，该证据则为反证。如果乙主张欠甲的10万元已经偿还，并出示甲书写的收条为证，则由于该收条是用来证明乙所主张的利己的“借款已还”的事实，属于本证（详见本书第八章第二节）。

（二）区分本证与反证的意义

1. 体现了诉讼的对抗性。由于民事诉讼活动对当事人双方来说具有明显的功利性，从自身利益出发，当事人双方都有充分表达诉辩主张的内心驱动。本证与反证的划分方式强调证据具有明显的“党派性”。这种党派性增强了诉讼的对抗色彩。根据民事诉讼证明责任的规定，主张某项事实的一方负有证明责任，有义务对利己的事实主张提出证据加以证明，并应达到法律所要求的证明标准。如果不能提出足够的证据证明自己的事实主张，则要承担失利的后果。另一方当事人也有权利提出证据，其提出的反证如果经过查证属实，也会被采纳。如果双方当事人提供证据的积极性被调动起来，势必增强诉讼的对抗性，使事实在本证与反证的反复较量中愈辩愈明。

2. 法律对本证与反证规定了不同的证明标准。在民事诉讼中，法律对本证的要求是，必须使法官确信本证提出方所主张的事实是真实的（即达到证明标准），法律对反证则没有这样高的要求，一般而言，反证只要达到动摇法官对待证事实的确信的程度即可。这是由于本证与反证的划分始终与证明责任的分配联系在一起。提出本证的当事人对其主张的事实承担结果意义上的证明责任，该事实只有被证明为“真”时才有可能摆脱败诉的风险或后果。但是，对于提出反证的当事人而言，由于其对待证事实不承担证明责任，所以其提出的反证无须达到使事实被证明为“伪”的程度，而只需使事实处于真伪不明的状态即可。

3. 有利于法院迅速了解当事人争议的焦点，形成对案件事实的正确认识。在双方当事人本证与反证的交锋中，审判人员根据双方当事人的陈述的事实和提供的本证、反证，可以迅速了解案件的争点（双方当事人之间有争议的问题），并将审理的重心放在争点上，这样一方面有利于快速审结案件，提高诉讼效率；另一方面可以兼听则明，帮助法官真实认定案件事实。

三、直接证据与间接证据

（一）直接证据与间接证据的划分标准与概念

以证据与主要案件事实的关系为标准，可以将证据分为直接证据与间接证据。

直接证据是能够直接、单独证明案件主要事实（要件事实）的证据。“直接”意味着证据证明案件主要事实的逻辑推理过程是直接推理而不是间接推理。“单独”意味着依据一个证据就能认定案件的主要事实。

比如，原告为了证明借贷关系的存在，向法庭出示了借条，借条上有被告人的亲笔签名。该借条可以直接、单独地证明原告与被告之间存在借贷关系，因此属于直接证据。

间接证据实际上是只能直接证明间接事实是否存在的证据。① 间接证据是不能直接证明案件主要事实，必须与其他证据结合才能证明案件主要事实的证据。

比如，原告为了证明借贷关系的存在向法庭出示了3份证据：(1) 原告在借款当日去银行提款的存折。(2) 证人证言证明，证人看见在原告提款的当日，被告在银行门前等原告，原告出门后将一个报纸包交给了被告。(3) 被告的邻居证明，被告于借款后盖起了楼房。邻居询问钱的来源，被告说是借的。该案中原告的每一个证据都不能单独、直接地证明借贷关系存在，必须与其他证据相结合才能起到证明作用，这样的证据就是间接证据。

(二) 直接证据与间接证据的特点

由于直接证据能够单独、直接地证明案件事实，所以在诉讼中使用直接证据具有简化证明的环节和推理过程，运用便利、省时、省力的优点。但是，并不是在所有的案件中都存在直接证据，许多案件并没有直接的目击证人或其他直接证据，这就决定了直接证据在证据来源上并不丰富。而且许多直接证据体现为当事人陈述或证人证言等言词证据的形式，容易受证据提供者的主客观因素的影响，造成证据失实。

间接证据与案件主要事实的联系是间接的。任何一个间接证据，都只能从某一个侧面证明案件事实的一个部分，不能直接证明案件的主要事实。而且，一个间接证据无法起到证明案件主要事实的作用，只有若干间接证据组合起来，形成一个完整的证据链条，才能证明案件的主要事实。但是，间接证据所具有的优点也是不容忽视的，一般而言，间接证据在来源上更丰富，收集的渠道更多，而且在没有直接证据的情况下，若干间接证据组成的证据体系同样可以证明案件的主要事实。

(三) 直接证据与间接证据的运用

根据《证据规定》第77条的规定，直接证据的证明力一般大于间接证据。在司法实践中，应当针对直接证据与间接证据的各自特点，将两种证据结合起来使用。

应当重视对直接证据的收集和审查、判断。但是，对直接证据本身是否真实，必须借助其他证据加以证实。同时，应当对直接证据的合法性加以审查，当事人用法律禁止的或侵犯他人合法权益的方法取得的直接证据同样不能在诉讼中使用。总之，只有被证明具有客观性、关联性和合法性的直接证据才能作为认定事实的依据。

在间接证据的使用方面必须注意遵循以下规则：(1) 单个间接证据不能单独证明案件主要事实；(2) 间接证据本身必须具有证据能力；(3) 各个间接证据之间必须协调一致，相互印证，不存在矛盾；(4) 运用间接证据组成的证据体系进行推理时，所得出的结论应当是肯定

---

① 参见邵明：《正当程序中的实现真实——民事诉讼证明法理之现代阐释》，216页，北京，法律出版社，2009。

的、唯一的。

四、原始证据与传来证据

（一）原始证据与传来证据的划分标准与概念

根据证据来源的不同，可以将证据分为原始证据与传来证据。

原始证据是指直接来源于案件事实的证据，也称第一手证据。比如，证人就其观察的案件事实向法院所做的陈述，物证、书证、视听资料的原件等。“直接来源于”案件事实的证据，即在案件事实发生、发展和消灭的过程中直接形成的证据。[①] 传来证据是指经过复制、复印、传抄、转述等中间环节，间接来源于案件事实的证据。比如，证人转述他人对案件事实的体验，书证的复印件，物证、音像资料的复制品等。

区分原始证据与传来证据的标准是证据的来源，而不是证据的制作方式。不应当笼统地用复印件或复制品的概念代替传来证据的概念。比如，当事人用先打字再复印的方式制作并签署了两份合同，虽然第二份合同在技术上称为复制品，但是，由于该复制品是直接来源于案件事实的，因此属于原始证据。同时，复制品、复印件等并非均是传来证据，例如盗版 DVD 虽是正品的复制品，却是证明盗版行为的原始证据。

传来证据不同于英美法系国家的传闻证据。所谓传闻，按照《美国联邦证据规则》规则801 的解释，是指不是由陈述者在审判或听证中作证时作出的陈述，在证据上将它提供来证明事实的真相。由这一定义可以看出，作为一项证据只有在同时满足以下条件时，才可能构成传闻：(1) 必须是一种陈述，陈述的形式包括口头和书面两种，非语言的行为只有在特殊情况下才可能构成传闻；(2) 该陈述必须由在法庭作证的证人以外的人提出的，也就是说证人是在转述他人的陈述；(3) 陈述是被作为证据提出的，并且当事人提出该证据的目的在于证实陈述所包含的内容是真实的。

这一条件非常重要，因为传闻证据的定义容易让人误认为凡是转述法庭外其他人的陈述的证言都是传闻，事实上，判断某一陈述是否属于传闻的标准并非该陈述是否是在法庭上作出，很多庭外的陈述是可以作为证据的。比如，某甲在从某汽车经销商处购买了一辆汽车，甲在购车后发现该车存在质量缺陷，甲为证明经销商在交易中存在欺诈行为，找到交易时在场的乙为其作证，乙说：“我听到经销商对甲说，这辆车的质量不存在任何问题。”此时，乙的证言就不能被当做传闻证据，因为甲出示乙的证言不是为了证明车子的质量是否有问题，而是为了证明经销商说过这样的话，从而没有履行告知的义务。经销商是否说了这句话即乙的证言是否可靠，可以通过对乙的交叉询问来检验。

由上可见，传来证据与传闻证据的区别主要有以下几个方面：

1. 外延大小不同。传闻证据仅指传闻陈述或行为，不含物证、书证、视听资料等。而传来证据则囊括了所有在原始证据的基础上产生的证据，包括物证、书证、人证、视听资料等。

2. 内涵不同。在英美法系国家，凡在审判前和审判外取得的言词证据，只要未能在审判

---

① 参见邵明：《正当程序中的实现真实——民事诉讼证明法理之现代阐释》，217 页，北京，法律出版社，2009。

中以言词方式提出，则无论其内容是否为陈述人亲身感知，均为传闻证据。而判断一个证据是否是传来证据的标准则是证据的来源，是否直接来源于案件事实。只要陈述人是对案件事实亲身感受、所为、所闻，无论其是否在审判日期作出，也无论证据的表现形式是书面还是言词形式，这一证据都是原始证据而非传来证据。因此，如前所述，传闻证据既可能是传来证据，也有可能是原始证据。

3. 在诉讼中的地位不同。由于传闻证据的原始陈述人无法直接出庭接受交叉询问，同时也为了避免陪审团受到传闻证据的误导。英美法系国家通过传闻证据排除规则限制传闻证据的使用。传来证据虽然在证据力方面弱于原始证据，但是立法中并没有规定传来证据不能作为认定案件事实的依据。

（二）原始证据与传来证据的运用

根据《证据规定》第 77 条的规定，原始证据的证明力一般大于传来证据。这是由于传来证据在产生的过程中经过了转述、复制等中间环节，很可能被伪造或篡改，因此，与原始证据相比，传来证据的证明力较弱。但是，我们也绝不能因此低估了传来证据的价值，通过传来证据，当事人或人民法院可以获得原始证据的线索，有利于对原始证据的收集。传来证据还可以用来印证原始证据的真实性，在没有原始证据时，经其他证据证明为真实的传来证据也可以用来认定案件事实。

我国《民事诉讼法》和《证据规定》确立了原始证据与传来证据运用的一般规则：

1. 最佳证据规则。当事人和人民法院在诉讼中应当优先收集、提供、采纳原始证据。我国《民事诉讼法》第 70 条第 1 款规定：书证应当提交原件。物证应当提交原物。提交原件或者原物确有困难的，可以提交复制品、照片、副本、节录本。根据《民诉法解释》第 111 条，提交书证原件确有困难的情形包括：书证原件遗失、灭失或者毁损的；原件在对方当事人控制之下，经合法通知提交而拒不提交的；原件在他人控制之下，而其有权不提交的；原件因篇幅或者体积过大而不便提交的；承担举证证明责任的当事人通过申请人民法院调查收集或者其他方式无法获得书证原件的。

2. 补强证据规则。即传来证据必须与原物、原件相互印证才能作为认定案件事实的依据。根据《证据规定》第 69 条的规定，无法与原件、原物核对的复印件、复制品，无正当理由未出庭作证的证人证言，不能单独作为认定案件事实的依据。

第三节 证据的共通性原理

一、证据共通性原理的含义

证据共通性原理，有广义、狭义两种。就狭义而言，该原理或原则的主要含义有：

1. 在对立的双方当事人之间，不论何方当事人提出的案件事实，若法院认为是真实的，对于他方当事人亦为真实，均为法院判决的根据。

2. 不论何方当事人提出的证据资料，若具有证据能力，则既可证明利己的案件事实，又可证明有利于对方的案件事实，并均可作为法院认定事实的根据。

3. 对于同一事实，作为法官心证基础的证据亦必同一。证据同一或共通性，是指作为法官心证基础的证据调查结果是同一的或具有共通性，并非指证据方法是同一的或具有共通性。①

广义的事实和证据共通性原理，不仅适用于对立的双方当事人之间，而且也适用于其他情形（比如共同诉讼等）。此两者间虽存有一些异处②，但笔者认为并无本质区别。

二、证据共通性原理的根据

首先，事实的“真实性”和证据的“关联性”决定了该原理的适用。民事争讼程序中，双方当事人以主张利己事实和证据的方式展开攻击防御，从而使事实和证据带有了如“原告方的事实和证据”或者“被告方的事实和证据”这样的“党派性”③。但是案件事实只要是真实的，证据只要与案件事实有内在关联性，不论对何方当事人有利，均得作为法院判决或认定事实的根据。真实事实和关联证据是否具有共通性，是一种客观存在，不能随意排除。

具有关联性的证据体现为证据直接或间接来源于案件事实，证据与案件事实的关联性是一种客观存在，无法通过所谓的“党派性”等被随意排除。无论是哪一方当事人提出的证据，一旦调查结束，即使不利于提出该证据的当事人而有利于对方当事人，该当事人也不能撤回该证据或者主张该证据无效，而应将之作为查明案件事实的手段纳入法官斟酌裁量的范围。

其次，“法官中立原则”和“自由心证原则”决定了该原理的适用。根据法官中立原则和自由心证原则，法官应当中立、自由地判断证据和采用调查证据的结果，而不管该结果有利于何方当事人。换言之，法官采用证据和认定事实必须遵循事实和证据共通性原理。

在自由心证主义下，法官对任何一方当事人提出的证据进行评价均是自由的，并不存在一方当事人提出的证据只能运用于有利于该方当事人的事实认定的限制，证据也可以用作对提出者不利而对对方有利的事实认定。④ 事实上，某项事实的真与伪、某件证据是否具有可采性并不取决于是何方当事人主张或提供的，法官对某项事实真伪的认定、对某件证据可采性的判断对于全体诉讼当事人应是公正的。

总之，证据共通性原理使法官可以综合评价证据调查的全部结果并据此自由形成心证，进而作出更为接近客观真实的事实认定。不仅如此，遵行该原理还有助于节约诉讼成本，因为适用该原理则意味着无须重复调查具有共通性的事实和证据。

因此，法官运用证据共通性原理，将基于一方当事人提供的证据而形成的证据调查结果，适用于有利于对方当事人的事实认定时，无须对方当事人请求法官适用该证据调查结果。即使当事人提出这种请求，也不过是敦促法官予以关注的事实行为。⑤

---

① 参见陈计男：《民事诉讼法论》上册，增订3版，461页，台北，三民书局，2004。

② 参见吕太郎：《民事诉讼之基本理论》，220～240页，北京，中国政法大学出版社，2003。

③ 王亚新：《对抗与判定》，2版，133页，北京，清华大学出版社，2010。

④ 参见［日］三月章：《日本民事诉讼法》，汪一凡译，433页，台北，五南图书出版公司，1997。

⑤ 参见［日］新堂幸司：《新民事诉讼法》，林剑锋译，388页，北京，法律出版社，2008。

证据共通性原理与“辩论主义”并不发生冲突。根据辩论主义，事实的主张和证据的提供由当事人负责，所以只要当事人主张了事实和提供了证据，辩论主义所规定的当事人的任务即告完成。至于如何将证据调查的结果用于事实的认定，则专属于法院的审判职责，属于辩论主义领域外的问题。

三、证据的撤回

当事人主张事实和提供证据属于“取效性诉讼行为”，必须向本案审判法官或法院实施。经过证据调查程序，法院根据具有证据能力的证据及其证明力，来认定事实是否真实。

就提供证据而言，作为取效性诉讼行为，在“辩论主义”诉讼中，应当允许提供者在符合一定情形时撤回证据。具体来说：

1. 在质证或证据调查开始之前，提供者可以自由撤回该证据（在“职权探知主义”程序中，只有经过法院同意的才可撤回）。

2. 在质证或证据调查开始之后，在证据共通性原理下，该证据对对方当事人有利的可能性将逐渐被现实化，或者说有可能产生对对方当事人有利的证据资料，所以必须征得对方当事人的同意，才能撤回证据。举证时限届满后，该证据就失效了。

3. 在质证或证据调查完成后，由于证据调查结果已经对法官的心证产生了现实影响并且这种影响是难以消除的，同时证据的调查结果已经产生了共通性，所以纵使对方当事人同意，也不许撤回。①

四、证据共通性原理的适用

（一）证据共通性原理在必要共同诉讼和群体诉讼中的适用

在必要共同诉讼和以其为基础形成的群体诉讼中，由于其诉讼标的是共同的，所以同一方的共同诉讼人中一人或数人所主张的事实和提供的证据，通常对本方所有共同诉讼人具有相同的法律效果和共通性。据此，法院对本案诉讼标的和对全体共同诉讼人作出合一判决。

根据我国《民事诉讼法》第 52 条的规定，对事实和证据的处分行为，涉及共同诉讼人重大实体利益的，比如自认事实、证据契约等，须经本方其他共同诉讼人同意（包括明示同意和默示同意），其效力才及于本方全体共同诉讼人。

不过，对方当事人对必要共同诉讼人中一人或者数人实施的诉讼行为，包括主张事实和提供证据，即使涉及必要共同诉讼人共同利益的，也无须其他必要共同诉讼人同意，其效力就直接及于全体必要共同诉讼人。

（二）证据共通性原理在普通共同诉讼和群体诉讼中的适用

证据共通性原理能否适用于普通共同诉讼和以其为基础形成的群体诉讼呢？对此，一些国

---

① 参见姚瑞光：《民事诉讼法论》，444 页，台北，海宇文化事业有限公司，2004。

家和地区的判例和学说存在不同的见解。①

普通共同诉讼只是数诉的合并，数诉相互之间的关联性较弱，各诉当事人之间彼此独立，所以与必要共同诉讼不同，普通共同诉讼中适用证据共通性原理的可能性和必要性受到很大的限制。

比如，乙、丙各自向甲借钱若干，后来甲以乙、丙为被告，诉请返还借款。若合并审理甲与乙之诉和甲与丙之诉，则构成普通共同诉讼，两诉的诉讼标的是同种类的（借贷合同关系或者甲所拥有的返还借款的请求权）但非共同的，两诉的原因事实也非共同的，诉讼中原告甲分别与被告乙、丙进行对抗，无从援用证据共通性原理。

再者，由于辩论主义仅适用于同一案件对立的双方当事人之间，所以本案当事人主张的事实和提出的证据，对于他案及其当事人而言，已经超出了辩论主义的适用范围，法院不能依据本案证据来认定他案的事实。②

但是，在某些情形中，普通共同诉讼和以其为基础形成的群体诉讼中，数诉的案件事实也具备共通性，也有适用证据共通性原理的必要，需要法官依据自由心证对数诉的案件事实作出统一认定，否则会产生矛盾裁判，危及诉讼公正，造成诉讼浪费。

例如，甲、乙二人一同外出旅游，一并入住某酒店。二人在房间聊天时，房间的天花板突然掉下来，把二人砸伤。甲、乙以该酒店为被告提起诉讼，为普通共同诉讼。此例是基于同一事实而发生的普通共同诉讼。对于甲、乙二人是否因天花板落下而受伤的案件事实，法院应当作出同一认定。假设诉讼中甲提出了其人身损害是天花板落下砸伤的证据，乙未作反对表示的，应当适用证据共通性原理。

再如，甲将某商品分别零售给乙、丙二人，二人均支付部分价款，甲将乙、丙的赊账情况记录于一张纸上。后来，甲将乙、丙作为共同被告提起了诉讼。诉讼中，甲与乙、丙就赊账记录纸的真伪产生争执。此案例是基于相同种类事实而发生的普通共同诉讼，即“甲与乙之诉”与“甲与丙之诉”之合并。此例中，赊账记录纸是用以证明该赊账是否真实的书证，作为证据的赊账记录纸的真伪属于两诉共通的争点，在两诉及乙与丙之间具有共通性，在此就有必要适用证据共通性原理。

证据共通性原理之所以能够而且应当在普通共同诉讼中适用，从客观方面来考察，是源于数诉的案件事实或者证据是同一的或共通的，所以才需要法官根据证据共通性原理并依据自由心证原则，对证据作出同一判断和对事实作出同一认定。

在普通共同诉讼中，在数诉的案件事实或者证据是同一的或者存在共通的情形中，适用证据共通性原理会产生出一个极其重要的问题，即对其他共同诉讼人的“程序保障”问题。普通共同诉讼人之间的利益往往是不一致的，对同一或者共通的证据往往有不同的主张或看法，所以在程序上应当允许其他共同诉讼人对证据共通性原理的适用提出异议。换言之，对于共同诉讼人中一人提出的事实和证据，因适用事实和证据共通性原理影响到其他共同诉讼人利益的，应当在程序上保障其行使“程序异议权”。没有提出异议或者异议不成立的，才能适用该原理，

---

① 参见邵明、卢正敏：《证据共通原理在普通共同诉讼中的适用》，载《甘肃社会科学》，2006（2）。

② 参见吕太郎：《民事诉讼之基本理论》，235页，北京，中国政法大学出版社，2003。

否则其他共同诉讼人可以此为由提起上诉或申请再审。

延伸阅读文献

1. 汤维建．论民事证据契约．政法论坛，2006（4）

2. 聂昭伟．证明力与证据能力规则演变规律探究．西南政法大学学报，2007（2）

3. 纪格非．证据能力论．北京：中国人民公安大学出版社，2005

4. 罗筱琦，陈界融．证据方法及证据能力研究．北京：人民法院出版社，2006

5. 邵明．正当程序中的实现真实——民事诉讼证明法理之现代阐释．北京：法律出版社，2009

6. 江伟主编．民事诉讼法学关键问题．北京：中国人民大学出版社，2010

7. ［美］Ronald J. Allen 等著，张保生等译．证据法：文本、问题和案例．北京：高等教育出版社，2006

8. ［德］罗森贝克，施瓦布，戈特瓦尔德著，李大雪译．德国民事诉讼法．北京：中国法制出版社，2007

9. 姜世明．举证责任与真实义务．台北：新学林出版社，2006

问题与思考

1. 试论述证据能力。(2004 年北京大学考博试题)

2. 证据能力与证明力有何区别?

3. 原告诉请被告返还借款 5 万元，为证明这一事实，原告向法院提交了被告书写的“借据”；被告则主张“借款已经清偿”，并向法院出示了原告交给他的“收据”。关于原、被告双方的证据，下列哪些选项是正确的?（2007 年司法考试卷三）（参考答案：BD）

A. “借据”是本证，“收据”是反证

B. “借据”是本证，“收据”也是本证

C. “借据”是直接证据，“收据”是间接证据

D. “借据”是直接证据，“收据”也是直接证据

4. 席某与刘某 1997 年建立恋爱关系之后不久，于 1998 年 2 月登记结婚。婚后，刘某长期不主动找工作，赋闲在家，没有收入来源，席某多次劝说无效。刘某患有妇科疾病，虽经多次治疗仍未根治，因此一直不能生育子女。双方婚前的不了解，导致了婚后生活的不和谐局面，席某在家庭中感受不到温暖，便有了第三者。2007 年 3 月，席某向人民法院提起了诉讼，要求离婚并依法分割共同财产。在庭审过程中，双方对婚前财产和婚后共同财产并无太多争议，刘某的委托代理律师突然向法庭提交了一份证据，是刘某为证明席某具有“有配偶者与他人同居”的情形，委托私人侦探偷拍制作的光盘资料。

问题：被告的证据可否被采纳?

第二编

证据论

第三章

实物证据

本章概要

实物证据是指以客观存在的实体物品作为待证事实表现形式的证据，包括书证、物证、视听资料、电子数据和勘验笔录等。实物证据和言词证据因各自存在形式或表现形式不同，对其提供、质证和判断的方式也相应不同。本章具体阐释各实物证据的概念、特征、类型、证明力、司法适用状况以及各种证据之间的相互区别与联系等问题。同时，还详细分析了电子数据的定位与适用等问题。

关键术语

实物证据　书证　物证　视听资料　电子数据　勘验笔录

第一节　书　证

一、书证的概念及特征

所谓书证，是以文字、符号、图案等所记载的内容和表达的思想来对案件事实进行证明的书面文件或其他物品。民事诉讼中常见的书证主要有：书信、文件、票据、商标图案、书面遗嘱、传真及电报文告、合同书、结婚证书、房地产证件、书面借条、欠条、领条等。

作为书证，其必须具备两个前提要件：（1）就形式要件而言，书证必须以一定的物质材料，如纸张、皮革、帛缎、金属、器皿、木块等为载体，载体上有记载内容、表达思想的文字、符号、图案等。（2）就实质要件而言，各种书证所记载的内容或表达的思想必须与案件有所关联，能够反映案件的真实情况，若记载的内容或表达的思想与待证案件不具有关联性，则不能作为证据予以使用。

书证作为各种诉讼活动中使用最为广泛的证据之一，其证据功能的发挥乃是依靠文字、符号、图案等所表达的思想内容来证明案件事实。与其他证据种类相比较，书证的特征主要表现在以下两个方面：

1. 书证是以书面文件或其他物品所记载的内容或表达的思想来对案件事实进行证明，换言之，书证材料记载的内容或表达的思想才是书证的本质属性。文字、符号、图案等作为反映书证所记载内容的形式要素具有多样性，书证内容的物质载体、书证的制作方式和制作工具同样具有多样性。然而，外在形式或制作方式只是书证的外部特征，对于书证而言，外部特征并不具有证明作用。外在表现形式完备，但欠缺内容或没有反映任何思想的证据，不能成为书证。

2. 书证或是记录案件事实发展的过程或结果，或是记录制作者的主观意志，其都具有明确的思想内容，能够为人所认识和理解。对于普通书证，不需要通过一种特殊媒体或任何中间环节来对其加以分析和判断。在形式上相对固定，有较强的稳定性，不受时间的影响，只要其赖以依存的物质载体未被损坏，其记载的内容或彰显的思想就不会因为经历的时间久远而产生证明力上的减损。正因如此，英美法系最初将书证作为最佳证据规则的适用对象。

从我国诉讼法学界对书证的研究状况来看，对书证的外延、书证效力的评判规则等问题，较传统的通说而言存在某些争议。如有学者认为，视听资料以及书面证言亦当属书证的范畴，现行立法所规定的公文书证与私文书证的评判规则存在一定的问题。[①] 毋庸置疑，随着司法实践中对书证证据运用经验的不断总结以及对书证制度研究的逐步深化，我国民事诉讼书证制度将更加完善，书证在证据应用中的作用将进一步提高。

书证必须要在法庭上出示并由当事人质证，才能作为认定案件事实的依据。人民法院依照当事人申请调查收集的证据和依照职权调查收集的证据应当在庭审时出示，听取当事人意见，并可就调查收集该证据的情况予以说明。对书证进行质证时，当事人有权要求出示书证的原件，提交原件确有困难并经人民法院准许或者原件已经不存在但有证据证明复制件与原件一致的，可以出示复制件。质证时，当事人围绕证据的真实性、关联性、合法性，针对证据证明能力有无以及证明力大小，进行质疑、说明与辩驳。

对于一方当事人提出的书证原件或者与书证原件核对无误的复印件、照片、副本、节录本等证据，对方当事人提出异议但是没有足以反驳的相反证据的，人民法院应当确认其证明力。但是，无法与原件核对的复印件不能单独作为认定案件事实的依据。

书证在对方当事人控制之下的，承担证明责任的当事人可以在举证期限届满前，书面申请法院责令对方当事人提交。因提交书证所产生的费用，由申请人负担。对方当事人无正当理由拒不提交的，法院可以认定申请人所主张的书证内容为真实。

《民诉法解释》第 113 条规定：“持有书证的当事人以妨碍对方当事人使用为目的，毁灭有关书证或者实施其他致使书证不能使用行为的，法院可以依照民事诉讼法第一百一十一条规定，对其处以罚款、拘留。”

二、书证的类型

（一）根据制作主体的不同，可将书证分为公文书证和私文书证

公文书证是指国家机关或者其他依法具有社会管理职能的组织在其法定职权或法律授权的

---

① 参见张永泉：《书证制度的内在机理及外化规则研究》，载《中国法学》，2008（5）。

范围内，依照一定的程序和格式所制作的公务文书。例如，行政机关颁布的文件、告示、命令、任免书、奖惩文书；婚姻登记机关颁发的结婚证书、离婚证书；司法机关制作的司法文书或诉讼文书；房屋管理部门颁发的房屋产权证书；等等。公文书证的特点在于，其制作主体为国家机关或其他依法具有社会管理职能的组织；其内容表现为对法定职权或法律授权职责的履行；其制作方式及制作程序较为严格，通常必须加盖制作主体的公章，且以一定体例的正式文样为表现形式。

私文书证，即是指公文书证以外的书证。通常为私人制作或国家机关、企事业单位、社会团体非基于法定职权或法定公务而制作的文书。如个人信件、借据、单据、电报、传真、单位之间签订的合同等。与公文书证相比，私文书证在制作主体、制作程序及制作形式上都不严格，因此在证明力上通常弱于公文书证。

（二）根据内容和法律效力的不同，可将书证分为处分性书证和报道性书证

处分性书证所记载或表述的内容，包含了设立、变更或消灭某项法律关系的意思表示，以发生一定的法律后果为目的。典型的处分性书证如合同、借据、书面遗嘱、结婚证书、法院判决书、裁定书等。由于处分性书证所记载和表达的内容可以引起法律关系的变动，与一定的法律后果密切相关，因此，其往往对案件的主要事实有直接的证明力。

报道性书证所记载或表述的内容，只是单纯记录案件事实、反映制作主体的客观见闻和主观感受或者某项法律关系发生、变更或消灭的事实，通常不产生一定法律效力的书证。典型的报道性书证如日记、信件、财务账本、医院病历、旅馆的登记簿等。这些书证仅仅记载或表述某些主观感受或某种客观事实的发生或经过，其本身并不能引起法律关系的变动，无法产生一定的法律后果，因此只具有报道性。

（三）根据制作程序或形式的不同，可将书证分为一般书证和特殊书证

一般书证是指并不要求书证的制作必须按照法定程序或者必须具备特定的形式，只要从其内容上能够认定思想内容或意思表示即可的书证。例如借据、收据，只要其内容载明特定的事实或意思表示，其采用何种形式均在所不问。

特殊书证是指必须按照法定程序制作的或者必须具备法定形式的书证。例如，工商行政管理机关颁发的营业执照、法院依法制作的裁判文书、公证机关制作的公证书等，都必须严格遵循法定的程序、严格依照法定的形式来制作，否则将不具有法律效力。

（四）根据记载或表达书证思想内容的形式要素在外形特征上的不同，可将书证分为文字书证、符号书证、图形书证等

文字书证，是指以文字所记载的内容来证明案件事实的书证。如合同、账单、信件、电报、遗嘱等。

符号书证，是指以符号所表达的特定思想内容来证明案件事实的书证。如路标、标记、记号等。

图形书证，是指以图形、图案所表现的内容来证明案件事实的书证。如产品图案、房屋建筑的设计图纸、城区规划建设的示意图等。

（五）根据制作方法或方式的不同，可将书证分为原本、正本、副本、复印件、影印本、节录本和译本等

原本是指文件制作人最初做成的原始文书。照原本全文抄录、印制并对外具有与原本同一效力的文书，称为正本。副本是制作人按照原本制作的、效力低于正本的文书。制作副本的目的，往往是为了送交有关单位或个人使其知晓原本的内容。复印件是指用复印机复制的文件。影印本是指运用影印技术、将原本或正本通过摄影或复制而形成的文书。节录本是指从原本或正本文书中摘抄其主要内容而形成的文书。译本是指将原本或正本文书中的文字翻译成另外一种文字而形成的文书。

三、书证的证明力

书证的证明力，即是指书证所具有的证明待证事实的能力。[①] 在大陆法系民事诉讼中，书证证明力的判断可以分为两个阶段：其一，书证所记载的内容是不是制作人的意思，即书证本身的真实性问题，此乃书证的形式证明力；其二，若是制作人的意思，该内容有无证明力，即书证所记载或表达的思想内容对待证事实是否能够起到证明作用，此乃书证的实质证明力。

书证的形式证明力是关于书证制作或成立的真伪问题，书证确实是制作人制作的，叫做“书证真实”。真实或真正成立的书证，通常被认为该书证记载的内容或表达的思想即为制作人的意思，则该书证具有形式证明力。从证明的过程看，书证形式上的证明力先于实质上的证明力而发生，诉讼中必须首先解决书证有无形式上证明力的问题。

德国、日本等国家和地区的民事诉讼法中均设有“公文书证真实的推定”[②]，即从文书的形式和内容上可以确定该文书系国家公务人员在其职务范围内所作时，法官便应推定文书本身是真实的。在我国民事诉讼法中，同样采对公文书证真实的推定。

提出公文书证的当事人不必证明该公文书证的真实性，对方当事人如果对此有争议，有权提出证据证明其为非真正；法院对公文书证的真实性有所怀疑时，可以请求制作单位或其公务人员对书证的真伪情况进行说明。例如，《民诉法解释》第 114 条规定：“国家机关或者其他依法具有社会管理职能的组织，在其职权范围内制作的文书所记载的事项推定为真实，但有相反证据足以推翻的除外。必要时，人民法院可以要求制作文书的机关或者组织对文书的真实性予以说明。”

对于私文书证来说，双方当事人对举证出示的私文书证没有争议的，法院可以认定为真实；若有争议，提出该书证的当事人负有证明该私文书证真实的责任；但私文书证如果经由本

---

① 参见江伟主编：《民事诉讼法》，3 版，154 页，北京，高等教育出版社，2007。

② 比如，《德国民事诉讼法》第 437 条规定：“从形式和内容两方面都可以认为是由官署或由具有公信权限的人所制作的证书，推定其本身是真实的。法院对证书的真实性有怀疑时，可以依职权要求制作该证书的官署或人，对证书的真实性加以说明。”《日本民事诉讼法》第 228 条第 2 项规定：“文书，依制作的方式及目的应认为公务员在职务上作成的，推定为该文书制作是真实的公文书。”我国台湾地区“民事诉讼法”第 355 条第 1 项规定：“文书，依其程式及意旨得认作公文书者，推定为真正。”

人或其代理人签名、盖章或按指印的，则推定其为真实。[①] 我国民事诉讼法规定，人民法院对私文书证，应当辨别真伪，审查确定其效力，不能直接推定其具有形式证明力。

在书证的形式证明力得以确认之后，当事人需对书证是否具有实质证明力进行质证，法院需对书证的实质证明力加以判断，即书证内容能否证明待证事实。法院要依据书证所记载的具体内容和其所表达的思想等具体情形对书证的实质证明力进行审查。在法院对书证的实质证明力进行审查的过程中，允许当事人提供证据证明文书所载的内容不真实、不全面。就证明力而言，根据《证据规定》第77条中的规定，国家机关、社会团体依职权制作的公文书证的证明力一般大于其他书证；经过公证、登记的书证，其证明力一般大于其他书证。

由此可见，"书证的形式证明力和实质证明力实际上是书证的证据能力或可采性问题"[②]。就书证的形式证明力与实质证明力的关系而言，形式证明力是实质证明力的前提，具有形式证明力的书证，才有具备实质证明力的可能，无形式上的证明力不可能有实质上的证明力。具有形式证明力，并不必然意味着具有实质证明力。作为法院认定待证事实根据的书证，必须是形式实质两种证明力的统一。

第二节　物　证

一、物证的概念及特征

物证（狭义的物证）是指以其外部特征、物质属性、存在状况等证明案件事实的证据。外部特征，主要是指其客观存在的形状、大小、颜色、数量、新旧破损状况等；物质属性，主要是指物证本身所具有的质量、重量、材料、成分（元素）、结构、机能等；存在状况，主要是指物证所存续的时间、占有的空间范围、所处的位置等。物证乃民事诉讼中的一类重要证据，民事诉讼中常见的物证如权属状况存在争议的物品、合同纠纷中存在争议的标的物、侵权纠纷中受到损坏的物品等。

就物证的特征来说，主要有以下几点：

1. 物证是以实体物的特征、属性及存在状况来对案件事实进行证明。这是物证区别于其他证据类型的重要特征。其他类型的证据也可能存在一定的物质载体，如书证及各种笔录，但它们证明作用的发挥乃是依靠其记载或表达的思想内容。物证则不同，其本身并不记载思想内容，实物本身即是证据。

2. 物证具有较强的客观性。因此，只要判明物证的客观性，其往往不会受人们主观因素的影响，具有较强的可靠性和真实性。

3. 物证具有较强的稳定性。由于物证是实际存在的物品，因此，只要对物证及时收集，

---

① 《德国民事诉讼法》第416条、《奥地利民事诉讼法》第294条、我国台湾地区"民事诉讼法"第358条等均有类似的规定，即私文书证经本人或其代理人签名、盖章或按指印或有法院或公证人认证的，推定为真正。

② 邵明：《正当程序中的实现真实——民事诉讼证明法理之现代阐释》，255页，北京，法律出版社，2009。

用科学的方法提取、固定并妥善保存，其形成之后，一般不会在短时间内发生变化，所以具有较强的稳定性。

4. 物证对案件事实通常起到间接的证明作用，通常需要结合其他证据类型共同完成证明。物证往往属于间接证据，仅有物证本身往往不足以对案件的事实情况进行充分的证明，在物证发挥证明作用的过程中，往往需要与鉴定意见、证人证言等证据配合，共同证明案件事实。

根据我国法律及相关司法解释的规定，调查人员调查收集的物证应当是原物。被调查人提供原物确有困难的，可以提供复制品或者照片。提供复制品或者照片的，应当在调查笔录中说明取证情况。在对物证进行质证时，当事人有权要求出示原物，但在以下情况下可以不出示原物：（1）出示原物确有困难并经人民法院准许出示复制品；（2）原物已经不存在，但有证据证明复制品与原物一致。一方当事人提出的物证原物或者与物证原物核对无误的复制件、照片、录像资料等证据，对方当事人提出异议但没有足以反驳的相反证据的，人民法院应当确认其证明力。对于同一事实的证明力，人民法院在认定时应遵守“物证的证明力一般大于其他书证、视听资料和证人证言”的原则。但是，无法与原件、原物核对的复制件、复制品不能单独作为认定案件事实的依据。

由于物证乃客观存在的实体，运用鉴定或其他方法，对物证真实性的判明较为容易，在诉讼的过程中，其不仅可以促使当事人如实对案件情况作出陈述，同时，物证也是检验和鉴别其他证据真实性的有效依据，因此物证乃查明案件事实的有效手段。但在审查认定物证时也需要注意，必须查明为待证事实所要求的物证的外部特征、本质属性在判断和采用时是否已发生了实质性的变化，是否已经影响到其作为证据的程度。另外，物证通常有提供原物的要求，一般而言，物证具有不可替代性，我国《民事诉讼法》第 70 条中也有“物证应当提交原物”的规定，只在提供原物确实有困难的情况下，可以提供原物的复制品或照片，但这将会在一定程度上影响对物证证明力的认定。

二、物证的类型

按照物证具体形态的不同，对物证的类型可作如下划分：

1. 实体物证。实体物证即是指与待证事实相关联的能够被人的感官认知的实体物。实体物证有其形体，一般能够在法庭上直接出示。上面提到的权属状况存在争议的物品、合同纠纷中存在争议的标的物、侵权纠纷中受到损坏的物品都属于实体物证。

2. 痕迹物证。案件事实发生、进行或消灭所留下的物质痕迹即为痕迹物证。典型的痕迹物证如脚印、指印、车辙、唇印、伤痕、血迹等。随着科学技术的发展，人们对痕迹物证的提取和利用程度越来越高，痕迹物证的范围也不断扩大。

3. 微量物证。微量物证也称微型物证，包括微量固体和微量液体，常见的微量固体如金属微粒、铁屑、毛发、纤维等，常见的微量液体如唾液、痰迹、精斑、尿斑等。通常来说，微量物证的运用需要科学设备的检测，随着科学技术的不断提高，人们对微量物证同人体联系的认知也将不断深化。

4. 无体物证。无体物证即与待证事实相关联的没有实在形体的物质。典型的无体物证如气体、味道、声音、光、电等。无体物证亦是随着科学技术的不断进步而被纳入物证范畴的，以前物证并不包括诸如气味、声音之类的无体物证，但由于气味识别技术和声纹鉴定等技术及其鉴定设备的产生和发展，人们已经能够通过识别气味和鉴定声音等来查明案情。

三、物证与书证的区别

物证与书证作为诉讼中重要的证据种类，具有密切的关系。由于书证在存在的形式上必须依赖一定的物质载体，因而仅从外表或形式上来看，书证与物证具有相同或相似的形态，从这个意义上说，书证也属于实物证据的范畴。

具体来说，物证与书证存在以下主要区别：

1. 物证是以其外部特征、物质属性及存在状况本身来证明案件事实，其并不表达思想内容；相比而言，书证尽管同样存在一定的物质形式，但其证明作用的发挥是依靠物质形式上记载的文字、符号或图案所表达的思想内容来对案件进行证明。这是物证与书证最为本质的区别。

2. 由于书证是以其记载的内容或表达的思想来证明案情，故书证在内容上具有主观属性；而由于物证并不反映人的主观思想，因此其属于主观意识之外的客观范畴。

3. 书证所反映的内容一般较为明确，能够为人所理解，并不需要通过一种特殊媒介或任何中间环节来对其加以分析和判断；而物证不同，在表现形式上其通常受到客观存在的特殊状态的制约，往往必须借助专门的科学技术手段进行鉴定，才能在证明案件事实中发挥作用。

4. 就两者的形式而言，法律要求书证必须具备一定的法定形式和完成一定的法定手续才具有效力；而对物证则没有这样的形式上的特定要求。

5. 在保存和固定的方法上，两者也存在一定的差别。书证常以纸张、皮革、帛缎等物质材料为载体，故对书证通常可以采用复印等方式予以保存固定；而物证的保存与固定则不尽相同。

在实务中，也存在某一实物证据既是书证又是物证的情形，当以该物品上的文字、符号或图形所反映的思想内容证明案件事实时，它是书证；当以该物品的外部特征、物质属性或存在状况证明案件事实时，它又是物证。例如，一份合同，若以合同上的文字所反映的内容来对案件进行证明，那么该合同为书证；若通过对合同上文字笔迹的检验鉴定，进而判明合同的真实性，则该文字笔迹是以其外部特征来证明案件，应被认定为物证。但是，两者分别作为独立的证据形态，在本质上存在差异，这种差异体现在书证是人的主观意识和思想内容的表达；而物证是以其外部特征、物质属性、存在状况等来证明案件事实，即物证本质上以其物质实体本身为证据。

第三节　视听资料与电子数据

一、视听资料

（一）视听资料的概念及特征

视听资料作为一种法定的证据种类或者证据方法，是指以录音或录像资料储存的“音像信息”证明案件事实的证据。包括录音资料和影像资料，即音像资料。存储在电子介质中的录音资料和影像资料，适用电子数据的规定。

通常情况下，视听资料是与案件事实发生、发展或消失过程“同步”制作的，以“动态”的声音或图像“直观”地再现案件事实的发生、发展或消失过程。

案件事实发生、发展或消失之后制作的音像资料并非均为“视听资料”这一证据种类。比如，以录音机或摄像机录制证人证言，只是证人证言固定或提取方式，并非“视听资料”这一证据种类。不过，这种固定或提取证据的方式、设备、技术和载体，与“视听资料”相同，所以在证据调查的方式和程序上基本相同。

我国1982年《民事诉讼法（试行)》第55条首次将视听资料规定为一种独立的证据种类。随后的《行政诉讼法》(2014年修订）第33条、《民事诉讼法》(2012年修订）第63条、《刑事诉讼法》(2012年修订）第48条均延续了该立法规定，将视听资料确定为一种独立的证据种类。但从比较法的角度来看，此种立法规定较为少见。在英美法系各国，视听资料通常被视为书证的一种，也有一些国家将其作为物证来对待。在大陆法系，视听资料通常被视为“准书证”，即视听资料与一般书证的载体不同，但其以所记载的思想内容来证明案件事实，与一般书证相同，所以有关视听资料的调查程序准用书证的调查程序，但也有国家将视听资料归属于物证。

与其他证据种类相比，视听资料的主要特征有：

1. 视听资料具有动态直观性的特点。一般来说，视听资料是与案件事实发生、发展或消失过程同步制作的，视听资料以动态的声音或图像直观地再现案件事实的发生、发展或消失的全过程，因此，将视听资料在法庭上播放，可以生动逼真地再现当时的情况，对案件事实有较强的证明力。需要指出的是，在案件事实发生、发展或消失之后制作的音像资料虽然也采用了视听资料的形式，但其并非属于视听资料的证据种类。例如，以录音机或录像机录制证人证言，只是证人证言的一种提取方式，不能将其作为视听资料的证据种类。

2. 视听资料具有高度科技性的特点。视听资料是随着现代科学技术的发展而产生和发展的，视听资料的制作及其设备，都需要运用一定的科学原理和技能，对视听资料的收集审查判断也必须运用相应的科学原理、技能和科技设备手段。由于视听资料很容易通过科学技术手段进行篡改和伪造，因此对视听资料的辨别也有较高的要求，《民事诉讼法》第71条规定：“人民法院对视听资料，应当辨别真伪，并结合本案的其他证据，审查确定能否作为认定事实的根据。”《证据规定》第69条进一步规定，存有疑点的视听资料，不能单独作为认定案件事实的依据。

3. 视听资料具有对案件事实高度契合的特点。由于视听资料是采用现代科技手段和设备对案件事实的发生、发展及消灭的过程进行重现，在排除伪造、变造、篡改的前提下，视听资料与案件的真实情况高度契合，视听资料的这种高度准确性是其他证据种类所不具备的。

视听资料与书证都是通过其记载的内容来证明案件事实的，但是视听资料用以证明案件事实的音像乃是动态的、直观的，而书证用以证明案件事实的文字、符号或图像都是静态的；与此同时，在使用的方式上，视听资料的播放需要通过特定的设备来完成，而书证的使用往往可以被人们的视觉感官所直接接受，并不需要任何的设备来辅助。

视听资料与物证都需要以一定的物质实体为载体，但是，视听资料是通过其所录制的内容来证明案件事实，物证则以其本身的外部特征、物质属性及存在状况来证明案件事实；视听资料的播放具有动态的效果，而物证则是静态地证明案件事实。

（二）视听资料的调查

收集视听资料时，应当注意以下一些事项：（1）应当要求被收集人提供有关资料的原始载体，若提供原始载体确有困难的，则可以提供复制件，调查人员应当在调查笔录中说明其来源和制作经过。（2）妥善保存收集到的视听资料，防止磁化或被删改；对于有关国家秘密或个人隐私的资料，应当注意保密；对于淫秽视听资料要妥善封存。

视听资料应当在法庭上播放，接受当事人的质证和法院的审核。法院可以通知视听资料的制作人到庭接受询问，必要时聘请专家鉴定或者进行现场勘验。科学鉴定是审查判断视听资料的一种极为重要的方法，如使用计算机对声纹进行鉴定；通过慢放、快放等技术对声音进行鉴别；采用定格、放大等技术对图像进行鉴定；等等。

视听资料只有符合下列条件，才能作为定案依据：（1）视听资料的录制和获得程序合法，不得损害他人的基本权益和违背法律的禁止性规定；（2）视听资料内容真实可靠并具有关联性；（3）存在疑点而又无其他证据佐证的视听资料不得单独作为认定案件事实的依据。

二、电子数据

（一）电子数据的概念

作为证据，电子数据又称电子证据，是指通过电子邮件、电子数据交换、网上聊天记录、博客、微博客、手机短信、电子签名、域名等形成或者存储在电子介质中的信息（《民诉法解释》第116条第2款）。存储在电子介质中的录音资料和影像资料，适用电子数据的规定（《民诉法解释》第116条第3款）。

“电子数据”尚处于发展过程之中，其用语和内涵也众说纷纭。就用语而言，英文表述主要有：Electronic Evidence，Computer Evidence，Digital Evidence，Computer-created Evidence，Computer-stored Evidence等；中文表述主要有：数据电文、电子证据、计算机证据、网络证据等，每种用语所表述的含义并不完全一致。

1986年联合国欧洲经济委员会和国际标准化组织共同制定的《行政、商业和运输、电子数据交换规则》中规定，贸易数据电文是指当事人之间为缔结或履行贸易交易而交换的贸易数据。1996年《联合国电子商务示范法》采用了这一概念，该法规定，“数据电文”是指经由电子手段、光学手段或者类似手段生成、储存或者传递的信息，这些手段包括但不限于电子数据交换、电子邮件、电报、电传或者传真。

诸多国家的电子签名法或电子商务法也对数据电文作了类似的规定。如《美国国际国内商务电子签名法》规定，“电子记录”是指由电子手段创制、生成、发送、传输、接收或者储存的合同或其他记录；《韩国电子商务基本法》规定，“电子信息”是指以使用包括计算机在内的电子数据处理设备的电子或类似手段生成、发送、接收或者储存的信息。

《联合国国际贸易法委员会电子商务示范法颁布指南》对数据电文作了更为详细的解释：（1）“数据电文”的概念并不仅限于通信方面，还应包括计算机产生的并非用于通信的记录。

“电文”这一概念应包括“记录”这一概念。（2）所谓类似手段，并不仅指现有的通信技术，而且包括未来可预料的各种技术。“数据电文”定义的目的是要包括所有以无纸形式生成、储存或传输的各类电文。为此，所有信息的通信与储存方式，只要可用于实现与定义内所列举的方式相同的功能，都应当包括在类似手段中。（3）“数据电文”的定义还包括其废除或修改的情况。

我国《电子签名法》第2条将“数据电文”界定为“以电子、光学、磁或者类似手段生成、发送、接收或者储存的信息”。根据本条的规定，数据电文的概念包含两层意思：（1）数据电文是使用电子、光、磁或者类似手段所形成的；（2）数据电文的实质是各种形式的信息。

一般认为，典型意义上的电子数据主要有：（1）应用计算机技术产生的证据，例如数据图片、数据文档、黑匣子记录、智能交通信息卡、电子货币等；（2）应用网络技术产生的证据，例如电子邮件、BBS记录、网上聊天记录、电子数据交换、电子报关单等。

《电子签名法》第3条第1款规定，民事活动中的合同或者其他文件、单证等文书，当事人可以约定使用或者不使用电子签名、数据电文。《合同法》第11条允许合同的书面形式是“数据电文”。

《电子签名法》第3条第3款规定，本法不适用于下列文书：（1）涉及婚姻、收养、继承等人身关系的；（2）涉及土地、房屋等不动产权益转让的；（3）涉及停止供水、供热、供气、供电等公用事业服务的；（4）法律、行政法规规定的不适用电子文书的其他情形。

电子交易是一种新兴的交易方式，电子签名、数据电文并未在社会活动中获得广泛应用，广大民众的认知度不高。同时，电子签名、数据电文的应用需要借助于一定的技术手段，物质条件也会限制一部分民众使用这种交易方式。由于上述原因，并基于交易安全因素的考虑，一些国家和地区的电子签名法或电子商务法规定在某些领域不适用电子交易方式或电子签名。一般包括以下几种情况①：

（1）与婚姻、家庭等人身关系有关的文件。如《美国电子签章法》规定，“关于遗嘱、遗嘱修改书或遗产信托的制定法、条例或者其他法律规则”，“关于收养、离婚或家庭法其他事项的州的制定法、条例或者其他法律规则”，不适用该法关于电子签名效力的规定。我国香港特区《电子交易条例》规定，“遗嘱、遗嘱更改附件或任何其他遗嘱性质的文书的订立、签立、更改、撤销、恢复效力或更正”，不适用本条例。

（2）与诉讼程序有关的文书。如《美国电子签章法》规定，该法关于电子签名效力的规定不适用于“与诉讼程序有关的需经签章的法庭传票或通知，或正式法庭文书（包括诉状、答辩状以及其他书面文件）”。

（3）与公用服务事业有关的文书。《美国电子签章法》规定，该法关于电子签名效力的规定不适用于“公用服务（包括供水、供热及供电）的取消或终止”的通知。

（4）与不动产权益有关的文书。《新加坡电子交易法》规定，“任何用于买卖不动产或以其

---

① 参见《电子签名法释义》，见 http://www.npc.gov.cn/zgrdw/home/lm_index.jsp?&lmid=1137&dm=1137&pdmc=1137。

他方式处分不动产的契约及不动产下所发生利益的契约”，“不动产转移或不动产利益的转让”以及“产权证书”，不适用本法。

(5) 其他文书。如《澳大利亚电子交易法》规定，与移民有关的文件或公民权证书，不适用本法；《新加坡电子交易法》规定，商业票据不适用本法；我国台湾地区“电子签章法”规定，法令或行政机关之公告，可以排除其适用。

(二) 电子数据的特征与调查

电子数据的电子形式和形成机理（通过电子技术、电子设备形成），决定了电子数据具有无纸质、传递快、易复制、易变造等特点，从而决定了电子数据特殊的调查规则，将电子数据确立为独立的证据种类能够形成系统的电子数据规则。因此，我国于 2012 年修订《民事诉讼法》时将电子数据规定为独立的证据种类。《民诉法解释》第 116 条则对电子数据的含义和一般类型作了规定。

调查电子数据，需要利用电子技术、数字技术或电子设备，往往还需要加强与电脑公司和网络公司的合作以及全国性的协作和国际合作。

1. 电子证据的收集和保全

电子数据的收集，通常采取以下方法和措施：其一，对与案件有关的电脑中的数据和资料进行备份，并在备份上进行数字签名；其二，收集有关电子设备和系统软件的资料，搜查与扣押电脑等电子设备；其三，技术鉴定，比如鉴定电子数据的形成过程，以确定电子数据是否被解密、被删改，鉴定电子信息传递情形和设备运行状况等；其四，现场勘验，包括勘验单机现场、勘验网络现场。①

同时，还应当注重以“公证”的方式保全电子数据。电子数据公证包括传统公证和网络公证。“网络公证”系公证机构利用计算机和互联网技术，对互联网上的电子身份、电子交易行为、数据文件等进行公证。此外，不要忽视对其他证据的收集和保全，如有关计算机的书证、物证、证人证言等，电子数据若能与其他证据相互印证，则往往具有更强的证明力。

2. 电子数据的质证与判断

电子数据质证与判断的内容，仍然是其关联性、真实性与合法性之有无及证明力之大小。电子数据的关联性与其他证据没有什么不同，然而电子数据的特点决定了对其真实性与合法性及证明力的质证与判断有着特殊之处。

对于电子数据的真实性，一般可以从操作人员、操作程序、信息系统三者的可靠性方面进行质证和判断。例如，在审查生成、储存或者传递数据电文方法的可靠性时，可以审查数据电文是否由合法操作人员生成、储存、传递，是否经未授权者侵入、篡改；数据电文是否严格按照操作程序来生成、储存、传递，有无违规改动、删除；用以生成、储存、传递数据电文的信息系统是否稳定、可靠，是否容易招致非法侵入；等等。

在判断保持内容完整性方法的可靠性，以及用以鉴别发件人方法的可靠性时，还需要对所

---

① 参见何家弘主编：《电子证据法研究》，57～66 页，北京，法律出版社，2002。

用技术方法进行审查。例如，数字签名比单纯在文件上输入自己的姓名要可靠些，经过加密的数据电文比未经加密的数据电文更难以被他人篡改，等等。[①] 数据电文的电子签名的真实性作为证据资格的内容，应当是质证和判断的重要内容。

我国《电子签名法》第 13 条规定，电子签名同时符合下列条件的，视为可靠的电子签名：其一，电子签名制作数据用于电子签名时，属于电子签名人专有；其二，签署时电子签名制作数据仅由电子签名人控制；其三，签署后对电子签名的任何改动能够被发现；其四，签署后对数据电文内容和形式的任何改动能够被发现。当事人也可以选择使用符合其约定的可靠条件的电子签名。

对于电子数据真实性的判断，在国外通常采取推定、当事人诉讼上自认和证人具结等方法，其中推定应用得最为普遍而被视为采纳电子数据的第一法则。[②] 许多国家法律规定，根据电子数据所依赖的计算机系统具有可靠性，或者根据电子数据系由对其不利的一方当事人保存或提供的，或者根据电子数据系在正常的业务活动中生成并保管的，可以推定该电子数据具有真实性。

比如，1998 年《加拿大统一电子证据法》第 5 条规定，对己方储存的电子数据，一般情况应提供计算机系统处于正常状态的证据；从对方当事人和第三人处获得的电子记录被推定具有可靠性。1998 年《新加坡电子交易法》中规定，计算机输出仅在以下情况下具有可采性：……在诉讼中能够证明，没有正当理由相信该输出是不正确的，并且有正当理由相信在所有关键时刻该计算机系统是正常运行的。1999 年《联合国国际贸易法委员会电子签名统一规则（草案）》第 5 条规定，若使用了能保证数据电文没有变化的安全程序或电子签名，一般情况下，可以推定该电子数据是真实的。

关于电子数据的合法性，通常可从以下方面进行调查：电子数据的生成、传送、接收、存储、收集和保全必须合法。比如，不得侵犯公共利益和他人基本权利；不得以非法侵入网络或他人计算机系统方式获取电子数据；不得以非法搜查或扣押方式获取电子数据。

对电子数据证明力的认定，仍应遵循自由心证原则。对于下列情况，法官可以作出如下认定：其一，在正常业务中制作的电子数据，其证明力通常大于为诉讼目的制作的电子数据；其二，经过公证的电子数据的证明力大于未公证的电子数据；其三，不利方储存的对己不利的电子数据的证明力最大，第三方（如中间商或网络服务商）储存的次之，有利方储存的对己有利的最小。

---

① 就电子数据的主体认定或签名的真实性，有学者提出了如下认定规则：（1）根据我国《合同法》第 33 条规定，采用数据电文等形式订立合同，在合同成立之前签订确认书的，根据确认书确定主体。（2）计算机证据中署名单位的，应认定为单位。（3）计算机证据中虽署名为具体的业务员名字或单位与业务员合署，但从计算机证据正文中的内容来看是单位业务的，应认定为单位。（4）如果从计算机证据内容中能够明显看出是某项商务的延续，应认定为是单位行为。（5）根据电子签名、密码、交易记录、计算机特有信息等相关内容识别主体。（6）通过回邮邮箱，或在邮件初发服务器上查得历史记录，或通过特殊手段根据随机 ID 等查证主体。参见张西安：《论计算机证据的几个问题》，载《人民法院报》，2000－11－07。

② 参见刘品新：《电子证据真伪判断研究》，载《人民法院报》，2003－05－26；刘立霞：《民事诉讼中判断电子证据真实性的标准》，载《山东公安专科学报》，2003（2）；何家弘主编：《电子证据法研究》，126～128 页，北京，法律出版社，2002。

第四节　勘验笔录

一、勘验笔录的概念及属性

勘验笔录是指在诉讼的过程中，为了查明案件事实真相，由法院或公安机关对案件现场及相关物证进行勘查、检验，针对勘查、检验的过程和结果制作而成的客观记录即为勘验笔录。

勘验笔录的内容包括对勘验对象的外部状况、存在时空或物理生化属性等勘查、检验的过程和结果。就其形成过程来看，是以文字形式固定勘验工作情况和现场状况，文字与现场照相、绘图、录音、录像互为补充、互相印证，共同构成勘验笔录的整体。

由于勘验笔录是对案件发生现场及相关物证的原貌进行全面客观的反映，因此，其在证明案件事实上有着重要的功能，我国民事诉讼法将勘验笔录规定为一种独立的证据种类。

勘验笔录主要有以下几方面的属性：

1. 制作主体的法定性。勘验笔录必须由法定的制作主体来完成，在民事诉讼中，勘验的主体或勘验笔录的制作主体包括法院和公安机关。勘验笔录制作主体的法定性乃是为了保障其制作的合法性和真实性。

2. 制作时间的特殊性。除诉前制作勘验笔录外，多数情况下勘验笔录是在诉讼过程中对现场和物证勘验时制作的，原则上不得事后补作。这与视听资料不同，视听资料是与案件事实发生、发展和消灭过程中同步制作的。

3. 制作内容的客观性。勘验笔录不得加入勘验主体的任何主观判断，而是要求制作主体完全依照勘验的客观情况如实记录。与鉴定意见不同，鉴定意见是鉴定专家所作出的科学推论或合理结论。

4. 制作程序和格式的法定性。勘验主体必须依照法定程序进行勘验并制作笔录。比如，勘验时，必须出示证件；邀请当地基层组织或当事人所在单位派人作为勘验见证人；通知双方当事人或其成年家属到场（拒不到场的，不影响勘验的进行）；勘验人、测绘人、其他在场人（当事人、见证人、协助人等）签名或盖章。此外，勘验时应当保护他人的隐私和尊严。

勘验笔录是对案件现场及其相关物证进行勘查、检验后的客观记录，其客观反映了案件的事实情况，因此对案件事实有重要的证明作用。在某些案件中，可能案件现场或相关物证无法提交到法庭，如不动产、体大笨重的物证等，如果不进行勘验，则无法收集到相应的证据，无法了解现场或物证的真情实态，因此，勘验笔录亦是十分必要的。

二、勘验笔录与书证、物证

（一）勘验笔录与书证

勘验笔录是以其文字、图表等记载的内容来对案件事实进行证明，从这一点上来说，勘验笔录与书证有相似之处，但两者在许多方面都存在本质的差异，主要体现在以下几点：

1. 制作的时间不同。书证形成于诉讼之前，一般在案件发生前或在发案过程中完成制作；而勘验笔录则是在案件发生后，在诉讼过程中，为了查明案件事实，对案件现场或物证进行检验后制作的。

2. 制作主体不同。书证一般是由当事人或有关单位及公民制作，而勘验笔录则是由办案人员或人民法院指定进行勘验的人来制作；书证不具有诉讼文书的性质，而勘验笔录则属于诉讼文书范畴。

3. 反映的内容不同。书证一般是用文字、符号来表达其内容，本身能直接证明案件的事实情况，是制作人主观意志的反映；而勘验笔录所表达的内容，乃是对案件现场或物证的真实再现，要求高度的客观性，不能有任何制作人主观意志的掺杂。

4. 能否重新制作不同。书证一旦提交法庭后，即使制作当初内容有所遗漏，或者某些重要问题表述不清，也不存在重新制作的问题；而勘验笔录在必要时，可以根据当事人提出的申请或者由法院依职权重新勘验并制作新的勘验笔录。

（二）勘验笔录与物证

勘验笔录与物证存在密切的联系。由于勘验笔录的对象也可能是某种物品，勘验过程中也要对案件所涉及的相关物证进行勘查、检验，但是，并不能因此将勘验笔录与物证相混淆，在勘验的过程中对物证进行拍照，所拍摄的照片只是作为勘验笔录的一部分发挥证明作用，其既不是物证本身，也不是物证的复制品。

三、勘验笔录的制作和调查

我国法律规定，为了查明案件事实，公安司法机关认为有必要的，可以根据当事人申请或者依职权主动对现场或者相关物证进行勘验、检查。对于勘验笔录的制作，我国有两种情形：（1）法院依据当事人的申请而制作；（2）法院在认为有必要时依职权而制作。

人民法院勘验物证或者现场，勘验人必须出示人民法院的证件，并邀请当地基层组织或者当事人所在单位派人参加。当事人或者当事人的成年家属应当到场，拒不到场的，不影响勘验的进行。有关单位和个人根据人民法院的通知，有义务保护现场，协助勘验工作。

人民法院勘验物证或者现场，应当制作笔录，记录勘验的时间、地点、勘验人、在场人、勘验的经过、结果，由勘验人、在场人（包括当事人和被邀参加人）签名或者盖章。对于绘制的现场图应当注明绘制的时间、方位、测绘人姓名、身份等内容。人民法院可以要求鉴定人参与勘验。必要时，人民法院可以要求鉴定人在勘验中进行鉴定。

勘验人必须出庭接受当事人质询，勘验笔录必须按照法定程序进行调查，当事人对勘验结论有异议的有权申请重新勘验，法院确认其具有证据资格后，才能作为认定事实的根据。

根据《证据规定》的规定，就数个证据对同一事实的证明力，勘验笔录的证明力一般大于其他书证、视听资料和证人证言。一方当事人申请人民法院依照法定程序制作的对物证或者现场的勘验笔录，对方当事人提出异议但是没有足以反驳的相反证据的，人民法院应当确认其证明力。

延伸阅读文献

1. 刘品新．论电子证据的定位．法商研究，2002（4）
2. 郭美松．视听资料的证据能力及采信规则．现代法学，2004（1）
3. 常怡，王健．论电子证据的独立性．法学，2004（3）
4. 呼勇．书证的比较研究．宁夏社会科学，2005（3）
5. 刘颖，李静．加拿大电子证据法对英美传统证据规则的突破．河北法学，2006（1）
6. 李学军．物证收集的合法性问题．国家检察官学院学报，2006（6）
7. 郭小冬．论私录视听资料的证据能力．法律科学（西北政法学院学报），2007（1）
8. 李学军，刘晓丹．物证技术的创新及侦查方法的法制化．法学家，2008（1）
9. 张永泉．书证制度的内在机理及外化规则研究．中国法学，2008（5）
10. 李苇．试论书证复制件的证明力．法制与社会，2009（3）
11. 何家弘主编．电子证据法研究．北京：法律出版社，2002
12. 邵明．正当程序中的实现真实——民事诉讼证明法理之现代阐释．北京：法律出版社，2009
13. 张建伟．证据法要义．北京：北京大学出版社，2009

问题与思考

1. 某建筑公司的一台吊车在进行施工作业时，不慎将附近一民宅的山墙撞塌，致使该民宅内的部分家具及电器遭到毁损。该民宅的房主陈某的母亲也因此受到惊吓，在匆忙离开现场时摔了一跤，致使大腿骨折。事故发生后，双方当事人因为赔偿金额存在较大分歧，陈某遂将建筑公司起诉至法院，要求建筑公司赔偿其经济损失。

陈某在起诉时，向法院提交了如下证据材料及实物：（1）当地电视台《每日观察》记者现场采制的录音、录像带；（2）陈某拍摄的现场物品受损的照片；（3）事故发生前3个月，陈某为装修房屋所签订的《×××装饰有限责任公司装饰工程合同书》及首期款、中期款、结算款付款凭证；（4）松下牌微波炉（已损坏）实物及东芝牌手提电脑（已损坏）实物；（5）陈母腿部骨折诊断书及医疗费用清单（复印件）；（6）赔偿费用一览表及计算方法；（7）吊车的现场位置图（手绘）及车牌号。

被告某建筑公司在递交答辩状的同时，也向人民法院提交了相关证据材料，其中包括：（1）被告现场拍摄的若干幅照片；（2）现场局部实物特写及放大照片；（3）松下牌微波炉、东芝牌手提电脑位置图及上述两物品周围无山墙倒塌坠落物的照片（用以说明该两物品的损坏并非是由于山墙倒塌原因而造成的）；（4）该建筑公司于事故发生当日修复山墙的实景照片及当地晚报一篇新闻报道复印件等。[①]

① 案例来源：找法网（http：//china.findlaw.cn）。

法律问题：

（1）本案中，原告陈某和被告某建筑公司分别向法院提交了哪些种类的法定证据？

（2）本案中原告陈某、被告某建筑公司拍摄的照片属于哪类法定证据？为什么？

2. 简述我国民事诉讼中书证和物证的证明力认定规则有何不同。

3. 简述我国民事诉讼中视听资料的概念及特征。

4. 简述我国民事诉讼证据种类中的勘验笔录。

第四章
言词证据

本章概要

证人证言、鉴定意见和当事人陈述被统称为“言词证据”。言词证据是以证人、鉴定人和当事人对案件事实的陈述内容来揭示案件真相。证人证言是当事人之外的第三人对其亲身感知的案件事实向法院所作的陈述。鉴定意见是鉴定人运用科学技术或者专门知识对诉讼涉及的专门性问题进行鉴别、判断后所得出的意见。当事人陈述是当事人向法院所作出的与本案有关事实的主张或者陈述。

关键术语

言词证据　证人证言　鉴定意见　当事人陈述

第一节　证人证言

一、证人证言的概念及特征

在我国和大陆法系，证人是诉讼当事人以外的第三人，是向法院陈述其所感知的案件事实的人。[①] 证人向法院所作的有关案件事实的陈述，称为“证人证言”。证人只能就其感知的案件事实内容如实陈述，感知的内容包括通过视觉、听觉、嗅觉或触觉等感官所感知到的事实内

① 英美法系证人的范围较广，所有在庭审中及其他诉讼过程中向法院提供口头证词的人均被看做是证人，既包括当事人也包括当事人之外的第三人。证人就其所知晓的案件事实向法院所作的陈述即证人证言。在英美法系，由于证人通常被分为事实证人（又称“非专家证人”，是指在诉讼中将其亲身经历而了解的案件事实向法院进行陈述的人）与专家证人（指利用自身所掌握的专门知识或者所拥有的经验对诉讼中所涉及的专门性问题作出判断、提供证言的人）两种，其证人证言也相应被分为“感知证言”（percipient testimony）和“意见证言”（opinion testimony）两类。参见邵明：《正当程序中的实现真实——民事诉讼证明法理之现代阐释》，274 页，北京，法律出版社，2009。

容。正因为如此，证人具有“不可替代性”，不适用回避的规定。原则上，证人证言不能包含猜测、推断或评论的内容，比如证人可以说“我看到的事实是……”但不能说“我认为被告是故意的”。

在我国，证人证言具有以下特征：

1. 它是证人对其亲身感知的案件事实所作的陈述。《证据规定》第 57 条规定：“出庭作证的证人应当客观陈述其亲身感知的事实。证人为聋哑人的，可以其他表达方式作证。证人作证时，不得使用猜测、推断或者评论性的语言。”

因此，(1) 证人所陈述的案件事实原则上应当是其亲自所见、直接感知的，而不能是道听途说或者主观臆造的。在我国，特殊情况下，如果证人陈述的是他人的所见所闻，可以说明来源的也可以作为证据使用。[①] (2) 证人所提供的证言应当是对所了解的案件事实的客观陈述，不能发表个人的主观认识和评价，其在法庭上陈述的与案件无关的事实，对案件事实所作的猜测、推断、评论甚至对案件中相关法律问题的意见等均不属于证人证言的范围。

2. 证人证言是证人以言词方式向法院所作的陈述。通常情况下，该陈述应为口头陈述，即证人应到庭提供证言，但是在特殊情况下，经人民法院许可，证人可以提交书面证言或者视听资料或者通过双向视听传输技术手段作证。

3. 证人证言的证明力受多种因素的影响。[②] 证人证言不同于鉴定意见，虽然两者都是在纠纷发生之后作出的对已经过去的事实进行的证明，但是由于证人证言经过了证人自己的思维加工，而这种加工又受到其年龄状况、文化水平、心理状态、个人好恶甚至与诉讼当事人的关系（如证人与一方当事人或者其代理人有利害关系）[③] 等的影响，相对于鉴定意见的客观性，它表现出明显的主观性。人民法院认定证人证言，需要通过对证人的智力状况、品德、知识、经验、法律意识和专业技能等进行综合分析后作出判断。

实务中出现的“职业目击证人”以向当事人等提供“有偿”证言的方式，获取经济收益。尽管如此，只要这类证人证言同时具备关联性、真实性和合法性，也可以作为法院认定事实的根据。“职业目击证人”作证时应当与其他证人一样承担义务和享有权利。由于“职业目击证人”提供证言是有偿的，所以对其质证、判断和认定应更加慎重，并且在证明力上，其往往小于“无偿性”或“无倾向性”的证人证言。

二、证人的资格

《民事诉讼法》第 72 条规定：“凡是知道案件情况的单位和个人，都有义务出庭作证”。因

---

① 如果证人所陈述的案件事实不是其亲眼目睹、直接了解的，则属于传来证据，在英美法系，根据传闻证据排除规则，除非法律另有规定，传闻证据一般不得被采用。例如，《美国联邦证据规则》规则 802 规定：“传闻证据，除本证据规则或其他由联邦最高法院根据立法授权或国会立法所确认的规则另有规定外，不能采纳。”规则 803 和规则 804 等规定了传闻规则的一些例外。

② 因此，德国有学者说：“证人是最经常的证据并且——除了询问当事人外——是最差的证据。”［德］奥特马·尧厄尼希：《民事诉讼法》，周翠译，287 页，北京，法律出版社，2003。

③ 《证据规定》第 77 条第 5 项规定：“证人提供的对与其有亲属或者其他密切关系的当事人有利的证言，其证明力一般小于其他证人证言。”

此，我国民事诉讼中的证人包括单位和个人两大类。

单位向法院提出的证明材料，应当由单位负责人及制作证明材料的人员签名或者盖章，并加盖单位印章。法院就单位出具的证明材料，可以向单位及制作证明材料的人员进行调查核实。必要时，可以要求制作证明材料的人员出庭作证。单位及制作证明材料的人员拒绝人民法院调查核实，或者制作证明材料的人员无正当理由拒绝出庭作证的，该证明材料不得作为认定案件事实的根据（《民诉法解释》第 115 条）。

个人（自然人）作证的资格（证人适格性的判断标准）有如下要求：

1. 事实标准，即必须知道案件事实。证人是以向法院陈述所知案件事实的方式来作证的，所以不知案件事实的人不能成为证人。证人必须是了解案件事实的人，既不能由他人代替，又不能回避或更换。

2. 能力标准，即必须具备相应的作证能力：具备与作证事实相应的感知、记忆或回忆、表达等能力及对说实话义务的认识能力。不具有与作证事实相应的作证能力的未成年人、精神病人和其他人，不得作为证人。比如，儿童不得就超出其认知能力的事实作证[①]；发病期间的精神病人不能作证人；盲人不能证实其看见什么。

基于证人证言的证明力以及民事诉讼司法公正价值的考虑，诉讼代理人、本案法官、书记员，以及翻译人员不得作为证人。如果他（她）们了解案件事实确有作为证人出庭的必要，以证人身份出庭作证，则不得担任本案的诉讼代理人、法官、书记员，以及翻译人员。

实务中出现的“职业目击证人”以向当事人等提供“有偿”证言的方式，获取经济收益。尽管如此，只要这类证人证言同时具备关联性、真实性和合法性，就可以作为法院认定事实的根据。“职业目击证人”应当与其他证人一样承担义务和享有权利。由于“职业目击证人”提供证言是有偿的，所以对其质证、判断和认定更加慎重，并且在证明力上往往小于“无偿性”或“无倾向性”的证人证言。

三、证人的权利与义务

（一）证人的权利

根据我国现行法，证人主要有如下权利：

1. 有权了解自己所享有的权利和所承担的义务。在证人作证之前或者询问证人之前，证人有权知晓自己享有哪些权利和承担哪些义务，法院应当将其权利和义务明确告知证人。

2. 有权使用本民族语言文字作证。证人有权利使用本民族的语言文字提供证词，在不通晓当地语言文字时，有权要求法院为其提供翻译人员。

3. 有权补充、更正证言。对于书记员所作的有关其陈述内容的笔录，证人有权要求宣读或者查阅。笔录中有漏记或者误记等情况的，证人有权要求补充、更正。

4. 有权请求补偿因作证造成的经济损失。[②]

---

① 儿童作为证人时，法院应当依照我国《未成年人保护法》和《联合国儿童权利公约》等给予其特殊保护。

② 《民诉法解释》第 118 条规定：“民事诉讼法第七十四条规定的证人因履行出庭作证义务而支出的交通、住宿、就餐等必要费用，按照机关事业单位工作人员差旅费用和补贴标准计算；误工损失按照国家上年度职工日平均工资标准计算。人民法院准许证人出庭作证申请的，应当通知申请人预缴证人出庭作证费用。”

5. 有权请求公安司法机关保护本人及其亲属的人身财产安全。《证据规定》第 80 条第 1 款规定：“对证人、鉴定人、勘验人的合法权益依法予以保护。”

6. 有权对作证期间法院侵犯其合法权益的行为提出控告。

我国法律应当明文规定：在法定情形下，让人享有拒绝作证的豁免权（参见第五章第四节证言豁免规则）。

（二）证人的义务

根据我国现行法，证人主要有如下义务：

1. 按时出庭作证。证人若有正当理由的，可以拒绝出庭作证。证人若有正当理由并向法院释明的，可以拒绝作证。[①]

“就公民出庭作证的义务来说，主要是基于诉讼制度所具有的‘公共物品’的性质而设立的。公民出庭作证对个案及其当事人来讲具有帮助个别正义实现的作用，也是为体现公共利益的制度建设及其维系作出每个人应有的贡献。”[②] 因此，除有正当理由确实不能出庭外，证人均应当出庭作证，否则即会受到相应的制裁。我国台湾地区“民事诉讼法”第 303 条规定：“证人受合法之通知，无正当理由而不到场者，法院得以裁定处以新台币三万元以下罚锾。证人已受前项裁定，经再次通知，仍不到场者，得再处新台币六万元以下罚锾，并得以拘提之。”

从世界范围来看，诸多国家把出庭作证规定为证人的义务，亦对违反该项义务的证人规定了制裁措施。比如，《美国联邦民事诉讼规则》第 53 条第 4 款第 2 项规定：“当事人可以按照本规则第 45 条的规定发出并送达传票，促使证人在主事官面前作证。如果证人不出庭或提供证言没有充分理由，将会被处以藐视法庭，并且服从本规则第 37 条和第 45 条的规定的诸种后果、制裁及救济方法。”《德国民事诉讼法》第 390 条规定：“（1）证人并未提出理由，或者经宣誓确定其理由不充分时，而仍拒绝作证或拒绝履行宣誓手续，即可不经过申请，命证人负担因其拒绝而生的诉讼费用。同时对证人处以违警罚款，不能缴纳罚款时，处以违警拘留。（2）证人再次拒绝作证时，依申请，命令拘留之，以强制其作证，但不得超过在该审级中诉讼终结之时刻。强制执行程序中关于拘留的规定于此准用之。”再如，《法国新民事诉讼法典》第 206 条中规定：“任何人依法受到要求出庭作证时，均有义务作证。”第 207 条规定：“对不出庭作证的证人，如听取其证言实有必要，得传唤其到庭，费用由其自负。对不出庭作证的人以及无合法理由拒绝宣誓的人，得科处‘最高 3 000 欧元’的罚款。能证明自己在确定的期日不能出庭作证的人，得免受罚款与免付传唤费用。”《日本民事诉讼法》第 192 条规定：“证人没有正当理由而不出庭时，法院以裁定命令其负担由此产生的诉讼费用，并处以 10 万日元以下的罚款。”第 193 条规定：“证人没有正当的理由而不出庭时，处以 10 万日元以下的罚金或拘留。对于犯有本条前款罪的人，根据情况，可以合并处以罚金和拘留。”

---

① 《民事诉讼法》第 73 条规定：“经人民法院通知，证人应当出庭作证。有下列情形之一的，经人民法院许可，可以通过书面证言、视听传输技术或者视听资料等方式作证：（一）因健康原因不能出庭的；（二）因路途遥远，交通不便不能出庭的；（三）因自然灾害等不可抗力不能出庭的；（四）其他有正当理由不能出庭的。”

② 邵明：《正当程序中的实现真实——民事诉讼证明法理之现代阐释》，276～277 页，北京，法律出版社，2009。

2. 真实作证，即承担“真实义务”。根据“诚实信用原则”，证人对自己所知事实作出如实陈述，不得匿、饰、增、减，不得故意或重大过失地作伪证和作出前后矛盾的证言。

3. 保守作证中知悉的国家秘密、商业秘密和个人隐私。

4. 遵守法庭秩序，听从法官的诉讼指挥。人民法院对于违反法庭规则的证人，可以予以训诫，责令退出法庭或者予以罚款、拘留。对于哄闹、冲击法庭，侮辱、诽谤、威胁、殴打审判人员，严重扰乱法庭秩序的人，依法追究刑事责任；情节较轻的，予以罚款、拘留。

四、证人作证的申请期限和证人签署保证书

当事人申请证人出庭作证的，应当在举证期限届满前提出。符合本解释第 96 条第 1 款规定情形的，法院可以依职权通知证人出庭作证。未经法院通知，证人不得出庭作证，但双方当事人同意并经人民法院准许的除外（《民诉法解释》第 117 条）。

人民法院在证人出庭作证前应当告知其如实作证的义务以及作伪证的法律后果，并责令其签署保证书（无民事行为能力人和限制民事行为能力人除外）；证人签署保证书适用本解释关于当事人签署保证书的规定（《民诉法解释》第 119 条）。证人拒绝签署保证书的，不得作证，并自行承担相关费用（《民诉法解释》第 120 条）。

第二节　鉴定意见

就我国目前的全国司法鉴定体制而言，其主要法律制度有：全国人民代表大会常务委员会《关于司法鉴定管理问题的决定》（2005 年）；《民事诉讼法》；最高人民法院《民诉法解释》、《证据规定》；司法部《司法鉴定人登记管理办法》（司法部令第 95 号）、《司法鉴定机构登记管理办法》（司法部令第 96 号）、《司法鉴定程序通则》（司法部令第 107 号）、《司法鉴定收费管理办法》（发改价格［2009］2264 号）等有关规定。①

一、鉴定及鉴定人的含义

民事诉讼中的鉴定主要包括医学鉴定、文书鉴定、声像资料鉴定等。在我国，普遍认为，“鉴定对象”：（1）只能是事实问题而不是法律问题。因为在诉讼中，“知法”、“找法”和“适用法律”是法官的专属职责，为法官审判权的内容。比如，鉴定意见中只能就行为人是否有精神病提出意见，而不应当对行为人是否负民事责任作出判决。（2）只能是专门事实而不是普通事实。因为普通事实只要有证据存在，一般常人也可以运用正确的逻辑推理得出结论，而不需要借助于科学技术或者专门知识。

---

① 同时，还有些地方性规定，比如《河北省司法鉴定条例》、《深圳市司法鉴定条例》、《河南省司法鉴定管理条例》等。

在英美法系国家，由于其证人范围认定较广（包括当事人以及当事人之外的第三人），因此并没有“鉴定人”这一概念，而代之以归属于证人范围的“专家证人”。按《布莱克法律词典》的解释，所谓“专家证人”，是指“因具有专家资历而被许可通过其对所附问题的解答而帮助陪审团认识那些一般人所无力说明的复杂和技术问题的证人”。《美国联邦证据规则》规则601和规则702中也规定，每个人都有资格作为证人，而鉴定人凭借其知识、技能、经验或教育够格为专家证人，可以用意见或其他方式作证。

在大陆法系和我国，通常区分证人与鉴定人，证人既不包括当事人又不包括鉴定人，所谓“证人”专指向法庭陈述其所知案件事实的第三人，即当事人以外的第三人。根据《司法鉴定人登记管理办法》第3条的规定，“司法鉴定人是指运用科学技术或者专门知识对诉讼涉及的专门性问题进行鉴别和判断并提出鉴定意见的人员。”[①] 司法鉴定人应当在一个司法鉴定机构中执业。

一般认为，证人与鉴定人存在如下主要区别：

1. 证人陈述的是自己所感知的具体事实；鉴定人鉴定的对象是案件事实中的专门性问题，鉴定的结果是科学合理的结论。

2. 证人因亲身感知过案件事实而具有不可替代性，不适用有关回避的规定；鉴定人却可以被替换并应适用回避规定。根据我国《民事诉讼法》第44条、《关于司法鉴定管理问题的决定》第9条和《司法鉴定程序通则》第20条等规定，回避的规定也适用于鉴定人。

3. 为了保证鉴定意见的科学性和合理性，立法对鉴定人的能力及资格均有着严格的限制；而对证人的能力要求则相对较低，通常不加以严格限制。

4. 必要时可对证人拘传到庭；对鉴定人不得拘传，只能替换。

5. 鉴定人拥有多于证人的权利，比如有权了解有关案情和阅览有关案卷材料、鉴定人共同鉴定时可以相互讨论等；而证人无权阅览案卷材料（自己的证言笔录除外），作证期间证人之间不得相互接触和共同讨论案情等。

鉴定人不同于专家辅助人或专家顾问。专家辅助人或专家顾问不属于证人和鉴定人的范畴，专家辅助人对案件所涉及的专门问题所作出的解释和说明，不属于证据的范畴。

根据《民事诉讼法》第79条和《民诉法解释》第122、123条的规定，当事人可以在举证期限届满前向法院申请1至2名具有专门知识的人出庭，代表当事人对鉴定意见进行质证，或者就案件事实所涉及的专门问题提出意见；具有专门知识的人在法庭上就专业问题提出的意见，视为当事人的陈述；法官和经法庭准许的当事人可以对出庭的具有专门知识的人进行询问；经法院准许，可以由当事人各自申请的具有专门知识的人就案件中的问题进行对质；具有专门知识的人可以对鉴定人进行询问；当事人申请出庭的具有专门知识的人不得参与专业问题之外的法庭审理活动。当然，为了弥补法官专门知识的不足，法院也可委托专家出庭就案件中的专门性问题进行解释。同时，法院也可选定有关专家作为陪审员共同审理案件。

---

① 在大陆法系国家，鉴定人是指“接受法院或审判法官的委托，依照专门知识和经验法则，对具体事实进行判断和报告的人”。参见何家弘主编：《司法鉴定导论》，147页，北京，法律出版社，2003。

二、鉴定人和鉴定机构的资格

从世界范围来看，关于鉴定人资格的立法模式主要有两种：一为大陆法系的“固定资格制”，即只有依法通过入选鉴定名册、认证鉴定资格等方式获得法定资格的机构或者专家才可以作为鉴定人；一为英美法系的“不固定资格制”，即法律只对专家证人资格作出形式上的规定，当事人可以根据其对专家能力的认识自主作出选择，主管行政机关或者行会颁发的专家资格证书、许可证或者执业证对当事人没有当然的约束力。

我国《司法鉴定人登记管理办法》第3条第2款规定：“司法鉴定人应当具备本办法规定的条件，经省级司法行政机关审核登记，取得《司法鉴定人执业证》，按照登记的司法鉴定执业类别，从事司法鉴定业务。”可见，我国关于鉴定人资格采取的是“固定资格制”，鉴定人只有依法通过考试、考核或者年检，取得鉴定人资格证书、执业证书等的人才可以从事鉴定业务。

根据相关规定，申请登记从事司法鉴定业务的个人需要具备以下条件之一的：（1）具有与所申请从事的司法鉴定业务相关的高级专业技术职称；（2）具有与所申请从事的司法鉴定业务相关的专业执业资格或者高等院校相关专业本科以上学历，从事相关工作5年以上；（3）具有与所申请从事的司法鉴定业务相关工作10年以上经历，具有较强的专业技能。①

另外，《司法鉴定人登记管理办法》第13条规定：有下列情形之一的，不得申请从事司法鉴定业务：（1）因故意犯罪或者职务过失犯罪受过刑事处罚的；（2）受过开除公职处分的；（3）被司法行政机关撤销司法鉴定人登记的；（4）所在的司法鉴定机构受到停业处罚，处罚期未满的；（5）无民事行为能力或者限制行为能力的；（6）法律、法规和规章规定的其他情形。

司法鉴定机构是指从事《关于司法鉴定管理问题的决定》第2条规定的司法鉴定业务的法人或者其他组织。《司法鉴定机构登记管理办法》第14条规定，法人或者其他组织申请从事司法鉴定业务，应当具备如下条件：（1）有自己的名称、住所；（2）有不少于20万至100万元人民币的资金；（3）有明确的司法鉴定业务范围；（4）有在业务范围内进行司法鉴定必需的仪器、设备；（5）有在业务范围内进行司法鉴定必需的依法通过计量认证或者实验室认可的检测实验室；（6）每项司法鉴定业务有3名以上司法鉴定人。

全国实行统一的司法鉴定机构及司法鉴定人审核登记、名册编制和名册公告制度。申请从事司法鉴定业务的个人、法人或者其他组织，经省级司法行政机关审核，符合条件的，颁发“司法鉴定人执业证”或者“司法鉴定许可证”，并统一编入司法鉴定人和司法鉴定机构名册并公告，报司法部备案后，在本行政区域内每年公告1次；不符合条件的，作出不予登记的决定，并书面通知申请人（或者申请人所在司法鉴定机构）并说明理由。

三、鉴定人的权利、义务和法律责任

（一）鉴定人的权利和义务

据我国有关法律、法规的规定，司法鉴定人享有下列权利：（1）了解、查阅与鉴定事项有

① 《司法鉴定人登记管理办法》第12条对此作出了具体规定。

关的情况和资料，询问与鉴定事项有关的当事人、证人等；(2) 要求鉴定委托人无偿提供鉴定所需要的鉴材、样本；(3) 进行鉴定所必需的检验、检查和模拟实验；(4) 拒绝接受不合法、不具备鉴定条件或者超出登记的执业类别的鉴定委托；(5) 拒绝解决、回答与鉴定无关的问题；(6) 鉴定意见不一致时，可以保留不同意见，各自分别写出自己的鉴定意见（即享有自主鉴定权）；(7) 接受岗前培训和继续教育；(8) 获得合法报酬；(9) 法律、法规规定的其他权利。例如，鉴定人在因鉴定受到打击报复时，还享有请求法院予以保护的权利。

司法鉴定人应当履行下列义务：(1) 受所在司法鉴定机构指派，按照规定时限独立完成鉴定工作，并出具鉴定意见；(2) 对鉴定意见负责；(3) 依法回避；(4) 妥善保管送鉴的鉴材、样本和资料；(5) 保守在执业活动中知悉的国家秘密、商业秘密，不得泄露个人隐私，未经委托人的同意，不得向其他人或者组织提供与鉴定事项有关的信息；(6) 经人民法院依法通知，应当出庭作证，回答与鉴定事项有关的问题；(7) 自觉接受司法行政机关的管理和监督、检查；(8) 参加司法鉴定岗前培训和继续教育；(9) 法律、法规规定的其他义务。

在规定鉴定人权利和义务的同时，许多国家和地区非常重视鉴定人的职责和操守。例如，《德国民事诉讼法》第 410 条要求鉴定人在鉴定前或者鉴定后进行宣誓，并要求其在誓词中表示：在要求他作的鉴定中，他公正地并依自己的良心和良知进行鉴定或者已经作了鉴定。① 我国《司法鉴定人登记管理办法》第 6 条规定，司法鉴定人应当科学、客观、独立、公正地从事司法鉴定活动，遵守法律、法规的规定，遵守职业道德和职业纪律，遵守司法鉴定管理规范。

（二）鉴定人的法律责任

根据《司法鉴定程序通则》的规定，司法鉴定人的法律责任是指司法鉴定人在执法活动中，因为故意或过失，违反有关法律、法规的规定以及鉴定人的执业纪律，损害了当事人的合法权益，扰乱了正常的司法秩序，影响了司法鉴定职业的形象，导致司法鉴定人应当承担民事责任、行政责任、刑事责任的后果。

关于鉴定人法律责任的规定，各国存在较大分歧。“为了保障专家证人能够讲真话和畅所欲言，英美法系国家多规定专家证人提供证言拥有豁免责任的特权，不受追诉。而大陆法系国家，将鉴定人提供鉴定意见作为公法义务，然而对于鉴定人的法律责任多未作出明确规定。”②

我国司法鉴定实行鉴定人负责制度，要求司法鉴定人依法独立、客观、公正地进行鉴定活动，并对自己作出的鉴定意见负责。我国《民事诉讼法》中没有关于鉴定人民事法律责任的规定。司法部《司法鉴定人登记管理办法》第 31 条规定：“司法鉴定人在执业活动中，因故意或者重大过失行为给当事人造成损失的，其所在的司法鉴定机构依法承担赔偿责任后，可以向有过错行为的司法鉴定人追偿。”该条要求鉴定人在违反法律规定时应该承担民事赔偿责任，弥补了我国法律在此方面的空白。

司法部颁布的有关文件中规定了鉴定人的行政责任。《司法鉴定人登记管理办法》第 28 条和《司法鉴定机构登记管理办法》第 38 条规定：个人、法人或者其他组织未经登记，从事已

---

① 对于鉴定人不履行职责和违反职业操守时的后果，《德国民事诉讼法》第 409 条中规定：“鉴定人不到场或者拒绝从事他有义务应该从事的鉴定工作，或者鉴定人留下有关文件或者其他资料的，应负担由此而生的费用。同时对他处以违警罚款。再次违犯的，可以再一次处以罚款。”

② 邵明：《正当程序中的实现真实——民事诉讼证明法理之现代阐释》，290 页，北京，法律出版社，2009。

纳入本办法调整范围司法鉴定业务的，省级司法行政机关应当责令其停止司法鉴定活动，并处以违法所得 1 至 3 倍的罚款，罚款总额最高不得超过 3 万元。鉴定人或者鉴定机构有违反本决定规定行为的，由省级人民政府司法行政部门予以警告，责令改正。

《关于司法鉴定管理问题的决定》第 13 条规定："鉴定人或者鉴定机构有下列情形之一的，由省级人民政府司法行政部门给予停止从事司法鉴定业务三个月以上一年以下的处罚；情节严重的，撤销登记：（一）因严重不负责任给当事人合法权益造成重大损失的；（二）提供虚假证明文件或者采取其他欺诈手段，骗取登记的；（三）经人民法院依法通知，拒绝出庭作证的；（四）法律、行政法规规定的其他情形。鉴定人故意作虚假鉴定，构成犯罪的，依法追究刑事责任；尚不构成犯罪的，依照前款规定处罚。"《司法鉴定人登记管理办法》第 29 条、第 30 条；《司法鉴定机构登记管理办法》第 39 条、第 40 条对此作出了具体规定。

至于鉴定人的刑事责任，根据《司法鉴定人登记管理办法》第 30 条，鉴定人违反法律法规和有关规定，或者因主观原因作出错误的鉴定结论造成严重后果，构成犯罪的，要追究刑事责任。该刑事责任主要是通过《刑法》第 305 条"伪造证据罪"、第 307 条"帮助毁灭、伪造证据罪"以及《刑事诉讼法》的相关规定来追究。

四、司法鉴定的委托、受理和实施程序

（一）司法鉴定的确定和受理

当事人可以就查明事实的专门性问题，在举证期限届满前，向法院申请鉴定。但是，申请鉴定的事项与待证事实无关联，或者对证明待证事实无意义的，法院不予准许。法院准许当事人鉴定申请的，应当组织双方当事人协商确定具备相应资格的鉴定人；当事人协商不成的，由法院指定。

符合依职权调查收集证据条件的，人民法院应当依职权委托鉴定，在询问当事人的意见后，指定具备相应资格的鉴定人。

司法鉴定机构从事的鉴定业务必须是受当事人或者法院委托，而不能主动招揽，且必须是统一受理。在接受鉴定委托时，应当要求委托人出具鉴定委托书①，提供委托人的身份证明以及检材和鉴定资料等委托鉴定事项所需的鉴定材料。② 委托人应当向司法鉴定机构提供真实、完整、充分的鉴定材料，并对鉴定材料的真实性、合法性负责，并不得要求或者暗示司法鉴定机构和司法鉴定人按其意图或者特定目的提供鉴定意见。委托人委托他人代理的，应当要求出具委托书。

司法鉴定机构收到委托，应当对委托的鉴定事项进行审查。对属于本机构司法鉴定业务范围，委托鉴定事项的用途及鉴定要求合法，提供的鉴定材料真实、完整、充分的鉴定委托，应当予以受理。对提供的鉴定材料不完整、不充分的，司法鉴定机构可以要求委托人补充；委托人补充齐全的，可以受理。司法鉴定机构对符合受理条件的鉴定委托，应当即时作出受理的决

---

① 鉴定委托书应当载明委托人的名称或者姓名、拟委托的司法鉴定机构的名称、委托鉴定的事项、鉴定事项的用途以及鉴定要求等内容。委托鉴定事项属于重新鉴定的，应当在委托书中注明。

② 检材是指与鉴定事项有关的生物检材和非生物检材；鉴定资料是指存在于各种载体上与鉴定事项有关的记录。

定；不能即时决定受理的，应当在7个工作日内作出是否受理的决定，并通知委托人；对通过信函提出鉴定委托的，应当在10个工作日内作出是否受理的决定，并通知委托人；对疑难、复杂或者特殊鉴定事项的委托，可以与委托人协商确定受理的时间。

具有下列情形之一的鉴定委托，司法鉴定机构不得受理：(1) 委托事项超出本机构司法鉴定业务范围的；(2) 鉴定材料不真实、不完整、不充分或者取得方式不合法的；(3) 鉴定事项的用途不合法或者违背社会公德的；(4) 鉴定要求不符合司法鉴定执业规则或者相关鉴定技术规范的；(5) 鉴定要求超出本机构技术条件和鉴定能力的；(6) 不符合《司法鉴定程序通则》第29条规定的；(7) 其他不符合法律、法规、规章规定情形的。对不予受理的，应当向委托人说明理由，退还其提供的鉴定材料。

司法鉴定机构决定受理鉴定委托的，应当与委托人在协商一致的基础上签订司法鉴定协议书。司法鉴定协议书应当载明下列事项：委托人和司法鉴定机构的基本情况；委托鉴定的事项及用途；委托鉴定的要求；委托鉴定事项涉及的案件的简要情况；委托人提供的鉴定材料的目录和数量；鉴定过程中双方的权利、义务；鉴定费用及收取方式；其他需要载明的事项。因鉴定需要耗尽或者可能损坏检材的，或者在鉴定完成后无法完整退还检材的，应当事先向委托人讲明，征得其同意或者认可，并在协议书中载明。在进行司法鉴定过程中需要变更协议书内容的，应当由协议双方协商确定。

(二) 司法鉴定的实施程序

司法鉴定程序是指司法鉴定机构和司法鉴定人进行司法鉴定活动应当遵循的方式、方法、步骤以及相关的规则和标准。

司法鉴定机构受理当事人或者法院的鉴定委托后，应当指定本机构中具有该鉴定事项执业资格的司法鉴定人进行鉴定。委托人有特殊要求的，经双方协商一致，也可以从本机构中选择符合条件的司法鉴定人进行鉴定。司法鉴定机构对同一鉴定事项，应当指定或者选择2名司法鉴定人共同进行鉴定；对疑难、复杂或者特殊的鉴定事项，可以指定或者选择多名司法鉴定人进行鉴定。

司法鉴定人进行鉴定，应当依下列顺序遵守和采用该专业领域的技术标准和技术规范：(1) 国家标准和技术规范；(2) 司法鉴定主管部门、司法鉴定行业组织或者相关行业主管部门制定的行业标准和技术规范；(3) 该专业领域多数专家认可的技术标准和技术规范。不具备前款规定的技术标准和技术规范的，可以采用所属司法鉴定机构自行制定的有关技术规范。

司法鉴定机构应当在与委托人签订司法鉴定协议书之日起30个工作日内完成委托事项的鉴定。鉴定事项涉及复杂、疑难、特殊的技术问题或者检验过程需要较长时间的，经本机构负责人批准，完成鉴定的时间可以延长，延长时间一般不得超过30个工作日。司法鉴定机构与委托人对完成鉴定的时限另有约定的，从其约定。在鉴定过程中补充或者重新提取鉴定材料所需的时间，不计入鉴定时限。

司法鉴定人在进行鉴定的过程中，需要对女性作妇科检查的，应当由女性司法鉴定人进行；无女性司法鉴定人的，应当有女性工作人员在场。在鉴定过程中需要对未成年人的身体进行检查的，应当通知其监护人到场。对被鉴定人进行法医精神病鉴定的，应当通知委托人或者被鉴定人的近亲属或者监护人到场。对需要到现场提取检材的，应当由不少于2名司法鉴定人提取，并通知委托人到场见证。对需要进行尸体解剖的，应当通知委托人或者死者的近亲属或者监护人到场见证。

司法鉴定机构在进行鉴定的过程中，遇有特别复杂、疑难、特殊技术问题的，可以向本机构以外的相关专业领域的专家进行咨询，但最终的鉴定意见应当由本机构的司法鉴定人出具。司法鉴定人进行鉴定，应当对鉴定过程进行实时记录并签名。记录可以采取笔记、录音、录像、拍照等方式。记录的内容应当真实、客观、准确、完整、清晰，记录的文本或者音像载体应当妥善保存。司法鉴定机构和司法鉴定人在完成委托的鉴定事项后，应当向委托人出具司法鉴定文书。

司法鉴定机构和司法鉴定人在完成委托的鉴定事项后，应当及时向委托人出具司法鉴定文书。司法鉴定机构出具的司法鉴定文书应当一式三份，两份交委托人收执，一份由本机构存档。司法鉴定机构应当按照有关规定或者与委托人约定的方式，向委托人发送司法鉴定文书。委托人对司法鉴定机构的鉴定过程或者所出具的鉴定意见提出询问的，司法鉴定人应当给予解释和说明。司法鉴定机构完成委托的鉴定事项后，应当按照规定将司法鉴定文书以及在鉴定过程中形成的有关材料整理立卷，归档保管。

五、终止鉴定、补充鉴定和重新鉴定

司法鉴定机构在进行鉴定过程中，遇有下列情形之一的，可以终止鉴定：(1) 发现委托鉴定事项的用途不合法或者违背社会公德的；(2) 委托人提供的鉴定材料不真实或者取得方式不合法的；(3) 因鉴定材料不完整、不充分或者因鉴定材料耗尽、损坏，委托人不能或者拒绝补充提供符合要求的鉴定材料的；(4) 委托人的鉴定要求或者完成鉴定所需的技术要求超出本机构技术条件和鉴定能力的；(5) 委托人不履行司法鉴定协议书规定的义务或者被鉴定人不予配合，致使鉴定无法继续进行的；(6) 因不可抗力致使鉴定无法继续进行的；(7) 委托人撤销鉴定委托或者主动要求终止鉴定的；(8) 委托人拒绝支付鉴定费用的；(9) 司法鉴定协议书约定的其他终止鉴定的情形。终止鉴定的，司法鉴定机构应当书面通知委托人，说明理由，并退还鉴定材料。终止鉴定的，司法鉴定机构应当根据终止的原因及责任，酌情退还有关鉴定费用。

有下列情形之一的，司法鉴定机构可以根据委托人的请求，进行补充鉴定：(1) 委托人增加新的鉴定要求的；(2) 委托人发现委托的鉴定事项有遗漏的；(3) 委托人在鉴定过程中又提供或者补充了新的鉴定材料的；(4) 其他需要补充鉴定的情形。补充鉴定是原委托鉴定的组成部分。对有缺陷的鉴定意见，可以通过补充鉴定、重新质证或者补充质证等方法解决的，不予重新鉴定。

需要重新鉴定的情形或原因往往是鉴定意见或司法鉴定文书不能作为证据使用，其具体情形有：(1) 原司法鉴定人不具有从事原委托事项鉴定执业资格的；(2) 原司法鉴定机构超出登记的业务范围组织鉴定的；(3) 原司法鉴定人按规定应当回避没有回避的；(4) 委托人或者其他诉讼当事人对原鉴定意见有异议，并能提出合法依据和合理理由的（如鉴定程序严重违法、鉴定意见明显依据不足等）；(5) 法律规定或者法院认为需要重新鉴定的其他情形。

接受重新鉴定委托的司法鉴定机构的资质条件，一般应当高于原委托的司法鉴定机构。重新鉴定，应当委托原鉴定机构以外的列入司法鉴定机构名册的其他司法鉴定机构进行；委托人同意的，也可以委托原司法鉴定机构，由其指定原司法鉴定人以外的其他符合条件的司法鉴定人进行。

六、鉴定意见

“鉴定意见”，是指对于诉讼涉及的专门性问题，鉴定人运用专门经验和专业技能进行分析所作出的意见。鉴定意见必须采取书面形式，即“司法鉴定文书”，包括司法鉴定意见书和司法鉴定检验报告书等。一般应当制作一式三份，二份交委托人收执，一份由本机构存档。

司法鉴定文书的制作应当符合统一规定的司法鉴定文书格式。其中应明确记载：委托人姓名、鉴定人资格、鉴定的事项、鉴定所使用的材料和科技手段、鉴定的依据、鉴定过程的说明、明确的鉴定意见[①]等，并且应由司法鉴定人签名或盖章，司法鉴定机构加盖司法鉴定专用章。[②]

鉴定意见或司法鉴定文书必须提交和交换，并经过当事人质证和法院审核。鉴定人和证人均属于人证，鉴定意见与证人证言均属于言词证据，所以在质证和判断的方式和程序上两者有其相同之处。但是，鉴定意见与证人证言在质证和判断的内容上有所不同，比如质证和判断的内容包含鉴定机构和鉴定人的资格和回避、鉴定意见的科学性或专业性等。

根据《民事诉讼法》第 79 条的规定，当事人对鉴定意见有异议或者人民法院认为鉴定人有必要出庭的，鉴定人应当出庭作证。经人民法院通知，鉴定人拒不出庭作证的，鉴定意见不得作为认定事实的根据；支付鉴定费用的当事人可以要求返还鉴定费用。

当事人对鉴定意见有异议并提出证据的，可以向法院申请补充鉴定、重新鉴定或者委托补充鉴定、重新鉴定。法院对鉴定意见有异议（包括对同一事项有不同的鉴定意见）的，也可以决定补充鉴定或重新鉴定。

各鉴定机构之间没有上下级之分，鉴定人均享有独立鉴定权，在科学、真理和法律面前，鉴定意见或司法鉴定文书均被预设为平等的。对鉴定意见，当事人和法院从程序和实体两个方面进行质证和作出判断，最后由法院决定其有无证据资格和证明力之大小。

第三节　当事人陈述

一、我国当事人陈述制度的不足

《民事诉讼法》第 63 条将“当事人的陈述”规定为法定的证据种类。《民事诉讼法》第 75 条规定：“人民法院对当事人的陈述，应当结合本案的其他证据，审查确定能否作为认定事实

---

① 多人参加司法鉴定，对鉴定意见有不同意见的，应当注明。

② 在英国，鉴定意见书尾部还有强制性内容，即专家证人的声明，具体包括：（1）有关职责的声明，即专家证人声明其理解并遵守了自己的法定职责；（2）有关事实的声明，即专家证人声明其在鉴定意见中陈述的事实均是真实的，表达的观点都为正确的。

的根据。当事人拒绝陈述的，不影响人民法院根据证据认定案件事实。”《民诉法解释》第 122 条第 2 款规定：“具有专门知识的人在法庭上就专业问题提出的意见，视为当事人的陈述。”

我国现行法将“当事人的陈述”笼统地规定为法定的证据种类，有其不合理之处，主要体现在：(1) 当事人主张利己事实的，属于事实主张的范畴，该事实为“待证事实”而需要证据来证明（谁主张谁证明），除非对方当事人作出了诉讼上自认[①]；(2) 在诉讼中，当事人主张不利己事实的，构成诉讼上自认，也属于事实主张的范畴，该事实由于诉讼上自认而为“免证事实”。

从比较法的角度来看，能够作为“证据”的当事人陈述，主要是指：(1) 当事人“诉讼外自认”，即当事人在诉讼外对事实作出自认；(2) 法官“询问当事人”，即当事人经法官询问而陈述事实。我国现行民事诉讼法并未将当事人诉讼外自认和法官询问当事人明确规定为证据，但是实务中，往往将当事人“诉讼外自认”作为证据来运用；《民诉法解释》第 110 条实际上将法官“询问当事人”规定为证据。[②]

作为证据的当事人陈述在程序的形式或外观上往往得到明确的区分。比如，美国民事诉讼中，在审前准备阶段，作为证据的当事人陈述只能以“庭外证言”(deposition)、对“质问书”(interrogatories) 和“自认要求”(request for admission) 的书面回答等方法来提供，每一种陈述都有特定的名称和程序形式。在正式开庭审理时，取得和审查当事人陈述，采用让当事人站到证人席上去、事先宣誓并由双方律师进行交叉询问等一系列程序来完成。在德国和日本等大陆法系国家，作为证据的当事人陈述，须在公开的法庭上，当事人站在证人席位上宣誓后，再由法官询问。

二、作为证据的当事人陈述：当事人诉讼外自认

当事人“诉讼外自认”，或称“裁判外自认”，是指在本案诉讼过程外，当事人（自认人）对“不利己案件事实”的承认。当事人对不利己事实，可“全部自认”，也可“部分自认”。在“他诉”中作出的“诉讼上自认”，若没有被法院确定判决所确认的[③]，在“本诉”中被作为“诉讼外自认”。

与诉讼上自认不同，诉讼外自认是“在本案诉讼过程之外”或者“不是向本案审判法官”作出的，其关联性、真实性和合法性并未得到确定，所以诉讼外自认若要作为判决的根据，尚需经过法定的证据调查程序进行质证和判断。

B 对第三人陈述曾向 A 借款一事，在陈述时被 A 录制下来。后来，A 对 B 提起返还借款之诉，在诉讼中 A 向法院提供上述录音磁带。此例中，B 对借款事实的陈述，是在诉讼外向第

---

① 在辩论主义诉讼中，当事人主张利己事实既是当事人的权利（“事实主张权”），又是当事人的“主张责任”，包括原告主张权利产生事实和被告主张抗辩事实。这些事实的真实性没有确定或者存在合理争议的，则成为证明对象。显然，当事人主张利己事实，不同于作为证据的当事人陈述。

② 下文内容参见邵明：《我国民事诉讼当事人陈述制度之“治”》，载《中外法学》，2009 (2)。

③ 在“他诉”中对案件事实作出“诉讼上自认”的，若被法院确定判决所确认的，则为“预决事实”，属于“相对免证事实”，而不作“证据”看待。

三人（并非本案审判法官）作出的，所以属于诉讼外自认。记载这一自认的录音磁带[①]，若要作为认定事实的根据，则需要通过证据调查程序来认定其是否具有证据能力。

在大陆法系民事诉讼中，诉讼外自认不具有诉讼上自认的效力，即诉讼外自认的事实不得作为免证事实，但是可以成为证据资料，与其他证据一样均应依照法定的证据调查程序进行质证和判断。

在英美法系民事诉讼中，诉讼外自认多被作为证据。不过，有学者认为，诉讼外自认是在诉讼外的陈述，故含有传闻因素，法官采用之则是传闻规则的一种例外。还有学者在可采性规则之下讨论诉讼外自认，理由是诉讼外自认作为一种证据必然涉及证据的可采性问题。另有学者认为，诉讼外自认是独立的规则，应以专章论述。

基于调解与和解的正常运用和顺利进行以及保障诉讼公正性的考虑，许多国家法律规定：当事人在调解与和解中所作的自认（亦为诉讼外自认），在以后的诉讼中其可采性或证据能力被剥夺或被限制。《民诉法解释》第107条规定："在诉讼中，当事人为达成调解协议或者和解协议作出妥协而认可的事实，不得在后续的诉讼中作为对其不利的根据，但法律另有规定或者当事人均同意的除外。"《中国国际经济贸易仲裁委员会仲裁规则》（2014年修订）第47条（九）、《国际商事调解示范法》（2002年）第10条。

基于上述，我们建议，我国可以合理借鉴国外的有关做法，将诉讼外自认作为一种证据，并应按照法定证据调查程序来质证和判断其是否具有证据资格和证明力大小。

三、作为证据的当事人陈述：法官询问当事人

许多国家和地区民事诉讼法规定，法官通过询问当事人的方式使当事人就案件事实作出陈述，这种陈述被作为证据看待。不过，与英美法系不同，大陆法系和我国一般将当事人陈述与证人证言相区别。在英美法系和大陆法系国家，法定诉讼代理人被作为证据方接受询问的，适用询问当事人的程序。至于询问当事人的程序，与询问证人的基本一致，或者说就是适用询问证人的程序。

《民诉法解释》第110条规定："人民法院认为有必要的，可以要求当事人本人到庭，就案件有关事实接受询问。在询问当事人之前，可以要求其签署保证书。保证书应当载明据实陈述、如有虚假陈述愿意接受处罚等内容。当事人应当在保证书上签名或者捺印。负有举证证明责任的当事人拒绝到庭、拒绝接受询问或者拒绝签署保证书，待证事实又欠缺其他证据证明的，人民法院对其主张的事实不予认定。"第397条规定：（再审中）"人民法院根据审查案件的需要决定是否询问当事人。新的证据可能推翻原判决、裁定的，人民法院应当询问当事人。"

《民诉法解释》没有规定"询问当事人"的"补充性"或"从属性"。在大陆法系，与其他证据方法不同，"询问当事人"具有"补充性"或"从属性"，即没有其他证据或其他证据不足以证明待证事实，或者言词辩论的结果或已经进行的证据调查的结果仍不能使法官形成确信的

---

① 这一录音磁带是借款事实发生后制作的，是对借款人事实陈述的固定，所以并非我国民事诉讼法所规定的"视听资料"这一证据种类。

心证，那么法院根据当事人一方的申请或者主动依职权询问当事人。[①] 询问当事人后，对方当事人仍然可以收集其他证据，尤其是直接为了反驳当事人的陈述。

询问当事人之所以具有补充性，是因为当事人与案件有着法律利害关系，难保其真实陈述事实（所以其证明力一般是较低的），而且通过询问使当事人陈述对己不利的事实难免强人所难、不近人情，所以法律通常不允许通过强制询问使当事人陈述不利己的事实。

最了解案件事实真相的是当事人，诉讼一开始就询问当事人往往有助于确定案件的争点，况且受到诚实信用原则等约束，当事人的陈述未必都缺乏可信度，有鉴于此，有些国家缓和了询问当事人的补充性。

比如，日本民事诉讼实务中，常常首先询问当事人。1996 年日本在其民事诉讼法第 207 条中对原有规定进行了修订，即法院认为适当时，在听取当事人意见后，可以首先询问当事人本人。在一些英美法系国家，当事人回答法官询问而披露的有关事实有助于确定案件争点，所以法官询问当事人也被作为一种启发性手段以明确案件的争点。

询问当事人的补充性，适用于“辩论主义”诉讼程序。在辩论主义诉讼程序中，在最后言词辩论终结时，若现有证据不足以证明待证事实而使法官不能形成确信的心证，法官也不得依职权收集其他证据，只得以询问当事人的方式了解事实真相。法官询问当事人时，当事人享有“证言豁免权”。为实现真实，许多国家还确立了当事人“真实（陈述）义务”。

法院决定询问当事人及其法定代理人的，不得强制其陈述，若其无正当理由拒绝陈述的，法院得审酌情形，判断待证事实的真伪。法院通知当事人到庭陈述，无正当理由不到庭的，视为拒绝陈述。《日本民事诉讼法》第 208 条规定：当事人无正当理由不出庭，或者拒绝宣誓或陈述的，法院可以认定对方当事人所主张的有关询问事项为真实。

询问当事人的补充性，不适用于“职权探知主义”诉讼程序。在职权探知主义诉讼程序中，为查明涉及公共利益的案件事实，询问当事人被作为第一层次的证据方法，法院可以随时询问当事人，并且对经通知而无正当理由不出庭接受法官询问的当事人，法院可以拘传到庭，且可处以罚款。[②]

基于上述，我们主张，我国应当根据上述法理构建询问当事人制度，合理确立询问当事人的补充性，不过在法院认为适当时和听取当事人意见后，可以首先询问当事人。同时，根据诚实信用原则要求当事人负担真实陈述、禁反言等义务。至于询问当事人的程序，与询问证人基本一致。

延伸阅读文献

1. 王云海．日本司法鉴定制度的现状与改革．法律科学，2003（6）

---

① 比如，《德国民事诉讼法》第 445 条和第 448 条；《日本民事诉讼法》（1890 年）第 336 条等。在法国，为了补充书证的不足，法律设计了当事人询问制度。

② 参见［日］三月章：《日本民事诉讼法》，汪一凡译，468 页，台北，五南图书出版公司，1997；［日］新堂幸司：《新民事诉讼法》（第三版补正版），577 页，东京，有斐阁，2005。

2. 王福华．当事人陈述的制度化处理．当代法学，2004（3）
3. 王亚新，陈杭平．证人出庭作证的一个分析框架．中国法学，2005（1）
4. 张永泉．证人证言适格问题研究．法律科学．西北政法学院学报，2005（3）
5. 王亚新，陈杭平．论作为证据的当事人陈述．政法论坛，2006（11）
6. 齐树洁，梁开斌．在民事诉讼中鉴定意见证明力之比较分析．中国司法鉴定，2007（2）
7. 翁晓斌，宋小海．论民事诉讼当事人陈述的功能．现代法学，2007（6）
8. 邵明．我国民事诉讼当事人陈述制度之“治”．中外法学，2009（2）
9. 刘晓丹．如何建立我国鉴定意见采纳规则．现代法学，2009（4）
10. 邵明．正当程序中的实现真实——民事诉讼证明法理之现代阐释．北京：法律出版社，2009

问题与思考

1. 简述证人证言的特点。（1998 年中国政法大学考研试题）

2. 论完善我国证人作证制度。（2004 年中国政法大学考博试题）

3. 论述证人保护制度。（2005 年中国人民大学考研试题）

4. 简述鉴定人和证人的区别。（1997 年武汉大学考研试题）

5. 比较鉴定意见与勘验笔录。（2002 年西南政法大学考研试题）

6. 简述当事人陈述制度。（2004 年厦门大学考研试题）

7. 在一起债务纠纷中，甲以乙书写的欠条为据，主张乙应返还借款 1 万元；乙提出抗辩，并主张该欠条的签字是伪造的。人民法院指定鉴定部门 A 对签订进行了鉴定，结论为签字是真实的；乙则找到另一鉴定部门 B 进行鉴定，结论为该签字是伪造的。

试回答：（1）根据我国《民事诉讼法》的规定，分别指出该案所涉及的证据种类有哪些？（2）简要说明理由。（中国政法大学 2001 年考研试题）

8. 关于证人的表述，下列哪一选项是正确的？（2008 年司法考试卷三）（参考答案：C）

A. 王某是未成年人，因此，王某没有证人资格，不能作为证人

B. 原告如果要在诉讼中申请证人出庭作证，应当在举证期限届满前提出，并经法院许可

C. 甲公司的诉讼代理人乙律师是目击案件情况发生的人，对方当事人丙可以向法院申请乙作为证人出庭作证，如法院准许，则乙不得再作为甲公司的诉讼代理人

D. 李某在法庭上宣读未到庭的证人的书面证言，该书面证言能够代替证人出庭作证

9. 2010 年 11 月，原告甲公司与被告乙公司签订了一份《房屋租赁合同》，合同约定乙公司承租甲位于深圳市某电信商场中门右边 L 型 5.2 米柜台，时间从 2010 年 11 月 1 日至 2011 年 2 月 9 日止，月租金人民币 9 500 元，乙公司应于签合同 5 日内，向甲公司支付人民币 9 500 元的定金，定金在合同期满未能续租时退还，乙公司须在每月的 20 日前交纳下月的租金，每逾期 1 日，按月租金的 5‰加收滞纳金。如超过 5 个工作日不交租金，甲公司有权单方终止合同并没收乙公司的定金。合同签订后，乙公司于 2010 年 12 月 20 日交了人民币 9 500 元给甲公司，甲公司开出收据，写明收到乙公司定金人民币 9 500 元。乙公司租赁甲公司的 L 型 5.2 米

柜台至 2011 年 2 月 9 日期满后没有搬出，付租金至 2011 年 6 月份止。甲公司认为乙公司占用电信商场 1007、1009 号柜台至 2011 年 8 月底，而租金仅交至 2011 年 6 月，请求法院判决乙公司双倍支付 2011 年 7 月、8 月份的租金。乙公司认为其使用柜台至 2011 年 6 月份，租金已交清，进而提出反诉，要求甲公司退还已交租赁定金人民币 9 500 元。

甲公司举证出示了电信商场物业管理处、丙通信公司以及丁通信公司员工郑某的证明，三份证明材料均写明乙公司是在 2011 年 8 月份才搬出上述柜台。乙公司质证提出，电信商场物业管理处、丙通信公司和丁通信公司是与甲公司有利害关系的公司，故管理处和以上两家公司及其员工出具的证明均不能采信。乙公司亦没有举证证明自己是在 2001 年 6 月份搬离。①

法律问题：

(1) 甲公司向法院提供的电信商场物业管理处、丙通信公司以及丁通信公司员工郑某的证明三份证明材料，属于何种法定证据种类?

(2) 对于甲公司提供的三份证明材料的证明力应该如何进行认定和判断?

---

① 案例来源：深圳市商品房买卖合同纠纷律师网（http：//www. szmaifang. com)。本书作出了一些技术上的处理。

第五章

证据规则

本章概要

证据规则指确认证据的范围、调整和约束证明行为的法律规范的总称，是证据法的集中表现。证据规则主要包括关联性规则、合法性规则、证言豁免规则、最佳证据规则及补强证据规则等。

关键术语

证据规则　关联性规则　合法性规则　证言豁免规则　最佳证据规则　补强证据规则

第一节　证据规则概述

一、英美法系国家的证据规则

英美法系证据规则源远流长，从1166年亨利二世颁布《加伦登法》，规定在刑事诉讼中启用控告陪审团算起，至今已经过八百多年的历史发展。最早的证据规则是关于蜡封文件的结论性推定的规则，也就是说所有与此文件所载内容相违背的证据都不具有证据能力，这一规则后来发展成最佳证据规则。16世纪，出现了对证人能力的限制性规定。由于英美法系国家普遍采用判例法形式，民事诉讼的发展过程中几乎没有经历过大陆法系其他国家普遍经历的纠问制阶段，同时，也许是最重要的，普通法在诉讼中采用了陪审制，所有这一切都为证据规则的发展提供了广阔的空间。但是，将证据规则作为一个专门的问题加以研究或将它作为立法的核心内容规定在证据法中却只有一百多年的历史。18世纪末，现代证据法中的主要规则已基本形成，这些规则散乱地体现在判例中，并与一些例外规则相纠合，没有形成体系，在这些规则中最佳证据规则是最主要的内容。1745年哈德威克法官在审理奥米查德诉巴克案时甚至说，这一规则是证据规则中唯一的一个概括性原则，1754年吉尔波特（Gilbert）的著作《证据法》也建立在同样的观点上。[①] 但事实证明，将这一原则作为证据法学的基础是不充分的。

19 世纪，最佳证据规则被关联性规则代替，这一规则最先由斯蒂芬（Stephen）提出，他的贡献还在于明确区分了逻辑上的关联性和法律上的关联性，其中前者指证据可以用于推导出案件事实，后者指在法律上什么证据具有可采性，并且他提供了一个基础性原则来构建证据制度的思路。此后，另一著名学者萨耶对斯蒂芬的观点提出了修正，他赞同斯蒂芬用一个原则作基础来建构证据法，但他认为关联性是单纯逻辑上的问题，逻辑上的问题无须用法律加以规定，关于证据可否被法庭采纳的规则应主要以排除规则为核心。萨耶认为，证据法的核心无非是一套以政策为依据的管制性和排除性规则，对哪些证人，哪类有证据力的事实可以向陪审团提出，制定人为的拘束。萨耶将这些拘束归为两类原则，即：（1）凡是在逻辑上不能证明需要证明的事的证据，一律不能接受。（2）具有这种证明力的证据，除非明确的法律政策予以排除，一律应该接受。[②] 1904 年萨耶的学生韦格摩（Wigmore）出版了他的巨著《普通法审判中适用的英美法证据制度论》，他接受了萨耶提出的基本原则，但却采取了更广泛的研究方法，他的著作在今天仍被广泛阅读，甚至有人认为韦格摩的著作推迟了美国证据法法典化的进程。[③]

19 世纪后，英美法系的其他国家也都进行了证据法的成文化运动，1851 年，英国通过了《1851 年证据法》，废止了普通法中有关当事人不能提供证据的规则，确立了当事人证言的证据资格，对证据的可采性问题产生了重要影响。[④] 此后又通过了《1858 年书证法》、1972 年、1995 年《民事证据法》和 1984 年《警察和刑事证据法》等。

作为英联邦国家的印度在 1872 年通过了斯蒂芬起草的《证据法》，该法一直沿用至今，其中对证据应具备可采性的前提条件作了细致的阐解，对证人能力、证言的可采性及文书证据的可采性均有规定。新西兰于 1908 年通过了第一部关于证据的立法——《1908 年证据法》。总之，证据立法的成文化是英美法系证据法发展的一个基本趋势，也是这些国家在关于证据规则立法上的一个共同的形式特征。

进入 20 世纪 30 年代后，美国开始了证据法成文化的努力。1939 年，美国法律委员会开始《模范证据法》的起草，这次起草由摩根（Morgan）负责。在法典起草过程中，形成了两派针锋相对的观点，韦格摩所支持的一派认为法典应当对证据问题进行详细的、细致入微的规定，与此相反，法官克拉克（Clark）则反对冗长的立法方式，主张法典应力求简洁、明晰，最终于 1942 年颁布的法典实际上是两种意见折中的产物。但是，《模范证据法》并非对既存证据规则的简单归纳，立法者做了许多改革的尝试，这些改革中的绝大多数被认为是超前的、不合时宜的，因而受到了广泛的反对，该法从颁布后一直未得到执行。然而对一部统一的证据法的需要却是迫切的，因此统一州法委员会于 1949 年开始组织对证据法的起草，并于 1953 年批准通过了《统一证据规则》。与《模范证据法》相比较，该规则在改革问题上显得更加谨慎并且在条文上更加简洁、清楚。尽管如此，《统一证据规则》也只取得了极有限的成就，一直到 1971 年该法典只在堪萨斯州、新泽西州和犹他州得到了执行。

---

① See Peter Murphy, *Murphy on Evidence*, Blackstone Press Limited. 2000, p. 7.

② 参见沈达明编著：《英美证据法》，10 页，北京，中信出版社，1996。

③ See RonaldL. Carlson, *Materials for the Study of Evidence*, the Michie Company, 1983, p. 3.

④ 参见徐昕：《英国民事诉讼与民事司法改革》，240 页，北京，中国政法大学出版社，2002。

在美国证据法历史上堪称具有里程碑作用的事件是1975年美国国会通过了《联邦证据规则》。该规则与《统一证据规则》有许多相同之处，它适用于联邦法院系统，在此之前，联邦法院没有单独的证据规则可遵循，只有在联邦诉讼规则和刑事诉讼规则中部分涉及了证据的采纳问题，除此之外，联邦法院一般只有依据法院所在州的法律来解决证据问题，因而该规则自颁布起就得到了广泛的支持。一些州也开始了本州的证据法法典化的过程或宣布开始适用先前颁布的《统一证据规则》。总之，美国当今证据规则正朝着统一化与成文化的方向发展。

多数学者认为，英美法系国家的证据规则，一般是从消极方面对证据的采纳作出规定，最主要的法则包括排除规则、预防规则、传闻规则、优先规则、数量规则。① 但是对于这些规则之间是什么样的关系，是否存在一个优先适用的或核心的法则，理论上还缺少必要的论证。同时，对排除规则的强调也易使人误认为英美法系的证据规则是以排除规则为核心的，甚至将证据规则等同于排除规则。

笔者认为，前述错误认识的形成主要受韦格摩观点的影响，韦格摩在论著中将证据的可采性规则分为两类：一类为立证之资格，包括排除规则（基于关联性及政策性之理由，对于某种证据加以排除）、优先规则（基于经验之指示，某种证据常较他种证据更为可信，如可使用，应先于他种证据而容许之）、分析规则（对某一类证据，予以谨慎之查究与分析，以揭露其可能之弱点，其重要方法，则为当事人之诘问）、预防规则（为防止虚伪或错误之危险，对于某种证据，预见其可能之危险而以预先之方法求有真实之保障。如宣示制度、个别询问制度等）、定量规则（因某种证据具有弱点，因而必须与其他证据配合提出）；第二类是基于其他政策对证据的能力加以限制，进一步分为：绝对排除规则（比如依联邦法律规定，对非法搜索扣押所得的证据，不予采纳）、附条件排除的规则（如由于证人享有拒绝证言的特权，因而该证言可以因当事人的主张而被排除）。

但事实上，支持韦格摩的巨著《普通法审判中适用的英美法证据制度论》的一个基础性观点是："一切有合理立证价值的证据都是可采的，除非有特定的规则排除它的适用。"② 因而，我们认为在英美法系国家，证据规则的核心问题是以关联性为核心的证据的采纳问题而非排除问题，尽管后者在数量上可能远远超过前者，但后者在证据法中只能作为一个一般规则的例外而存在。同时，从英美证据法的发展趋势来看，由于排除规则的数量逐渐增多，新规则不断出现，美国司法及理论界逐渐认识到，过多的排除规则只能阻碍审判者对事实真相产生正确的认识，不利于司法公正的实现，因而英美法系国家的证据法正朝着赋予法官更多的采纳证据的自由裁量权的方向发展。

因此，本书试将英美法系国家的证据可采性规则分为三类：第一类是以关联性为核心的证据可采性规则，进一步可以分为以逻辑关联性为核心的证据采纳规则和对关联性的法律限制；第二类是为保证证据的可靠性而规定的证据可采性规则的例外，包括意见证据规则、最佳证据规则、传闻规则等；第三类是基于政策考虑而排除证据的规则，主要包括非法证据排除规则和证言豁免规则。

---

① 参见申君贵：《关于诉讼证据能力之探讨》，载《政法论坛》，1993（6）。

② Eleanor Swift，"One hundred Years of Evidence Law Reform：Thayer's Triumph"，*California Law Review*，Vol. 88，2000.

二、大陆法系国家的证据规则

大陆法系诸国一般没有单独的证据立法，证据问题只作为诉讼制度中的一个专门性问题而存在。同时，一方面，由于在诉讼中没有陪审团参加审判，认定案件事实与适用法律的工作都由法官一人完成；另一方面，由于强调法官在诉讼中的能动作用，从而弱化程序的对抗色彩，以上种种使得大陆法系国家没有形成针对陪审团审判和对抗制的证据规则体系。甚至在法国，某些证据上的问题，比如证明责任问题，是被作为实体问题规定在民法中的。但是，这并不妨碍我们对其证据规则进行理论上的概括和研究。

我国台湾学者陈朴生先生在研究大陆法系国家的证据规则时，从程序禁止和证据禁止两个方面进行分析。程序禁止指就证据资料收集与调查的程序设定条件。对于违反法定程序收集的证据，进一步区分为供述证据和物的证据，分别根据不同的原理确认其证据能力。证据禁止指就证据资料可否利用为认定事实的基础设定条件。违背直接审理主义、言词审理主义的证据都不能成为认定事实的基础。[①] 这种对大陆法系证据规则的研究方式，是建立在对具体规则依据一定标准进行分类的基础上，它有助于加深我们对这些规则的认识，具有十分重要的理论意义。

我国有一些学者在对大陆法系国家的证据规则进行研究时，往往不对其理论结构进行分析，而是直接列举具体的规则，比如直接审理原理、任意性法则、传闻法则、合法性法则、意见法则等。这样做所产生的一个直接后果是斩断了各个规则之间的逻辑联系，从而无法深入分析证据规则作为一个整体的运作机理，也就不能从根本上揭示这一制度模式的利弊。

对大陆法系国家证据制度的理论框架进行研究，必须突出这些国家证据制度的特征，揭示出各类证据规则之间的内在逻辑联系。在大陆法系国家，采纳证据的一个基本的也是核心的原则就是，法官可以依据理性与良知自由决定证据的取舍，除非法律对法官的这一权力作出明确的限制。这样，证据规则就可以分为法官自由行使裁量权的规则和对裁量权行使的限制两个基本组成部分。对法官自由取舍证据权力的限制主要来自三个方面：其一为程序规则或原则对证据能力的规范，主要指直接审理原则、辩论原则、举证时限制度和非法证据排除规则等；其二为证据形式对证据能力的限制，集中体现在书证优先原则上；其三为依据社会政策对证据能力的限制，主要体现为对证人免证特权等规定。

通过前面对大陆法系国家证据能力规则的结构所作的分析可以发现，与英美法系国家相比，大陆法系国家在证据能力规则的结构方面存在以下几个特点：

第一，大陆法系国家证据规则的核心内容是法官有采纳或排除证据的自由裁量权。但是如前所述，在英美法系国家，证据可采性规则的核心是证据的关联性规则。英美法系国家虽然在证据立法中也明确赋予了法官采纳或排除证据方面的自由裁量权，而且随着证据制度的不断发展、变革，这一裁量权呈现了逐步扩大的趋势。但是即便如此，英美法系国家的自由裁量权也与大陆法系国家的情况有明显的不同，大陆法系国家法官在证据采纳方面的自由裁量权是作为司法权行使的一般原则而存在的；而在英美法系国家，法官在多数情况下必须受到证据可采性规则的约束，自由裁量权只是作为一种证据可采性规则的例外和补充。

---

① 参见陈朴生：《刑事证据法》，255～256页，台北，三民书局，1985。

第二，大陆法系国家对证据采纳问题，主要作为诉讼法中的一个具体问题加以处理，因此在选择调整方式上，主要以动态调整为主，以静态调整为辅。在大陆法系国家，独立于诉讼法的证据立法是很鲜见的，证据规则无论是在理论还是在立法上都被认为是诉讼法的一个分支。证据法对诉讼法的这种依赖关系决定了以诉讼法为背景形成的证据规则亦体现出很强的程序性。也就是说，证据规则不像在英美法系国家那样独立于诉讼法，并且也不是以证据本身为主要的规范对象，而是通过规范证据的收集、使用、辨认等程序，对证据的资格提出要求。

第三，大陆法系国家从限制法官行使自由裁量权的角度入手对证据采纳加以调整，因此，证据规则不是直接针对证据本身的，而是针对法官使用证据的行为的。对证据采纳的规定的出发点并不在于排除有可能为虚假的或有可能导致混淆、偏见的证据，从而使法官认定事实的基础得以净化，而是通过加强对法官心证过程的监督，使法官认定事实的过程本身符合程序正义的要求。

三、我国的证据规则

证据规则与证据裁判原则是相伴相生的。这一方面源自克服人类理性思维的欠缺、提高事实认定的精确性的需要，另一方面来源于平衡各种诉讼价值的需要。因此，证据规则是我国诉讼法中不可或缺的内容。中华人民共和国成立之后，我国政府一方面废除了国民党旧法统，另一方面在总结革命根据地司法工作经验的基础上，建立了新的证据法律制度。在 20 世纪 50 年代，我国颁行的一系列法律规范基本上确立了实事求是、重证据不轻信口供、严禁刑讯逼供等证据采纳的原则；又通过宪法、刑事诉讼法、行政诉讼法、民事诉讼法进一步确认了这些原则；接着通过一些司法解释、批复形成了一些证据规则。

特别是审判方式改革以后，人们对证据制度的重要性有了进一步的认识，而原有的证据制度在实践中暴露出越来越多的问题，要求完善证据立法的呼声日益高涨。与此同时，学者们也在为证据制度的完善积极做着理论上的准备。在这种情况下，我国有关民事诉讼证据规则在《民事诉讼法》、《证据规定》和《民诉法解释》中逐渐加以规定和完善。

第二节　关联性规则

一、关联性的内涵

“关联性规则”，或称“相关性规则”，是指只有与案件事实具有内在或客观的关联性的证据，才可作为认定事实和作出判决的证据（即裁判证据）。关联性是指裁判证据与待证事实之间存在客观的或内在的联系，即证据与待证事实的关联性是一种客观存在，并且这种联系须在诉讼时能被认知，否则无法采用。[①]

---

① 参见邵明：《正当程序中的实现真实——民事诉讼证明法理之现代阐释》，231 页，北京，法律出版社，2009。

西方法律和理论通常认为，关联性是实质性和证明性的结合。关联性侧重的是证据与证明对象之间的关系，即证据相对于证明对象是否具有实质性，以及证据对于证明对象是否具有证明性。

关联性（Relevance）规则是英美法系国家证据规则的核心成分，在英国这一规则甚至被冠以“黄金规则”的称号。与案件事实具有某种程度的联系是证据被采纳的基本条件之一。学者斯蒂芬认为，所谓“关联性”就是指所援引的任何两个事实，它们之间是如此紧密相关，以至于按照事件通常的进程，一个事实本身或者与其他事实相联系能够证明某一事实在过去、现在或将来的存在或不存在，或为这种证明提供可能。①《美国联邦证据规则》规则 401 以更简洁、易懂的方式将关联证据定义为：“证据具有某种倾向，使决定某项在诉讼中待确认的争议事实的存在比没有该项证据时更有可能或更无可能。”

（一）实质性

关联性是一个纯粹的事实和经验问题，而不是法律问题。当证据甲与事实乙之间存在逻辑关联性时，就意味着证据甲与事实乙之间存在一种推理关系，证据甲可以单独或与其他证据共同合乎逻辑地推知乙存在或不存在。从概率的角度看，证据甲的存在使乙事实存在的可能性增加或减少了。

实质性通常指证据与需要证明的法律争议之间的关系，如果某一证据证明的事实对解决特定的法律争议没有帮助，我们就说这是一个“非实质性”的问题。比如，一名水手起诉船主，称自己在为其服务期间受了伤，船主举出的证明水手受伤是由于自己的疏忽引起的证据就不具有实质性。因为根据法律的规定，无论被雇佣人员是否是由于自己的疏忽而导致了损害的发生，雇主都应当承担赔偿责任。如果证据提供方提出的证据不能证明他所欲证明的事实，则对方当事人将以不具有关联性为由要求法官排除这一证据，但是如果当事人提出的证据所证明的事实不在争议范围内，对方当事人欲排除该证据就只能提出“不具有实质性”的抗辩。

《美国联邦证据规则》对关联性的定义中就包含了实质性的要求：证据具有某种倾向，使决定某项在诉讼中待确认的争议事实的存在比没有该项证据时更有可能或更无可能。因此，实质性不再是一个单独的问题，而成为关联性的一个组成部分。美国学者乔恩·R·华尔兹亦认为：“关联性是实质性和证明性的结合。从证明的意义上说，关联性必须涉及证据肯定或否定某实质性问题的能力。如果所提出的证据会使某个主张（实质性的问题）的存在成为可能或不可能，它就有证明力，并因此具有关联性。”② 根据这一理解，在对证据是否具有逻辑上的关联性作出判断时，应当首先确定案件中所包含的一切实质性问题；其次，当事人还应当确定，自己所提出的证据与实质性问题之一有逻辑上的联系。

判断某项证据是否具有实质性，其关键就在于考察证据欲证明的是不是案件争议的事实。在任何案件中，争议中的事实就是原告为获得胜诉而必须予以证明的事实以及被告为成功抗辩而必须证明的事实。某一案件中的争议的事实，不是由证据法所决定的，而是由实体法和当事

---

① 转引自 Rupert Cross，*Cross on Evidence*，Butterworths，1979，p. 18。

② ［美］乔恩·R·华尔兹：《刑事证据大全》，2 版，何家弘等译，18～19 页，北京，中国人民公安大学出版社，2004。

人的主张所决定的。比如，在寻求违约损害赔偿的诉讼中，被告只是简单地完全否认原告据以提出请求的事实，那么，原告据以提出请求的关于合同成立、被告的违约行为、原告遭到的相应损失的事实，就是争议事实。而对于被告来说，被告可能提出这样的抗辩：合同不存在或者虽然合同已经缔结，但自己没有违约、没有给原告造成损失。这样，关于合同不存在或者虽然合同已经缔结，但被告没有违约、没有给原告造成损失的事实，也属于争议事实。如果被告承认自己违约，那么唯一的争议事实就是：损失是否存在以及损失的大小数额。一般而言，在民事诉讼中，通常可以借由当事人的诉答状来辨别争议中的事实。

（二）证明性

所谓证明性，就是具有证明价值，指的是所提出的证据支持其欲证明的事实主张成立的倾向性，是依据逻辑或者经验而使欲证明的事实主张更有可能或更无可能。

证明性所要求的仅是证据对待证事实存在某种最低限度的联系，即它有某种证明待证事实存在与否的“倾向”或“可能”。只要存在这种“倾向”或“可能”，就足以构成具有关联性的理由，法律并不要求这一证据“足以”证明待证事实。这样证明性与证据的“充分性”问题被区分开来，充分性所要解决的是某一证据是否达到了法定的证明标准并且能够合乎规律地推导出待证事实，而证明性仅是对证据与待证事实逻辑上联系的要求。但是，充分性是以证明性为基础和前提的，只有在确定一个证据与待证事实具有某种逻辑联系后，才产生该证据能否充分地证明待证事实的问题。

证明性与证据的可靠性也是有严格区分的，证据的证明性与证据的可靠性是两个不同的问题，在英美法系国家前者属于证据能力的问题，有无关联性由法官来决定，后者属于证明力的问题，证明力的有无及大小由陪审团决定。

（三）关联性与证据的可采性

按照英美法系国家证据立法的一般原则，有关联性的证据可以采纳，无关联性的证据不能采纳。但是关联性必须区别于可采性，关联性不等于可采性，某一个具有关联性的证据有可能由于排除规则的存在或者法官行使对证据的裁量权而最终没有被采纳。

关联性是从逻辑的角度考量证据，可采性关注的范围则更大，除了与案件事实之间必须存在一定程度的逻辑联系以外，证据证明案件事实的方式是直接还是间接，是否属于传闻，证据出示的形式是原件还是复制品，证据的内容是证人的直接观察还是主观推测，都会影响证据的可采性。

所以，可采性本身往往与排除规则密切相关，某些具有关联性的证据，可能由于排除规则的存在而不能采纳。比如，对于传闻证据、品格证据或采用非法手段取得的证据，此类证据虽然在逻辑上具有关联性，但是根据法律的规定却是不能采纳的。

二、关联性的法律限制

（一）品格证据通常不得采纳

品格证据是指用以证明一个人品德、品行好坏的证据。品格证据规则或称排除品格证据规则，是指诉讼中当事人提出的关于被告人、被害人、证人品格的证据不可采的证据规则。在英美法系的当事人诉讼中，当事人为反驳对方，常常对被告人、被害人及证人的品格进行攻击，以使陪审团产生该人不可信的印象，从而作出有利于己的判断。

品格证据规则的基本法理是，某人曾经好与不好的品格与案件中该人的品格不具有相关性，因而不具有可采性，即一般规则是“一个人的品格或者一种特定品格（如暴力倾向）的证据在证明这个人于特定环境下实施了与此品格相一致的行为上不具有相关性”。由于品格证据具有不可靠性，同时易导致裁决者的偏见、歧视，因而各国对品格证据的采用持谨慎态度，特别是在刑事诉讼中，一般认为，品格证据不具有关联性，因而不能采纳。

在英美法系国家的民事诉讼中，是否采纳品格证据取决于该证据是否与案件事实具有关联性。一般而言，当事人所具有的好的品格在多数情况下不具有关联性。比如，妻子在离婚诉讼中提出丈夫对其有虐待行为，丈夫提出的自己一贯性情温和的证据不具有可采性。但是，与在刑事诉讼中的情况相似，如果当事人的品格成为案件中的争点，则有关该当事人品格的证据可以采纳。比如，甲控告乙利用合同进行诈骗，则乙在与甲签订合同前曾经以单位的名义私刻了合同专用章可以作为证据被采纳。再如，在一起诽谤案中，被告为了减少自己的赔偿数额，提出证据证明原告的名声本来就不好，这一证据由于涉及案件的待证事实，所以也是具有可采性的。但是，如果品格证据与本案事实无关，一方当事人仅为了证明对方当事人的名声或信誉存在瑕疵，则可以引用关联性规则排除该证据。比如游手好闲并不能成为当事人对被告实施殴打行为的证据，因为这一证据是无关的证据。

有关证人的品格证据也允许被采纳，以检验证言的可信性。证人的品格可以通过询问的方式加以证实，允许当事人提出评价证人品格和名声的证据。在此情况下，品格证据在民事诉讼中的可采性规定与在刑事诉讼中没有差别。

（二）其他不能采纳的证据

“关联性”作为采纳证据的一个基本原则，它为采纳证据提出了一个最低限度的标准，只有具有关联性的证据才能采纳，但是有时是否存在关联性并不容易判断，它往往涉及法律、逻辑之外的知识，比如道德、伦理、医学等，比如有人研究犯罪与遗传基因有关，那么某人的父母曾有犯罪记录是否能成为该人有犯罪可能的证据呢？关联性原则无法解决这样的问题，面对这样的困境，立法者绕过关联性的问题直接规定某种证据是可采的或不可采的，除了上述品格证据外，类似的规定还包括以下几类：

1. 事后的补救措施。鼓励当事人在损害发生以后积极采取补救措施以避免损害结果扩大，已经成为各国普遍认可的一项司法政策。但是，如果允许对方当事人以此为证，证明采取补救措施的当事人实施了侵害行为，则势必使这一司法政策无法得到贯彻。因此，《美国联邦证据规则》规则 407 条规定，凡是因某事件而引发所称的伤害或损害，行为人若采取了那些如果事先采取很可能会避免该事件发生的措施时，则关于这些事后措施的证据，对证明过失、犯罪行为、产品缺陷、产品设计缺陷，或者关于警示命令的需要而言，无可采性。我国民事诉讼立法对于事后补救措施的证据是否具有关联性没有作出明确规定，但是我们认为，为了使当事人在损害发生后及时采取补救措施，以减少损失，防止损害的进一步扩大，不应当允许法官采纳这种证据。

2. 和解、调解或提议。鼓励当事人通过判决以外的方式解决纠纷，对于提高纠纷解决的效率、取得更好的纠纷解决效果具有重要的意义。比如，《关于建立健全诉讼与非诉讼相衔接的矛盾纠纷解决机制的若干意见》（法发［2009］45 号）第 19 条规定：从事调解的机关、组织、调解员，以及负责调解事务管理的法院工作人员，不得披露调解过程的有关情况，不得在就相关案件进行的诉讼中作证，当事人不得在审判程序中将调解过程中制作的笔录、当事人为达成调解协议而作出的让步或者承诺、调解员或者当事人发表的任何意见或者建议等作为证据提出。但下列情形除外：双方当事人均同意的；法律有明确规定的；为保护国家利益、社会公共利益、案外人合法权益，人民法院认为确有必要的。

《美国联邦证据规则》规则 408 规定，为证明对请求权应承担的责任或请求权无效或请求的金额，而提出与下列事项有关的证据无可采性：在对一项主张的有效性或金额存有争议时，为达成和解或企图和解，而（1）提供或提议或允诺提供；（2）接受或提议或允诺接受一项有价值的对价。当该诉讼主张的效力或数额引起争议时，不能作为证明对该诉讼主张无效或其数额负有责任的证据采纳。有关和解谈判中所作行为或陈述的证据同样也不能采纳。这一规定体现了法律鼓励当事人以和解的方式解决纠纷，提高和解的安全性。我国民事诉讼程序同样鼓励当事人以调解的方式结案，因此《证据规定》第 67 条规定，在诉讼中，当事人为达成调解协议或者和解的目的作出妥协所涉及的对案件事实的认可，不得在其后的诉讼中作为对其不利的证据。

3. 医疗费用或类似费用的支付。一些国家的法律规定，关于支付或提议支付或允诺支付因伤害所致医疗费、住院费或类似费用的证据，对证明伤害赔偿责任而言，无可采性。此类规定是为了鼓励救死扶伤的人道主义精神，使实施援救者不会因自己的救助行为而变为日后对自己不利的证据。

4. 责任保险。为了保障、促进保险事业的健康发展，一些国家的法律明确规定，某人曾经投保责任保险的事实，不得作为此人有疏忽或以其他不法方式行事的证据。我国法律中没有类似的规定，是否采纳此类证据由法官自由裁断。

总之，虽然关联性的判断主要是一个逻辑而非法律问题，但是，法律规范在指导法官进行判断的过程中也应当发挥积极的作用。通过法律的规定，可以回避在某种特定情况下是否存在关联性的判断，基于公平原则，从有助于案件审理、有助于纠纷解决的角度，把一些本应依逻辑和经验判断的事实问题转化成了一个法律问题，从而提高了法律适用的统一性和证据可采性规则的可操作性。

第三节　合法性规则

对裁判证据的合法性要求，即合法性规则。多数人认为，合法性指证据的形式、收集证据的主体及收集证据的程序合法。[①] 也有人认为，除了上述内容外，证据的合法性还包括证据必

① 参见何家弘主编：《新编证据法学》，109 页，北京，法律出版社，2000。

须符合实体法律、法规所要求的特殊形式，比如公证形式、登记形式、书面形式。[①]

上述看法在司法解释中可以找到支持。比如，《证据规定》第 65 条中规定，审判人员审核认定“证据的形式、来源是否符合法律规定”。再如，《最高人民法院关于行政诉讼证据若干问题的规定》第 55 条规定：“法庭应当根据案件的具体情况，从以下方面审查证据的合法性：（一）证据是否符合法定形式；（二）证据的取得是否符合法律、法规、司法解释和规章的要求；（三）是否有影响证据效力的其他违法情形。”

笔者认为，证据的“合法性”是一个过于宽泛的问题，因此学者将它的内容进行拆解，使其变成一个由若干要件共同构成的证据合法性规范（比如将合法性分解为证据的形式、取证的主体及取证的程序等方面符合法律的规定），这一总体的思路是正确的。问题仅在于在民事诉讼领域应如何选择“合法性”的构成要件以及如何解释每一个构成要件的内涵。我们将从证据形式合法、收集证据的主体合法以及收集证据的程序合法三个合法性的构成要件入手，探讨各个证据合法性的构成的含义。

“非法证据排除规则”则是从否定的角度，排除非法证据的“可采性”。非法证据包含着违法因素，不仅是指违反程序法和实体法的证据，而且也包括违背公序良俗的证据，特别是违反宪法规范的证据。我国现行《民事诉讼法》并未直接规定证据合法性规则或非法证据排除规则。《民诉法解释》第 106 条规定，对以严重侵害他人合法权益、违反法律禁止性规定或者严重违背公序良俗的方法形成或者获取的证据，不得作为认定案件事实的根据。此条就证据的取得（收集），规定了非法证据的可采性问题，实际上规定的是狭义的或者通常意义的非法证据排除规则。

一、证据的形式与证据的合法性

依据我国《民事诉讼法》的规定，证据可以分为 8 种表现形式，即当事人陈述、书证、物证、视听资料、电子数据、证人证言、鉴定意见和勘验笔录。在证据形式与证据的合法性的关系的问题上，原则上坚持证据必须具有法定形式才具有合法性。

随着科学技术的进步，必然会有更多的新类型的证据出现在诉讼中。上述 8 种证据表现形式难以概括并预见所有的证据形式。从司法实践的情况来看，对于某些新种类的证据，比如，经常在诉讼中出现的电子证据，法院也并没有因为它不属于法定的 8 种证据形式就拒绝采用。

事实上，像我国《民事诉讼法》这样对证据的形式作出如此细致的划分在其他国家也是很少见的。在英国证据法理论中，证据被笼统地分为口头证据、文书证据和实物证据三类。口头证据也称证言，一般指证人或当事人在诉讼过程中就其感知的事实对法院所作的陈述。文书证据是向法院提交的，供法院审阅的以文字、符号等信息传递思想内容的事物。随着科学技术的发展，一些新的证据形式，如录音带、影片等也被纳入到文书证据的范围内。实物证据在英美法系国家包括物体、身体特征、证人举止、勘验、自动化记录等。

大陆法系国家侧重于通过诉讼程序的运作来实现对证据的筛选，因此对证据的分类就必然

① 参见汤维建：《关于证据属性的若干思考和讨论》，载何家弘主编：《证据法学论坛》，第 1 卷，北京，检察出版社，2000。

要适应这种调整方式。在法国民事诉讼中，证据被分为书证、证言、推定、自认以及宣誓五种。法律没有规定物证这种证据形式，这是因为物本身并不能成为定案的依据，物所体现的案件事实只有通过人的“解释”，比如，鉴定、勘验、诊断、确认等方式才能实现。法律具体规定了解释物的具体方式和程序，却没有把物作为一种单独的证据形式。对物的“解释”的结果视具体情况被归纳到其他证据形式的外延内。

我们也可以借鉴其他国家对证据的分类方法，适当改变对证据形式的划分方式，减少类别，扩大各类证据的外延。比如可以将证据从形式上分为人证和物证两大类。人证包括证人、当事人、鉴定人、勘验人。物证包括在诉讼中能够起到证明作用的一切有形物或信息。这样做的好处在于使证据的分类具有一定的前瞻性，可以囊括更多的社会生活事实，使今后可能出现的新的证据种类能够归入到现有的证据类型中。

在证据形式的合法性方面，比如根据我国《担保法》第 13 条的规定，保证人与债权人应当以书面形式订立保证合同，口头保证合同无效也不能作为证据；再如根据《电子签名法》第 4 条的规定，能够有形地表现所载内容，并可以随时调取查用的数据电文，视为符合法律、法规要求的书面形式。事实上，许多法律规定，具备某种形式或者履行某种手续是某种法律行为的生效要件。比如，我国《合同法》第 10 条第 2 款规定，法律、行政法规规定采用书面形式的，应当采用书面形式；当事人约定采用书面形式的，应当采用书面形式。有些法律规定，对于某些特定行为采取强制公证方为有效。①

二、收集证据的主体与证据的合法性

收集证据的主体与证据的合法性之间的关系，在民事诉讼与刑事诉讼中有不同的体现。在刑事诉讼中，控诉方承担证明被告人有罪的责任，这就决定了大多数的证据收集工作是由控诉机关完成的，并且刑事案件的证据收集还涉及某些与公民人身权、财产权密切相关的强制手段的使用，因此，法律规定只有特定的国家机关才有权使用这些强制措施来收集证据，其他诉讼主体无权使用这些强制措施。也就是说，在刑事诉讼中，收集证据的主体不合法是可能导致证据丧失“合法性”的。

在民事诉讼中，在民事私益案件或采行辩论主义诉讼中，根据“谁主张谁举证”，当事人对自己的事实主张承担证明责任，这就决定了在民事诉讼中，当事人及其代理人是收集证据的主要主体。同时，符合下列条件之一的，当事人及其诉讼代理人可以申请人民法院调查收集证据：（1）证据由国家有关部门保存，当事人及其诉讼代理人无权查阅调取的；（2）涉及国家秘密、商业秘密或者个人隐私的；（3）当事人及其诉讼代理人因客观原因不能自行收集的其他证据（《民诉法解释》第 94 条）。但是，符合下列条件之一的，人民法院不经申请而主动依职权调查收集证据（属于职权探知主义）：（1）涉及可能损害国家利益、社会公共利益的；（2）涉及身份关系的；（3）涉及《民事诉讼法》第 55 条规定诉讼的；（4）当事人有恶意串通损害他人合法权益可能的；（5）涉及依职权追加当事人、中止诉讼、终结诉讼、回避等程序性事项的

① 我国《公证法》第 38 条规定：法律、行政法规规定未经公证的事项不具有法律效力的，依照其规定。

(《民诉法解释》第 96 条)。

在收集证据的主体与证据合法性的关系上，提供或收集证据的主体是否合法应当成为判断某一证据是否具备合法性的一个因素。这也是在证据法领域明确区分当事人与法院在诉讼中的不同作用的必然要求。但是在贯彻法院的越权取证行为将会影响证据合法性的原则时，应充分考虑证据的失效可能对诉讼的公正及效率造成的负面影响，根据不同的情况区别对待，灵活处理。

三、收集证据的程序与证据的合法性

收集证据的程序对证据的合法性的影响体现在非法证据排除规则上，也就是说，法律并不明确规定合法的证据应当具备的条件，而是通过非法证据的排除来达到保证取证行为合法性的目的。

一般而言，在刑事诉讼中非法证据特指司法人员违反法定程序或方式而收集到的证据。由于这类违法收集证据的行为易给当事人的人身、财产权利造成损害，因而各国刑事诉讼立法对司法机关违法取证的行为均持否定态度。但是，对于通过违法程序收集到的证据，立法发展的趋势却日趋理智，其中最明显的表现就是将非法证据分为三类，分别适用不同的规则：(1) 对非法取得的口供或非任意性自白，由于严重侵犯了公民受宪法保护的基本人权，因此两大法系诸国对此类证据均持否定态度，不允许采纳为定案根据。(2) 对于非法取得的物证，采取灵活的政策，或原则上承认其效力（法国），或由法官自由裁量之（英国、德国）。(3) 对以非法取得的证据为线索获得的其他证据的可采性问题，逐步趋于放松对这类证据使用的限制，即使是曾实行"毒树之果"排除规则的美国，近年来也不断通过判例法修订原来的规则，并增加了许多例外规定。

在民事诉讼领域，各国对当事人用违法方式取得的证据采取了更为宽容的态度。英国对待非法取得的证据最初的原则是：该证据的可采性取决于它与案件是否存在关联性，1897 年在 Rattray v. Rattray 案中，法院就采纳了原告从邮局盗窃来的信件作为证明被告有通奸行为的证据，事后原告被追究了刑事责任，但这并没有影响证据的可采性，审理该案的上诉法院认为："近年来，法律的政策是采纳几乎所有的有助于查清案件事实并实现司法公正的证据。"① 这一判决对英国在民事诉讼中对待非法证据的态度产生了重要的影响，它成为法院处理相同问题时经常引用的一个判例。但是，不断有人对这一判例所确认的原则提出异议，最终在 1963 年的 Duke of Argyll v. Duchess of Argyll 案中，法院对非法取得的证据的态度才略有转变，审理该案的法官认为："这里没有绝对的规则，应当根据每个案件的特定情况决定是否采纳某一用非法手段取得的证据，这些应当考虑的具体情况包括：相关证据的性质、使用该证据的目的、取得该证据的方式、采纳该证据是否会对被取证方造成不公正以及该证据的采纳是否会对法院查明事实作出公正的判决有所帮助。"② 这样，在英国的民事诉讼中，在决定非法取得的证据的可采性时，实际上采取了利益衡量的方式，由法官根据实际情况作出裁

---

①② Fiona E. Raitt, *Evidence*, Sweet&Maxwell, 2001, p. 335.

决。美国对待普通公民通过违法手段取得的证据也并不绝对地禁止，除非该证据的取得方式使证据的可靠性受到影响，法院不予采纳的仅是警察或其他司法机关违反宪法第四修正案所取得的证据，而公民个人的非法取证行为显然不属于该修正案规范的范围，因此是可以采纳的。①

大陆法系的主要国家中，只有意大利的民事诉讼法规定，一方当事人以非法手段从对方当事人处取得的并且属于对方当事人所有的书证是不可采的。但是，用违法的手段（比如秘密录音方式）取得的供述证据却是可采的。② 在大陆法系的另一些国家，比如德国，在确立非法证据排除规则时采取了相当性原则。德国最高法院虽然在审理民事和刑事诉讼中曾有过排除秘密获取的录音带的案例，但是为了避免非法证据排除规则被过度使用成为实现司法公正的障碍，德国法院采取了相应的限制措施。如果采纳违宪获取的证据是保护他人权益唯一而合理的方式，以及按照法院的裁量，是保护更为紧要的基本价值的唯一合理的方式，德国法院有权采纳违宪取得的证据。③

最高人民法院于1995年作出的法复［1995］2号《关于未经对方当事人同意私自录音取得的资料能否作为证据使用问题的批复》规定：未经对方当事人同意私自录制的录音资料，不具有合法性，不能作为证据使用。此规定客观上加剧了在实践中当事人调查取证难的问题。对此，多数学者认为，在民事诉讼中双方当事人是地位平等的民事主体，不存在刑事诉讼中控辩双方力量对比悬殊的情况，因此，法律应当将规范的重心置于保障、促进双方当事人积极地行使调查取证权上，而不是保护处于劣势一方当事人的权利免受对方侵犯。

《证据规定》及《民诉法解释》对于当事人调查取证程序的合法性的要求出现了松动的趋势。在我国，以严重侵害他人合法权益或者违反法律禁止性规定或者严重违背公序良俗原则的方法形成或者获取的证据，不能作为认定案件事实的依据。根据这一规定，当事人收集的证据材料能否作为法院认定案件事实的证据，要看该证据材料的取得方法是否符合法律的规定。法律规定证据取得方法必须合法，是为了保障他人的合法权利不至于因为证据的违法取得而受到侵害。例如，利用视听资料来证明案件事实时，就要求视听资料的取得不得侵犯他人的合法权利，如他人的隐私权等。常见的容易侵犯他人隐私权的证据取得方式是所谓偷录、偷拍。再如，法院调查收集证据，应当两人以上共同进行，不得由一名审判员或书记员独立调查，属于应当回避的审判人员也不能进行证据调查。

在民事诉讼中，原则上排除非法证据的使用。不过，根据“利益衡量原理”，在民事诉讼中，在不与保护人格权、隐私权和商业秘密权等基本权利显著冲突的前提下，从发现真实和保护弱者的立场出发，允许使用包含违法因素的实物证据。但是，使用这种证据给一方当事人或他人所造成的损害，受害人有权获得赔偿。④

---

① 参见周叔厚：《证据法论》，883～885页，台北，三民书局，1995。

② See Mauro Cappelletti & Joseph M. Perillo, *Civil Procedure in Italy*, Martinus Nijhoff, 1965, pp. 198-199, 220-221.

③ 参见［意］莫卡·卡佩莱蒂：《当事人基本程序保障权与未来的民事诉讼》，徐昕译，56～59页，北京，法律出版社，2000。

④ 参见邵明：《正当程序中实现真实》，239～240页，北京，法律出版社，2009。

第四节　证言豁免规则

一、英美法系国家的证言豁免规则

证人豁免权又称为“秘密特权”、“保密特权”，是证据规则中的重要内容，是指基于某些特殊的信赖关系，相关人等有权拒绝作证或阻止他人作证。所谓特殊的信赖关系指依某种职业或人身关系形成的以当事人间的相互信任为基础的社会关系，如委托人与律师间的关系，律师为当事人提供法律服务即以委托人对律师的信任并告知其事实真相为前提。特殊的信赖关系是拒绝作证或阻止作证的基础，此特权受法律保护，成为证据法上的所谓证言豁免规则。

按照美国证据法的一般规定，任何人只要神智健全并对待证事项具有亲身体验，都可以作证。但是根据豁免权规则，法律为了维护某些特殊社会关系的存在和发展，排除了一些原本具备相关性与可采性的证据，限制了当事人举证的途径。英美法系国家由于立法和司法实践的不同，被证据法明确承认的豁免权的范围和内容也不尽相同。总体而言，下列特权是被普遍认可的：

1. 律师的证言豁免权

律师的证言豁免权是一项最古老的特权原则，它于16世纪首次出现在判例法中。该特权原则指法律赋予律师和委托人就案件所涉及的法律事项秘密地交换意见，进行协商而免除作证义务的权利。律师与委托人之间豁免权的成立应具备以下要件：

(1) 必须是委托人为了取得法律意见向律师咨询而告知以实情，如果委托人只是把律师作为朋友向其倾诉并无求得法律帮助的意图，则不属于保密范围。受律师与委托人豁免权保护的人除了委托人还包括其代理人、监护人、继承人、在律师与委托人之间传递信息的人以及律师助手等。

(2) 委托人向律师所作的咨询必须是以秘密方式进行的。如果当事人在无关的第三人在场时与律师交谈，即使第三人是一个孩子，只要他能理解谈话的内容，则该谈话内容不在特权保护的范围内。如果谈话内容被他人偷听，美国现代的判例认为，只要当事人能够证明自己采取了必要的保密措施，即可免除向法庭提供谈话内容的义务。这也是判例法为应付日益发达的现代窃听技术所采取的措施。英国在1898年Calcraft案中判决非法的或以不正当的方式取得的证据如与案件有关联性，可以采纳；但对文书有权主张特权的人得申请法院对占有该文书的人作出禁止使用该文书或副本的禁令。

2. 夫妻间的证言豁免权

夫妻间的证言豁免权在美国、加拿大、新西兰的证据法中及英国与澳大利亚的刑事诉讼中均有体现，它源于中世纪教会法的两条原则：(1) 任何当事人不能成为自己的证人。(2) 因为妻子没有独立的法律人格，夫妻双方实际上是一个人，所以他们也不能相互作证。[①] 这两项原

---

① See Allen Kuths, *An Analytical Approach to Evidence*, Little, Brown and Company, Boston, 1989, p. 801.

则在 16 世纪被判例法发展成为夫妻间豁免权规则，其中剥夺妇女作证的权利的内容被摒弃。现代的夫妻间豁免权是指夫妻双方有权拒绝公开夫妻生活中的秘密交谈或作不利于配偶证言的权利。设立夫妻豁免权的目的在于维护夫妻生活的稳定与和谐，促进夫妻间的自由交流、沟通。

该项特权的存在以实际上采取了保密措施并达到了保密的效果为前提，这一点与律师与委托人之间的豁免权并无不同。夫妻间豁免权只保护夫妻交谈的自由而非所有家庭成员交谈的自由，夫妻谈话的过程中如果有其他人在场，即使是其他家庭的成员，该部分谈话内容也将不受特权的保护。

有效的婚姻关系的存在是夫妻间豁免权的又一前提。如果婚姻关系无效或男女双方只是同居并未缔结婚姻，则他们之间的交谈不属于特权保护的范围。但是，如果婚姻关系因配偶死亡而终止，豁免权却不因此而终止。因为设立该项特权的目的就在于保护夫妻的自由倾诉的权利，而倾诉的自由要以“永远的保密”为前提。

3. 医生的证言豁免权

医生的证言豁免权指病人有权拒绝透露或阻止他人透露他为治疗心理或生理疾病而与医生进行的谈话内容。《美国联邦证据规则》第一次将该特权（只包括心理医生与病人之间的豁免权）写入成文法，立刻引起非议。有人认为，在某些案件中，医生对病人身体或精神状态作出的诊断对案件的处理结果至关重要，授权当事人隐藏这样的证据显然是不公平的，同时如果法庭必须听取当事人提供的对其有利的医生的证言，他就有权听到那些不利于当事人的声音。支持者却认为，这样一项特权的存在有利于维护医患间的信任关系，因为谁都不想让自己的病成为他人议论的话题，而医生有责任为他的病人保守秘密。最终咨询委员会的草案未获通过，但医生与病人之间的豁免权却为联邦与州法院判例承认。最早以成文法形式承认该项特权的是纽约州，1928 年该州通过立法修改了长期以来形成的不承认医生与病人间享有豁免权的习惯做法，此后约有 3/4 的州效仿了纽约州的做法通过了相似的立法。

当然，人们没有忘记对该特权持否定态度者的警告，医生与病人间的特权被限制在一个较小的范围内，比如在美国多数州明确把该特权限制在心理医生与病人之间，而另一些州则认为在刑事诉讼中，如果被告以精神不健全为由进行抗辩则他必须放弃自己与心理医生之间的豁免权。同时按照联邦证据法草案的规定，如果心理神智检查是依法官命令进行的，该检查结果也将不适用豁免权。总之，医生与病人之间的特权受到了种种的限制，其目的只有一个：使法官在对案件作出判决时能够有充分的证据作为基础，而这些证据对于维护公共利益及防止欺诈来说是必要的。

4. 神职人员的证言豁免权

在西方社会，宗教在社会生活中起着很重要的作用。居民中教徒占很大的比例，因而向神职人员忏悔几乎成为众多教徒日常生活中不可缺少的内容。因此美国联邦法院和约 2/3 的州法院以及英国、新西兰等国证据法都承认神职人员豁免权规则。联邦证据规则草案中规定，人们有权拒绝透露或阻止他人透露他在宗教活动中对神职人员所作的忏悔。这里神职人员不仅包括牧师、教士，还包括一些有类似功能的宗教组织。值得注意的是，只有忏悔人或其监护人、代理人、继承人才是该特权的权利人，而神职人员只能以忏悔人的名义要求为忏悔人保密。

与其他类别的特权（特别是医生与病人之间的豁免权）不同，神职人员豁免权只有很少的例外规定，这使得该特权在大多数情况下都能得到适用。美国一些学者对此的解释是：因为获得医生的帮助对一个人的健康而言如此重要，以至于很少有人会因为没有医患之间的豁免权就拒绝健康。苏格兰法中就没有该项特权，但并没有证据表明苏格兰人患病的可能性要大于美国人。而神职人员的豁免权就不同了，为了维护宗教信仰的自由，国家有必要牺牲部分诉讼中的真实。

5. 国家机关工作人员的证言豁免权

该特权旨在保护那些由于职务上的原因知悉或掌握国家秘密的人避免在诉讼过程中就其知悉的内容向法庭作证。如果不承认这项特权显然会给国家的利益造成损失，出于维护公共利益的目的，即使牺牲某一部分案件的公正也是值得的。享有该特权的人包括国家元首、政府首脑、议员以及其他行政长官等。

二、大陆法系国家的证言豁免规则

《法国民事诉讼法》第 205 条规定，在任何情况下，对夫妻为支持自己的离婚请求或分居请求援引的伤害均不得听取直系卑血亲的证言。该法第 206 条规定，一方当事人的直系血亲或姻亲或者其配偶，即使已经离婚，得拒绝到庭作证。

《德国民事诉讼法》对特权原则有更加详细的规定。证人出庭作证是一项普遍的公法性义务，法院在证人无正当理由拒不出庭作证时，可以命令证人负担因拒绝而产生的诉讼费用，同时可以对证人处以违警罚款或拘留（《德国民事诉讼法》第 390 条）。但是，知情者的作证义务并不是绝对的，在证人享有法定的免于作证的特权时，可以作为例外情况不履行作证义务。在德国民事诉讼中，可以免于作证的情况分为以下几种：

1. 因公务原因拒绝作证

法官、公职人员、议员、党派成员和政府人员就涉及职务上保守秘密的事项，只有在得到主管机关的批准后才有作证的义务。严格地说，上述人员并不享有拒绝作证的特权，因为是否作证不取决于其本人的意愿，而取决于主管机构的批准。德国联邦总统享有真正意义上的拒绝作证的特权，是否拒绝作证由其本人决定。《德国民事诉讼法》第 376 条第 4 款规定，德国总统，如果因他作证对联邦或某一州有所不利时，可以拒绝作证。并且，《德国民事诉讼法》第 376 条第 5 款规定，上述从事公务的人员即使不再从事公务，或不再担任某一职务，其拒绝作证的特权也不会因此而消除。

2. 与当事人有一定范围亲属关系的人的拒绝作证特权

未婚配偶、配偶，以及其他近亲属（包括现在或者过去是当事人一方的直系血亲或直系姻亲，或三亲等以内的旁系血亲，或二亲等以内的旁系血亲）之间是没有作证义务的，并且法院在对这一类人进行讯问前，应当告知其有拒绝作证的特权。如果法院没有履行告知的义务，则当事人应当行使其对程序的责问权，要求法院履行告知义务，当事人放弃这一权利的，就不能再在以后的程序中对有关告知的义务没有得到履行的情况再行责问。

但是，上述人员的拒绝作证特权不是绝对的，《德国民事诉讼法》第 385 条规定，在以下几种情况下证人不得拒绝作证：（1）关于他自己曾经作为证人而参与过的法律行为的成立与法律行为的内容；（2）关于家庭成员的出生、婚姻或死亡情况；（3）关于因家庭关系而发生的财产情况；(4) 他自己曾经作为一方当事人的前手或代理人而就争执的法律关系所为的行为。

3. 负有职务上保密义务的人的拒绝作证的特权

因特殊的职业关系而获知当事人隐私或秘密的人，如牧师、医生、律师、记者，可以拒绝向法庭提供当事人向其吐露的秘密，而且对于特殊职业豁免权规则，法庭无须当事人主张应主动适用之，即使特权的享有人同意向法庭作证，法院也不能对此类人进行询问。但是，如果当事人解除了特权享有人的保密义务，则负有职务上保密义务的人必须作证。

4. 因案情里的原因拒绝作证的特权

因作证可能会给证人或其特定的亲人导致刑事责任的追究，或遭受直接的经济损失、名誉损失，或造成技术秘密的泄露时，证人可以拒绝作证。

除了因职务的原因知悉当事人的秘密的人以外，拒绝作证的特权在多数情况下需要由权利的享有者提出申请，法院才会适用之。享有拒绝作证特权的人必须在询问他的日期之前，最迟在询问当日，以书面方式或书记科制作笔录的方式说明其拒绝作证的理由。证人拒绝作证的理由是否成立，由法院在讯问当事人后作出中间判断。如果当事人对法院的此项判断不服，可以提起即时抗告。特权的享有人如果没有在规定的期间内提出免于作证的申请或放弃免于作证的权利，他（她）就必须和其他证人一样，依据自己的良心真实地作证。

三、证言豁免规则与我国民事诉讼制度

我国的证言豁免权起源于古代的容隐制度，当时的容隐制度从性质上来说是一种义务，而非权利，所以还不能算是真正意义上的豁免权。直到民国时期，在中华民国刑事诉讼法、民事诉讼法中首次确立和完善了证人豁免权制度。但新中国成立之后，我国大陆的刑事诉讼法、民事诉讼法中却始终没有对证人豁免权制度作出明确的规定。相对而言，在我国的台湾地区，以及有高度自治权的香港、澳门特区的法律中都明确规定了证人的豁免权制度。

在我国民事诉讼中没有豁免权的明确规定。我国《民事诉讼法》第 72 条第 1 款规定："凡是知道案件情况的单位和个人，都有义务出庭作证。有关单位的负责人应当支持证人作证。"值得注意的是，相比刑事诉讼来说，民事诉讼中的公民不仅要履行作证的义务，同时还要履行出庭的义务。如果证人无正当理由而不出庭，当事人就无法对证人证言进行质询，也就不能保证证人证言的真实程度，从而证人证言也就不能作为认定事实的有效证据。因此，《民事诉讼法》第 73 条规定：经人民法院通知，证人应当出庭作证。有下列情形之一的，经人民法院许可，可以通过书面证言、视听传输技术或者视听资料等方式作证：(1) 因健康原因不能出庭的；(2) 因路途遥远，交通不便不能出庭的；(3) 因自然灾害等不可抗力不能出庭的；(4) 其他有正当理由不能出庭的。具有不出庭法定事由的证人仍然需要通过提交书面证言或视听资料或通过双向视听传输技术手段来履行作证的义务。除此之外，为了保护国家秘密、商业秩序和个人隐私的需要，我国《民事诉讼法》第 68 条规定："证据应当在法庭上出示，并由当事人互相质证。对涉及国家秘密、商业秘密和个人隐私的证据应当保密，需要在法庭出示的，不得在公开开庭时出示。"但由于此条也仅仅是对保守秘密的义务性规定，采取的措施是不公开审理的方式，证人并不享有在此情形下免于作证的权利。因此，从以上我国有关的立法规定中我们可以得出，在我国的民事诉讼中并未真正确立证言豁免规则。

但是，上述规定并不能说明我国法律完全忽视了对某些基本的社会关系和法律制度的保护。例如，我国《律师法》(2007 年修订) 第 38 条第 2 款规定：“律师对在执业活动中知悉的委托人和其他人不愿泄露的情况和信息，应当予以保密。但是，委托人或者其他人准备或者正在实施的危害国家安全、公共安全以及其他严重危害他人人身、财产安全的犯罪事实和信息除外。”

再如，我国《执业医师法》第 22 条规定，医师在执业活动中有关心、爱护尊重患者，保护患者隐私的义务。我国《侵权责任法》第 62 条规定：“医疗机构及其医务人员应当对患者的隐私保密。泄露患者隐私或者未经患者同意公开其病历资料，造成患者损害的，应当承担侵权责任。”违背此项义务的，医疗机构及其医务人员应当承担医疗伦理损害责任。

第五节　最佳证据规则

按照美国学者 Morgan 的定义，“所谓最佳证据规则，在现在则为关于文书内容之证据容许性之法则，该法则需要文书原本之提出，如果不能提出原本，直至有可满意之说明以前，则拒绝其他证据”[①]。最佳证据规则存在的基础是，法律认为某种形式的证据——（原始文书）更具有可信性，因此证据法规定，双方当事人对该文书所载的内容发生争议时，应优先提供原始文书，而不是复制品，只有满足法律要求的条件，复制品才与原始文书具有相同的效力。因此，准确地说，最佳证据规则并不是一项证据排除规则，而是一项规定优先采用某种证据的规则，因此也有学者将它称为“优先规则”(Preferential Rules)。

一、书证的范围

书证所涵盖的范围决定了最佳证据规则适用的对象。传统的文书证据仅指以书面形式记载的内容对案件起证明作用的证据，随着科学技术的发展，越来越多的高科技证明手段出现在诉讼领域中。为了适应证据在实践中的发展变化，一些英美法国家在给文书证据定义时，一般采用比传统证据法更为广义的定义方式。《美国联邦证据规则》规则 1001 规定，“文书”和“录音”包括字母、单词、数字或其替代物，通过书写、打字、印刷、影印、照相、磁脉冲、机械或电子录音或其他形式的数据汇编记载下来。这样，文书证据实际上包括了传统意义上的文书、录音、照相（包括普通摄影、射线胶片、录像带和电影胶卷）。除此之外，其他一些刻有文字的物体，如带编号的警徽、刻有碑文的墓碑或刻字的订婚戒指、带有序号的汽车发动机等都可能被列入文书证据之列。

在我国证据法理论中，所谓书证、是指以文字、符号、图形等表达的思想内容对案件事实起证明作用的证据。按照我国民事诉讼法对证据的分类，书证的外延是很窄的，书证仅包括一般意义的书面文件，不包括录音、照相、X 射线胶片、录像带、电影胶卷等。对此，笔者认为，我国立法上证据分类中的视听资料虽然在外观、制作方法及手段上与书证有所区别，但是

① Edmund M. Morgan:《证据法之基本问题》，3 版，李学灯译，385 页，台北，台湾地区“教育部”，1982。

在对它们进行审查判断时，都面临着区分原件与复制件效力的问题，因此，可以将视听资料这一类证据适用与书证同样的证据规则。

二、最佳证据规则及其适用范围

最佳证据规则主要适用于文书证据。此外，另一个最佳证据规则适用的前提条件是，文书证据所载的内容必须涉及案件中有实质争议的问题；否则，即使一项证据按照分类应列入文书证据之列，最佳证据规则也不能自动发生效力，除非法官认为该文书所记载的内容是本案争点。用《美国联邦证据规则》规则 1002 的解释就是“要证明文字、录音或照相的内容”，这一要求反映了最佳证据规则存在的理论依据：只有当文书的内容成为证明对象时，其内容的真实性才需要用提交文书原件的方式来保障。

我国《民事诉讼法》第 70 条第 1 款规定：“书证应当提交原件。物证应当提交原物。提交原件或者原物确有困难的，可以提交复制品、照片、副本、节录本。”但是，我国立法中对最佳证据规则的适用范围没有作出明确的规定，有人认为只要当事人在诉讼过程中使用了书面证据，就必须出示原件，这实际上扩大了最佳证据规则的适用范围。因此有必要规定，只有当文书所记载的内容成为证明对象时，才能适用最佳证据规则。

三、与原件有同等效力的副本、复本的可采性

如果某一文书所记载的内容成为案件的争执点，那么按照最佳证据规则，当事人应当提交原始证据。在英美法系国家，原始证据包括原件和与原件有同等效力的副本或复本，这两者在证据法上都是可采的。那么什么是原件呢？一般而言，原件产生在案件发生的过程中，但是时间并不能成为判断原件的标准，有时必须借助实体法的规定来判断。比如在买卖纠纷中，如果甲与乙通过书信往来达成买卖合同，甲在看到乙的广告后打出了一份要约，并将该要约在复印后寄给了乙。按照合同法中关于要约效力的规定，要约在送达受要约人前不发生法律效力。因此，虽然乙收到的“复印件”后于打印件产生，但由于发生法律效力的是“复印件”，因而该复印件在该案件中是“原件”。文书的副本或复本是指按原文全文抄录或复印的与正本具有同等法律效力的文件。因此，《美国联邦证据规则》规则 1001 第 3 款规定，文字或录音的“原件”即该文字或录音材料本身，或者由制作人或签发人制作，使其具有与原件同样效力的副本、复本。照相的“原件”包括底片或任何由底片冲印的胶片。如果数据储存在电脑或类似设备中，任何从电脑中打印或输出的能准确反映有关数据的可读物，均为“原件”。

在最佳证据规则产生发展的早期阶段，普通法对与原件有同等效力的副本、复本的采纳持十分谨慎的态度，某一副本、复本只有满足以下四个条件才具有可采性：（1）副本、复本是由原件复制而来；（2）副本、复本与原件在时间上是同时产生的；（3）双方当事人有意赋予副本、复本与原件同等的法律效力；（4）双方当事人制作的副本、复本与原件具有相同的形式。[①] 但是，随着科学技术的进步，对证据原件进行复制的准确性得到大幅度提高。虽然复制

① See Ronald L. Carlson, *Materials for the Study of Evidence*, Michie Company, 1983, p. 412.

的手段仍有可能被某些当事人恶意利用以达到歪曲事实的目的，但“魔高一尺，道高一丈”，人们识别虚假副本、复本的手段也越来越高，同时人们也期望通过诉讼中的其他技术性规定来排除有可能为虚假的副本、复本。因此，现代证据法放宽了对副本、复本可采性的限制，特别是在时间上，不要求其与原件同时产生，但一般要求当事人所采用的技术手段能够准确地复制出原件；同时，副本、复本也不必与原件具有同样的形式，可以是原件的放大和缩小制品。当然，副本、复本并非在所有情况下都可以采纳，证据法一般规定，当法院对副本、复本是否忠实于原件产生疑问或以复制品替代原件采纳将导致不公正时，可以决定不采纳该复制品。

我国《证据规定》第20条规定，调查人员调查收集的书证可以是原件，也可以是经核对无误的副本或者复制件。是副本或者复制件的，应当在调查笔录中说明来源和取证情况。由此可见，我国对副本效力的规定与英美法系国家有很大的不同，在我国民事诉讼中，副本属于有待补强的证据，只有与正本核对无误时才能使用。某一副本上即使有双方当事人的签名，只要当事人在诉讼过程中否认副本的效力，且该副本无法与原件核对，就不能使用。同时，由于书证的副本在制作过程中往往使用了复制手段，因此在实践中经常被认为证明力较低。可见，副本在我国民事诉讼中的作用没有得到充分重视。参照英美法系国家的立法经验，笔者认为，副本或复本能否在诉讼中成为定案依据，不应取决于该副本是否能够与原件核对，只要满足了法定条件，书证副本即使无法与原件核对，也应具有与原件同样的法律效力。这些条件应当包括：（1）副本是直接由原件复制而来；（2）双方当事人有意赋予副本与原件同等的法律效力。制作者或发行者的这种意图可以通过明确的意思表示表现出来，比如，在文书副本上签名并说明此副本与原件具有相同的法律效力，也可以通过行为人的默示行为表现出来，比如，一方当事人明知对方出示的是副本，仍在副本上签名等。通过对原件范围的扩张性解释，可以使更多的文书证据具有可采性，扩大书证在民事诉讼中发挥作用的空间。

四、书证复印件的法律效力

书证原件与复印件的分类在我国民事诉讼中具有重要意义，因为按照《证据规定》第69条的规定，无法与原件核对的复印件不能单独作为认定案件事实的依据。按照人们在日常生活中的经验，区分原件与复印件主要依照两项标准：一是产生方式不同，复印件是原件经过机械、化学或其他方式复制产生；二是产生时间不同，复印件后于原件产生。上述的区分标准实际上把复印件限制在了较小的范围内。如果在司法实践中我们也以上述标准区分原始书证与派生书证，就会产生一些问题，比如，某人采取先手写再复印的方法散发、张贴小传单对他人进行侮辱、诽谤，只有手写的传单才能构成原件，其他传单只是复印件。并且，根据《证据规定》，只有受害人找到了“原件”才能证明侵权事实的存在，单独的“复印件”在没有与原件核对无误时，不具有可采性。这对承担证明责任的当事人而言显然是不公平的。

解决上述问题的途径是，在立法上不要使用“原件”与“复印件”的概念，而分别以“原始书证”与“派生书证”替代之，“原件”与“复印件”是从技术角度对书证作的分类，但是，所谓的最佳证据规则实际是原始证据优先于派生证据使用的规则。在证据法学理论中，区分原始证据与派生证据的标准是证据的来源而不是证据制作的技术手段。“复印件”不等于“派生证据”，但是《证据规定》实际上是在同一含义上使用“复印件”与“派生证据”两个术语的，这极有可能导致司法实践的混乱，给当事人的举证造成障碍。

五、最佳证据规则的例外

随着现代科学技术手段的发展，对许多复印件的制作已达到了相当的精确程度，但与此同时，现代科学辨别文书真伪的手段也大幅度提高了。同时，并不是所有在诉讼中使用派生证据的当事人都有伪造、篡改证据的嫌疑。过于严格地贯彻最佳证据规则还有可能给举证方增加举证的难度，提高证据收集的成本。因此，英美法系国家的最佳证据规则出现了松动的迹象，证据立法中针对最佳证据规则的例外呈现出增加的趋势。

比如，《加拿大证据法》第 30 条规定，当事人在法庭程序中满足下列条件，可以不提交原件：（1）提交原件是不可能或不具有合理可行性的；（2）必须在提交复制件时附带提交不可能或不具有可行性的理由的宣誓证言；（3）必须由制作复制件的人出具证明证实复制件的出处和它的真实性。《美国联邦证据规则》规则 1004 允许当事人提交第二手证据的理由包括：（1）原件非由于提供者的过错遗失或灭失；（2）原件不能通过适当的司法程序获得；（3）原件由对方当事人掌握，该当事人拒绝提供；（4）证据所要证明的事项并非本案主要争点。对政府文件的证明，应由政府官员证明其真实性。①

最佳证据规则存在的目的并非在于排除复制品，而仅采纳原始证据，它不过是要求试图证实文书、录音或图像真实性的人，应提交原本或与原本具有同等法律效力的副本。只有满足了法律的特别要求，才能提交派生证据，我国立法在处理原始书证与派生书证的关系时也应当适当放松对于派生书证使用的限制，明确列举不适用最佳证据规则的情况。既要体现提倡在诉讼中使用原始书证、原件优先的规则，又要允许在特定情况下可以使用派生书证代替原始书证，只有这样才能将提高书证的可信性与充分利用派生证据的价值结合起来。

《民诉法解释》第 111 条规定在以下情况下可以以书证的复印件代替原件：（1）书证原件遗失、灭失或者毁损的；（2）原件在对方当事人控制之下，经合法通知提交而拒不提交的；（3）原件在他人控制之下，而其有权不提交的；（4）原件因篇幅或者体积过大而不便提交的；（5）承担举证证明责任的当事人通过申请人民法院调查收集或者其他方式无法获得书证原件的。前款规定情形，人民法院应当结合其他证据和案件具体情况，审查判断书证复制品等能否作为认定案件事实的根据。

第六节　补强证据规则

一、补强证据规则的含义

所谓补强证据规则，是指某一证据材料不能单独作为认定案件事实的依据，只有在其他证

① 参见沈达明编著：《比较民事诉讼法初论》上，283 页，北京，中信出版社，1991。

据材料佐证补强的情况下，才能作为案件的定案证据。

补强证据规则多见于刑事诉讼中，为了保障被告人口供的证明力，立法一般规定，仅有被告人口供不能认定其有罪，还必须附加其他证据佐证。我国《刑事诉讼法》第 46 条规定，"只有被告人供述，没有其他证据的，不能认定被告人有罪和处以刑罚"。确立补强证据规则，一是为了防止误判，二是为了防止偏重自白。成为自白的补强证据的，必须是有证据能力的证据，且必须是本人供述（自白）以外的证据。但是，对于本人记载的日记、笔记、备忘录等，如果并非是预料到侦查、审判而记载的，则可以成为本人自白的补强证据。补强规则无论是对于证据规则的概念，还是对于自由心证制度，都构成了一个特殊的例外。

二、补强证据规则在我国民事诉讼中的适用

在国外，补强证据规则一般适用于言词证据，而且主要适用于刑事诉讼。而在我国，补强证据规则不仅适用于刑事诉讼，也同样适用于民事诉讼。

作为一种法定的证据规则，《民事诉讼法》第 71 条规定："人民法院对视听资料，应当辨别真伪，并结合本案的其他证据，审查确定能否作为认定事实的根据。"第 75 条第 1 款规定："人民法院对当事人的陈述，应当结合本案的其他证据，审查确定能否作为认定事实的根据。"相关司法解释则对于补强证据规则的内容进行了逐步扩充。

我国《证据规定》第 69 条明确了补强证据规则的适用范围，即只有在下列情况下才能适用该规则：

（1）未成年人所作的与其年龄和智力状况不相当的证言；

（2）与一方当事人或者其代理人有利害关系的证人出具的证言；

（3）存有疑点的视听资料；

（4）无法与原件、原物核对的复印件、复制品；

（5）无正当理由未出庭作证的证人证言。

此外，按照《证据规定》的规定，当事人陈述也是一种有待补强的证据。在民事诉讼中，如果仅有当事人陈述而没有其他证据证实，则对当事人的主张不应予以支持；如果当事人的陈述有其他证据对其证明力予以补强，或者对方当事人在诉讼中作出自认，在此情况下则可以作为认定案件事实的依据。因为虽然我国《民事诉讼法》已经明确规定"当事人陈述"是证据的法定形式之一，但是，在诉讼中当事人受利益的趋势，可能会作出虚假的陈述。对此，《证据规定》第 76 条明确规定："当事人对自己的主张，只有本人陈述而不能提出其他相关证据的，其主张不予支持。但对方当事人认可的除外。"

同时，应当注意的是，补强证据本身必须具有证据能力。如果补强证据本身没有证据资格，则不能作为另外一个不能单独采纳的证据的补强证据。比如，在人身损害赔偿案件中，原告提供了与其有利害关系的两个证人所作的有利于或不利于该原告的证言，在此情况下，这两份证人证言之间相互不能作为补强证据。

延伸阅读文献

1. 房保国．证人作证豁免权探析．法律科学，2001（4）

2. 李浩．民事诉讼非法证据排除规则探析．法学评论，2002（6）

3. 汤维建．民事诉讼非法证据排除规则刍议．法学，2004（5）

4. 陈桂明，纪格非．民事诉讼证据合法性的重新解读．国家检察官学院学报，2005（2）

5. 汤维建，卢正敏．证据“关联性”的含义及其判断．法律适用，2005（5）

6. 刘善春等．诉讼证据规则研究．北京：中国法制出版社，2000

7. 齐树洁．英国证据法．北京：厦门大学出版社，2002

8. 刘晓丹主编．美国证据规则．北京：中国检察出版社，2003

9. 高忠智．美国证据法新解．北京：法律出版社，2004

10. 余亮．证据相关性研究．北京：北京大学出版社，2008

11. 邵明．正当程序中的实现真实——民事诉讼证明法理之现代阐释．北京：法律出版社，2009

12. ［美］约翰·W·斯特龙主编，汤维建等译．麦考密克论证据．北京：中国政法大学出版社，2004

13. 沈达明，冀宗儒．1999 年英国《民事诉讼规则》诠释．北京：中国法制出版社，2005

14. ［日］高桥宏志．重点讲义民事诉讼法．张卫平，许可译．北京：法律出版社，2006

15. 邱联恭．程序制度机能论．台北：三民书局，1996

问题与思考

1. 论证据的关联性。（2003 年中国人民公安大学考研试题、2007 年北京大学考博试题）

2. 试论非法证据排除规则。（2003 年中国人民大学考研试题）

3. 有学者认为，当事人有责任提供合法的证据，并且非法取证多是隐秘的，对方当事人证明其“非法性”往往比较困难，所以通常情况下证据的合法性应由提供者证明。①

法律问题：你是否同意上述观点？

4. 简述最佳证据规则的内容。

5. A 公司欲向银行贷款 2 000 万元，银行要求 A 提供担保，A 找到 B 作保证人。A 将 B 公司愿意承担保证责任的书面文件（上有 B 公司的公章）传真给银行，银行在收到保证书后即放款。后 A 公司无力偿还贷款，银行要求 B 公司承担保证责任，因此发生纠纷诉至法院。在诉讼过程中，银行称当时是由 B 公司直接向其以发传真的方式提供担保的。B 公司则称当时 B 公司是将传真发给 A 公司，再由 A 公司发给银行的，而且 A 传真给银行的保证合同与 B 传真给

① 参见邵明：《正当程序中的实现真实——民事诉讼证明法理之现代阐释》，240 页，北京，法律出版社，2009。

A 的保证合同不同，B 的传真件上明确写明该文件属于意向书，而且必须得到 A 公司的反担保后才生效，但是在 A 给银行的传真中却没有该部分内容。显然 A 公司为了获得银行的担保有意删除了这部分内容。A 公司则称，当时是由 B 公司将担保书以传真形式发给 A 公司的，A 再发送给银行，不存在作假的情况。

法律问题：如何认定该担保合同的效力？

第三编

证明论

第六章

证明对象

本章概要

证明对象是需要运用证据加以证明的案件事实，包括要件事实、间接事实和辅助事实。要件事实包括权利发生事实和抗辩事实（权利妨碍事实、权利阻却事实和权利消灭事实）。严格证明和完全证明的对象主要是争讼案件的实体事实，尤其是实体要件事实。自由证明和释明的对象主要是程序性事实和非讼案件事实等。通常情况下，对于经验法则、地方习惯、行业习惯无须严格证明。但是，对一般人（包括法官）不可能知悉的经验法则、地方习惯、行业习惯，则有严格证明的必要。

关键术语

证明对象　案件事实　要件事实　间接事实　辅助事实　权利发生事实　抗辩事实　经验法则　地方习惯　行业习惯　外国法律

第一节　证明对象的含义和构成

一、证明对象的含义

证明对象，可称为待证事实、要证事实、证明客体、证明标的等，是指需要运用证据加以证明的案件事实。

证明对象必须符合两个条件：(1) 该事实对处理案件具有法律意义。即该事实在诉讼中能够产生法律效果，这种法律意义或法律效果既可以是实体法的，也可以是程序法的。(2) 有必要运用证据加以证明，即真实性尚未确定或者存在争议的事实。

至于司法认知的事实、推定的事实、当事人诉讼上自认的事实等“相对免证的事实”或毋庸证明的事实，其真实性已被确定或不具有争议性，其提出者无须证明，法院应直接采用；但是若对方当事人提出合理反证、发现新的事实或者撤回自认等，则此类事实成为证明对象。

二、证明对象的构成

证明对象包括：要件事实、间接事实和辅助事实。从权利的角度，可将要件事实划分为：权利发生事实、权利妨碍事实、权利阻却事实和权利消灭事实。

证明对象包括：严格证明的对象和自由证明的对象；完全证明的对象和释明的对象。严格证明的对象和完全证明的对象主要是争讼案件的实体事实，尤其是实体要件事实，为主要证明对象。自由证明的对象或释明的对象主要是程序性事实和非讼案件事实等。①

（一）案件事实：要件事实、间接事实和辅助事实

案件事实可分为要件事实、间接事实和辅助事实等。

1. 要件事实

要件事实，即（实体法）规范构成要件事实，又称直接事实、主要事实，是直接导致某项民事权利义务或民事法律效果发生、妨碍、阻却或消灭的事实。要件事实或直接事实是原告用来直接支持自己诉讼请求的事实，也是被告用来直接推翻原告诉讼请求的事实。

民事法律事实的发生使民事主体获得民事实质权（所有权等财产权、名誉权等人身权），民事纠纷事实的发生意味着民事实质权受到侵害或发生争议而产生实体救济权（如物上请求权等）和诉讼救济权（即民事诉讼权）及仲裁请求权（即申请仲裁权）等。

因此，要件事实包括：（1）民事法律事实，比如合法继承（取得所有权）、签订合同（形成合同关系）和依法离婚（解除婚姻关系）；（2）民事纠纷事实，比如侵权事实和违约事实。这两类事实中，前者是基础、前提，无后者则无诉讼利益，也就不能获得诉讼救济。

2. 间接事实

间接事实是不能直接导致某项民事权利义务或民事法律效果发生、妨碍、阻却或消灭的事实，而是用来推导或证明“直接事实”是否存在的事实。

间接事实的主要作用在于，没有直接证据证明直接事实时，只得运用间接证据证明间接事实，多个相关的间接事实形成一个事实逻辑链，从而证明直接事实是否存在。

例如，没有证据来直接证明B曾向A借过款的事实，可以由A多次催促B还钱的事实和B没有拒绝的事实（间接事实），推导出B借过A钱的事实（主要事实）。

3. 辅助事实

辅助事实，又称补助事实，一般是指用以证明证据能力有无或证明力大小的事实。例如，证据收集的违法事实（关涉证据能力有无）、证人与当事人是亲属的事实（关涉证明力大小）等。

学界多认为，辅助事实多为诉讼法上的事项，只需自由证明或释明。事实上，辅助事实与间接事实之间往往并无严格的界限。我们认为，辅助事实是有关证据能力有无或证明力大小的

---

① 以下内容主要参考了邵明：《正当程序中的实现真实——民事诉讼证明法理之现代阐释》，143～156页，北京，法律出版社，2009。

事实，往往包含实体内容，并且当辅助事实直接关涉本案主要证据或唯一证据的证据能力或证明力时，则应当采取严格证明，须经双方当事人质证。

为了透彻理解主要事实、间接事实、辅助事实，现举一例说明。以买卖合同纠纷为例，原告（卖方）根据合同请求被告（买方）支付价款，导致这种法律效果发生的构成要件是“财产移转的约定”和“支付价款的约定”。符合这两个要件的主要事实可能是“某月某日在某地，原告与被告之间就某物的买卖达成协议”。如果被告对此事实提出争议且没有直接证据证明主要事实时，原告能够通过证明该合同在签订时有他人甲在场，或者被告已经为履行合同作了准备等间接事实来推导主要事实的存在。被告可能提出甲与原告有亲戚关系等事实，则是辅助事实。

证明责任的适用对象通常是要件事实。对要件事实的证明，其途径主要有：（1）利用直接证据来证明；（2）通过间接事实证明。间接事实和辅助事实均受直接事实支配，用来推导或证明直接事实是否存在或是否真实，所以具有证据资料的性质和作用，但通常不作为证明责任的对象。证明责任的分配主要解决实体要件事实由谁来承担证明责任的问题。通常，对某项要件事实承担证明责任的当事人，当然负责证明支持该项要件事实的间接事实和辅助事实。

（二）权利发生事实、权利妨碍事实、权利阻却事实和权利消灭事实

从权利的角度，可将案件实体事实划分为：权利发生事实、权利妨碍事实、权利阻却事实和权利消灭事实。此处的“权利”既可指财产权和人身权，又可指请求权、支配权和形成权。权利发生事实用来支持原告的权利主张或诉讼请求，而权利妨碍事实、权利阻却事实和权利消灭事实则是被告用来推翻原告权利主张或诉讼请求的抗辩事实。

1. 权利发生事实

权利发生事实，即导致某项民事权利发生的事实。比如，合法买卖行为（是取得所有权的事实）、受害人因侵权行为受到损害（是取得损害赔偿请求权的事实）、原告因与被告感情破裂（是取得婚姻解除权的事实）等。民事权利发生事实包括：权利绝对和相对发生的事实。

民事权利绝对发生，是指民事权利独立的、不依附于既存的其他权利而发生，即权利的原始取得。例如先占无主物而取得所有权，依善意取得制度而取得动产所有权等。

民事权利相对发生，即权利的继受取得或传来取得。例如因债权让与而取得该债权，所有权人在自己所有物上为他人设定用益物权或担保物权等。

2. 权利妨碍事实

权利妨碍事实，即妨碍某项民事权利发生的事实。被告此种事实抗辩，能够导致原告请求权自始不发生。

例如，原告要求被告履行合同义务，被告则可提出合同不成立事实、合同无效事实、免责事实（不可抗力、原告过错、合法免责条款）等进行抗辩。

再如，原告要求被告承担侵权赔偿责任，被告则可提出免责事由（如不可抗力、正当防卫、紧急避险、第三人或受害人过错、合法公务行为、合法自助）等进行抗辩。

3. 权利阻却事实

权利阻却或受制事实，即永久或暂时阻却某项民事权利行使的事实，该事实使某项民事权

利的行使受到限制。此类事实主要存在于被告或债务人行使实体法上抗辩权的场合。

抗辩权作为请求权的对立权利，其作用在于防御而不是攻击，所以必待债权人行使请求权，债务人才可行使抗辩权。

永久性抗辩权能够永久排除请求权的行使，例如债务人因消灭时效届满而拥有的抗辩权。延缓性抗辩权只能暂时阻止请求权的行使，比如同时履行抗辩权、不安抗辩权、先诉抗辩权等。

4. 权利消灭事实

权利消灭事实，是使既存的民事权利消灭的事实。此种事实抗辩能导致业已存在的请求权消灭。民事权利消灭事实包括：权利绝对和相对消灭的事实。

民事权利绝对消灭，即权利本身终局的消灭，比如物的灭失（使该物的所有权消灭）、履行、提存、抵销、免除、混同、撤销权行使、合同解除、权利滥用、交易基础丧失等。

民事权利相对消灭，实际上是民事权利发生了移转。比如，房屋买卖后，若原所有权人就该房屋提起诉讼主张所有权，则被告可以提出此种事实抗辩。

某项民事权利可能是全部消灭，也有可能是部分消灭，比如债务全部履行或部分履行而分别导致债权全部消灭或部分消灭等。

（三）程序性事实

程序性事实，在此是指诉讼程序法事实，或称程序事项，比如，不公开审理的事由、管辖不合法的事由、回避的事由、申请顺延期限的事由[①]、申请证据保全的事由、申请财产保全或先予执行的事由等。

程序事项是否构成证明对象，我国理论上主要有肯定说、否定说和折中说。[②] 我们认为，程序事项不应是严格证明和完全证明的对象，而应是自由证明和释明的对象。

如上所述，将程序法事实作为“自由证明对象”或“释明对象”，并非意味着法律本身不重视程序，而是考虑到迅速处理程序问题，以保证诉讼迅速进行和避免诉讼延误。正因为自由证明所适用的程序简便和释明所要求的证明标准不高，所以能够作为自由证明和释明对象的事实，只限于法律有明文规定的程序性的事实或诉讼中附带性的事实（例如证人拒绝作证的理由等）。同时，自由证明和释明时所使用的证据方法也只限于能够立即进行调查的证据方法，例如申请正在法庭上的人作为证人、提出现在所持有的文书等。

笔者认为，程序法事实并不构成法院本案判决（实体判决）的基础事实，将程序法事实纳入严格证明对象与诉讼证明目的存在一定的背离，而且证据法律制度中的核心问题，如证明标准、证明责任等主要是有关实体要件事实的，所以，从严格意义上说，程序法事实仅对诉讼程序问题产生意义，而与案件的实体结果无直接关系，因而不属于当事人证明责任的客体。但是，不可否认，程序法事实对审判具有法律意义，即为法院处理程序问题提供一定的事实根据，从而保证诉讼程序以及证明程序合法顺畅的运行，所以对程序法事实采取自由证明和释

---

① 《民事诉讼法》第 83 条规定：“当事人因不可抗拒的事由或者其他正当理由耽误期限的，在障碍消除后的十日内，可以申请顺延期限，是否准许，由人民法院决定。”所谓“不可抗拒的事由”，是指当事人在主观上无法预见、客观上无法避免和克服的客观情况。因而，该事由需要用证据予以证明。

② 参见何家弘主编：《新编证据法学》，283～285 页，北京，法律出版社，2000。

明。由此，可将程序法事实称为“自由证明对象”或“释明对象”。

（四）证据事实

证据事实因其本身记载和反映着一定的事实，所以能够用来证明案件事实，它是证明案件事实的手段。但是，证据事实本身是否需要其他事实来证明，即证据事实本身是否为证明对象的问题，有肯定说、否定说和折中说三种观点。

肯定说认为，任何证据在用以认定案情前都需要查证属实，即需要其他证据证明其真实性，因此，证据被用来证明案件事实时，是证明手段。当它被其他证据证明时，又是证明对象。否定说认为，在诉讼中，一切证据事实都只能是一种证明手段，而不应成为证明对象。折中说认为，直接证据是能够直接反映和证明案件主要事实的证据，因而它与案件的主要事实重合；而间接证据不能单独证明案件的主要事实，而必须与其他证据相印证，才能对案件主要事实起证明作用，由于间接证据需要证明，所以关于间接证据的事实应是证明对象。

事实上，证据事实与证明对象是诉讼中的手段与目的之关系，证据事实不应成为证明对象，其理由主要是：（1）案件事实是证明对象，而证据则是证明案件事实的手段，证明对象和证明手段之间界限必须明确，否则将产生证明逻辑、理论、制度和实务上的混乱。（2）证据固然需要调查，但其目的在于确定“证据”是否具有证据能力及证明力大小。经过调查后，确认具备真实性、关联性和合法性的证据才具有证据能力，才能作为认定案件事实真伪的根据（定案的根据）。若认定是原始证据，则其证明力一般大于派生证据。

但是，不可否认，许多证据的内容本身即构成案件事实的一部或全部。比如，证人就其所见的案件事实向法庭作出陈述，则为证人证言，而其证言的内容则是对案件事实的陈述。再如，A 把 B 打伤了，B 身体上的伤痕，既构成了物证，又成为案件事实的一部分（受到侵害的事实）。在这种情况下，对证据的审查核实，实际上也是对案件事实的调查判断。

第二节　经验法则

一、经验法则的含义和属性

所谓经验法则，是指人们从生活经验中归纳获得的关于事物因果关系或属性状态的法则或知识。这里的“法则”，是指一种通过人们的经验归纳的规律或定理，表示某种或某类事物的运动或存在规则，即当一定条件得到满足时，人们可以期待发生或不发生某种结果的规律。经验法则包括从一般的生活常识，到关于一定职业、艺术、交易、技术或科学的为人们所共知的法则。

生活用语中，对具体事实与经验法则不加以区分。但是，与具体事实不同，经验法则具有抽象性。比如，“水往低处流”，生活用语中将其看作为“事实”，但实际上是一条“经验法则”。再如，“人都会死的”，这是一条“经验法则”，而“甲已经死了”，则是具体“事实”。在法律和诉讼领域，区分具体事实和经验法则具有重要意义。首先，适用法律、查明事实、判断证据均需频繁运用经验法则。经验法则是以一种知识或者法则而存在，成为三段论的大前提，具体案件事实则为小前提，从而以小前提的事实适用于大前提的经验法则而推导出结论。其次，经验法则是人类正常的生活规律或自然法则，虽未成为法律规范，但因其具有高度盖然性和普遍性，而为人们所重视。①

经验法则虽是人们各个个体的经验所得，但又不是个体经验，而是由各个个体经验抽象的结果，即存在于个体经验之中，又超越其个体经验。通过单个个体的反复体验，经验法规最终上升为超越个体的对事物的规律性普遍认识，上升为一种社会常识，为一般人所理解和知晓。从这一角度讲，所谓“常理”也属于经验法则，没有必要加以证明，由法官依职权主动采纳，所以无须成为证明对象。至于极具个性化的经验，如个人经验等，并非经验法则，应当成为证明对象。

经验法则作为诉讼认识前提和依据，具有以下主要属性：

第一，经验法则具有多样性。经验法则是以客观事物为认识对象的，而认识对象是无限多样的，这就决定了经验法则的多样性。

第二，经验法则具有普遍抽象性。经验法则的内容为特定地域的公众所熟知并被普遍接受。经验法则是人们通过反复归纳总结出来的知识，在表现形式上已经脱离具体事物而具有不同程度的抽象性。“天下乌鸦一般黑”这一经验命题就是人们通过对无数只乌鸦观察并归纳总结后得到的结论，超越每一只具体的乌鸦，聚集所有乌鸦之共性，已经上升为一般性、普遍性的知识。

第三，经验法则具有盖然性。诉讼中的经验法则本质上是人们的经验认识，就认识的最终来源而言，所有经验认识均来自对实践经验的归纳总结，而归纳不能得出必然结论，因为我们从个别推导出一般时，我们实际作了两个大的跳跃：从观察到的事例跳到了未观察的事例，从过去、现在跳到了未来。而这两个跳跃都没有逻辑上的保证，因为适用于有限的不一定适用于无限，并且可能与过去和现在完全不同。因此，诉讼中经验法则的内容只能是人们通过长期实践积累并反复检验，或多或少存在一定程度的盖然性的认识。经验法则不具有完全的确实性，诉讼中也并不要求经验法则具有绝对的或终极的真理性，但是为了保证诉讼认识的正确性，诉讼中运用经验法则时仍要求具有较高的盖然性，对于盖然性程度低，明显属于个别的经验，在诉讼中不能采纳为认识依据。

第四，经验法则具有规则性。经验法则的规则性是指诉讼认识中应遵循经验法则，不得作出与经验法则相违背的认识。这种规则性并不是以法律条文为载体来规范诉讼认识，而是以其事实内容约束人们的认识，构成法官评价证据、认定事实及进行推理时的依据或法则。经验法则的规则性建立在以下几个基础之上：（1）经验法则的客观性特征决定其同时具有规则性，诉讼认识中不得违背反映客观事实的认识。（2）经验法则的普遍抽象性决定了同一经验法则可以重复运用于不同具体诉讼案件，成为不同诉讼案件所共同遵循的规范。对违反经验法则认识事实或适用法律的，应当按照违法处理，对其予以纠正。

① 参见邵明：《漫谈经验法则在诉讼中的适用》，载《法制日报》，2008－12－14。

二、经验法则的类型

（一）一般经验法则和特别经验法则

以经验法则在诉讼中是否需要证据来证明为标准，分为一般经验法则和特别经验法则。

一般经验法则，相当于平常人们所说的常理或常识，是人们从日常社会生活或者法律生活中所体验、感知的经验认识，其形成需通过长期的经验积累并逐渐感知，其内容为一般人所熟悉。比如，酒后开车通常影响驾驶员控制车辆安全行驶的能力；70 岁的老人通常在精力上或体力上不及 20 岁的青年人等。由于一般经验法则经过了长期的反复验证，揭示或反映某类事物的发展趋势或规律，具有高度盖然性，所以自无严格证明的必要，即一般经验法则无须利用其他证据加以证明，可直接用以认定事实或适用法律。

特别经验法则，即专门性的经验法则，是关于一定职业、艺术、交易、技术或科学的为人们所共知的法则，但通常不为某个专业或专门领域以外的一般人所知悉或理解。由于特别经验法则属于一种专门知识，所以在诉讼中一般不得径行作为认定事实的基础，而必须运用证据加以证明或采取其他相应的证明方式（如交付专家鉴定等），适用严格证明程序。因此，“就经验法则在与待证事实之间的关系上是否具有直接适用功能的价值而论，在证据证明上，经验法则常指一般经验法则”①。

（二）生活规律、经验基本原则和简单的经验规则

德国学者普维庭根据盖然性程度的高低，将经验规则和经验分为如下四种情况：

1. 生活规律。生活规律是在数学上可以证明的，或者符合逻辑的，或者不可能有例外的经验，其表达形式为“如果……总是”。这些规律符合人类的认知，没有这些认知规律，法官不可能形成心证，如自然规律，思维规律，每个人的指纹、血型、DNA 与人的联系等等。

2. 经验基本原则。经验基本原则不排除例外的情形，但它必须具备高度的盖然性，其表达形式为“如果……则大多数情况下是”。该规则必须有共同的基础和可验证性，甚至如果有必要，可以经得起科学的检验。按照其特征，如果依据生活经验它具备高度的证明力，一般没有必要在具体情况下用科学数据验证。例如跨越铁路道口已放下的护栏而被列车撞击致伤，可认为是受害人的过错；医生在手术时把镊子、丝线或者药棉遗留在伤口内，可认定为医生的责任。

3. 简单的经验规则。简单的经验规则的表达形式为“如果……则有时是”，它以较低的盖然性为标志，不能独立地帮助法官形成完全的心证，只是在法官没有形成完全的心证时起一种辅助作用，法官还要从其他各种证据、证明手段的综合联系中求得心证。在这种场合中，对方当事人完全可能提出简单的经验规则的反证的质疑，一旦质疑成立，原来的心证就可能被动摇，简单的经验规则便不被采纳。例如高速公路紧急停车道上停了一辆汽车，有时是汽车出现故障，有时则是司机由于身体方面的原因而停车。

4. 纯粹的偏见。纯粹的偏见以“如果……则关系不成立”为表达形式，该规则不具备盖

---

① 毕玉谦：《试论民事诉讼中的经验法则》，载《中国法学》，2000（6）。

然性，在法官形成心证的过程中无任何价值。

按照普维庭的意见，上述前三类才能作为诉讼认识中的经验法则，可以运用于诉讼证明。①

（三）自然规律，逻辑法则，道德法则，商业交易习惯，日常生活经验法则，专门科学领域中的法则

有学者将经验法则分为五大类②：

第一类：自然法则或自然规律。第一类经验法则因为是以科学方法和手段反复验证所得到的规律性认识，这些法则反映事物客观规律。

第二类：逻辑（推理）法则。第二类主要是关于人们思维的法则，如形式逻辑中的排中律、矛盾律、充足理由律等。逻辑法则与其他日常生活经验法则相比，具有绝对意义上的可靠性和妥当性。

第三类：道德法则、商业交易习惯。第三类主要是历史形成的，在某个领域内人们所普遍遵守的行为规范。其特点并非反映人们对某类事物知识性的认识，而是一种通过积淀形成的习惯。

第四类：日常生活经验法则。第四类是人们在日常生活中通过个体经验形成了一种为一般人所认识或理解的关于某种事物和现象的认识，但这些认识并未通过科学的方法和手段进行严格的验证。

第五类：专门科学领域中的法则。第五类中的经验法则的存在往往需要当事人主张和证明。

区分这五类经验法则的意义在于，便于人们在民事诉讼中正确地把握不同经验法则在认定事实和证据方面的不同作用。

三、经验法则的适用与救济

正确或合理地运用经验法则实际上包含两个方面：其一，如何保证对经验法则的判断符合人们的普遍认识法则；其二，如何防止法官任意擅断。这两个方面又是相互联系的。防止法官任意擅断与法官的道德素质有关，要求法官必须要有司法职业诚信，如果不能做到这一点，那么从根本上就谈不上正确、合理地运用经验法则。在保证法官的职业道德素质的基本前提下，要解决的是如何使法官对经验法则的认识符合作为经验法则所具备的基本要求，保证法官能够正确、合理地运用经验法则。

1. 加强法官业务素质的培养，提升法官在运用经验法则方面的素质。通过对实务中运用经验法则判例的研讨和积累，不断增进法官对经验法则的正确认识；并通过判例的指引，使得法官对经验法则形成相对统一的认识，以保证经验法则的合理性和防止其主观随意性。

2. 将经验法则类型化。经验法则虽然无以数计，但案件之间毕竟存在共性和相似性，在事实认定方面也会涉及相同的经验法则，如果能够将反复应用的、相同的经验法则类型化，并要求法官予以适用，也可以减少运用经验法则的主观随意性，对事实认定的客观化具有一定的

---

① 参见［德］汉斯·普维庭：《现代证明责任问题》，吴越译，155页，北京，法律出版社，2000。

② 参见张卫平：《认识经验法则》，载《清华法学》，2008（6）。

意义。类型化的意义更重要的是程序正当化，即在相同情形下的事实认定也是相同的。但应当承认，这种类型化的作用依然是非常有限的，将经验法则类型化的做法与经验法则的多样性和差异性的特性是背离的。

3. 对于双方有争议的经验法则，应当通过辩论程序加以明确，通过辩论由双方充分陈述是否应作为经验法则加以运用，防止经验法则适用的突袭性。

4. 法官在对事实认定适用经验法则的，应当尽量公开和透明，充分予以说明，给予当事人对该经验法则的适用提出异议的机会，对当事人提出异议的，应当予以说明。

5. 对于专业领域中的经验法则尽量通过鉴定制度加以解决，而不是由法官直接适用经验法则，因为法官毕竟不是相应专业领域的专门人才。鉴定作为一种证据方法，主要解决诉讼中某些涉及专门问题的事实认定。从本质上看，鉴定也是利用经验法则即人们所掌握的专业知识来实现对专门问题的事实认定，只不过这种经验法则的运用不是直接由法官进行，而是由具有相应专门知识的专业人员进行，以保证其可靠性。

法官在运用经验法则得出相关结论方面是自由的，不受制于当事人的意志或看法。比如，在交通事故引起的诉讼中，法官根据被告所喝酒量及精神状态，根据相关经验法则得出其已喝醉酒的结论。法官应否运用相关经验法则并得出已喝酒的结论，不受制于当事人不同的看法或陈述。①

违反或错误适用经验法则时，可以通过上诉予以救济，这在大陆法系的学界和实务界均已得到认可和实施。在控诉审（第二审）中，违反或错误适用经验法则涉及事实认定的问题，因此，控诉审法院在查明确有违反或错误适用经验法则的，可以废弃原判决。对于通过控诉审予以救济，学界和实务界争论不多。有争论或讨论比较多的主要是，在上告审即法律审程序（第三审）中，当原审裁判违反或错误适用经验法则的法律救济问题。

《日本民事诉讼法》并没有直接规定违反或错误适用经验法则可提起上告，而是将违反经验法则或错误适用经验法则视为违反自由心证原则，从而属于违反其第 394 条中的规定（即违背法令或者第 395 条规定的不具备理由或理由不成立），由此被视为违反法令而成为上告的理由。在德国，违反（忽视或者明显错误地评判）经验法则时，被认为违反自由心证原则，即违反《德国民事诉讼法》第 286 条，成为上告的理由。我国台湾地区的“民事诉讼法”没有明确规定违反或错误适用经验法则可以作为控诉和上告的理由，但实务中和通说上均认为其应当作为控诉和上告的具体理由。

第三节　地方习惯、行业习惯与外国法律

一、地方习惯

在不违背法律禁止性规范的前提下，当事人因依据地方习惯实施一定的民事行为而发生的

① 参见邵明：《漫谈经验法则在诉讼中的适用》，载《法制日报》，2008－12－14。

民事争议，如果法院在解决该民事争议时不了解该地方习惯，该地方习惯是否为证明对象？

我们认为，地方习惯虽然受到地域的限制，但是既然成为地方性习惯，就已为该地方居民所普遍知悉和遵行，所以该地方习惯也可能属于众所周知的事实。构成众所周知事实的最低标准是，在受诉法院管辖区内为一般人或大多数人所知晓。①

地方习惯在该地方为众所周知，并为地方居民所普遍遵从，所以可以成为诉讼或判决中三段论的大前提。比如，《物权法》第 85 条规定，法律、法规对处理相邻关系有规定的，依照其规定；法律、法规没有规定的，可以按照当地习惯。

二、行业习惯

行业习惯是指在不同行业中产生的，涉及行业从业条件、从业方式及技术、行业规矩等内容的，并在各行业被普遍遵守、执行的规则和惯例。其具有两个特点：一是多样性。行业不同，就存在不同的行业习惯。即使同一行业，也存在多种行业习惯。二是自律性。行业习惯是在行业活动中自发形成的行为准则，为行业成员所周知，且被普遍自觉遵从。通过行业习惯的执行，可以保证行业内部权利义务的正常运行。但是，行业习惯非法律，并无强制执行力。

在法律存在空白或漏洞情况下，行业习惯可以成为司法的依据。比如，我国《民法通则》第 142 条第 3 款和《海商法》第 268 条第 2 款规定，我国法律和我国缔结或者参加的国际条约没有规定的，可以适用国际惯例。《合同法》第 60 条和第 61 条规定，当事人可以按照交易习惯履行合同义务和确定合同内容。有些行业习惯如餐厅高额收取开瓶费行规、酒店强制收取餐具使用费等，与法律法规相违背，该行业习惯应被取缔、禁止。

在大陆法系民事诉讼中，地方习惯、行业习惯、国际惯例等与经验法则一样，均属法官职权调查事项。诉讼中，法官在采用某个地方习惯或行业习惯处理案件之前，特别是本案法官不了解该地方习惯或行业习惯时，或者当事人对该地方习惯或行业习惯的内容产生异议时，必须对其进行调查以确定是否存在或是否真实。对此，有学者认为，调查方式通常采用自由证明，其调查方法通常是民意测验、查阅资料、咨询专家等，通常无须采取严格证明。法官在决定采用地方习惯或行业习惯之前，应当保障当事人的程序参与权，尤其是保障不利一方当事人的反证权。②

笔者认为，在诉讼过程中，当法官需要依据行业习惯作出裁判时，行业习惯就成为证明的对象。因为行业习惯不是法律，也不是规范性文件，法官不可能完全知悉，也没有义务知悉。而且，行业习惯对法官来说，是一个事实问题，而不是一个法律问题。因此，当事人主张适用行业习惯的，应举证证明行业习惯的存在和效力。

三、外国法律

法院审理民事案件，应依据“法官应当熟知法律”的一般原则。国内法是不需要当事人证明的，法官有义务了解并熟悉这些法律，而外国法则不属于法官职务上应当知悉的范围。有关

---

① 参见邵明：《正当程序中的实现真实——民事诉讼证明法理之现代阐释》，162 页，北京，法律出版社，2009。

② 参见邵明：《正当程序中的实现真实——民事诉讼证明法理之现代阐释》，155 页，北京，法律出版社，2009。

外国法的内容，需要通过一定的途径予以确定或查明。然而，外国法内容是采用认定事实的程序还是采用适用法律的程序来确定或查明呢？这一问题存在于国际私法和国际民事诉讼（涉外民事诉讼）领域。

在国际民事诉讼领域，认定事实的程序和适用法律的程序是不同的，于是产生了根据冲突规范所援引的外国法是法律还是事实的问题。如果把外国法看做事实，则为证明对象，而由当事人负责举证并适用证明责任的有关规定，内国法官无须依职权确定或查明外国法内容。

有些国家将外国法看做与案件中其他事实一样的事实，另一些国家却将外国法与内国法同等对待，还有些国家将外国法置于内国法与纯事实之间的范畴。比如，在德国，对于外国的现行法只限于法院所不知道的，应该予以证明，但是，在调查这些法律时，法院应不以当事人所提出的证据为限，法院有使用其他调查方法并为使用的目的而发出必要的命令的权限（《德国民事诉讼法》第293条）。

在我国，根据《涉外民事关系法律适用法》（2010年）第10条的规定，涉外民事关系适用的外国法律，由人民法院、仲裁机构或者行政机关查明；当事人选择适用外国法律的，应当提供该国法律。不能查明外国法律或者该国法律没有规定的，适用中华人民共和国法律。

《最高人民法院关于适用〈中华人民共和国涉外民事关系法律适用法〉若干问题的解释(一)》（法释［2012］24号）第17条规定：“人民法院通过由当事人提供、已对中华人民共和国生效的国际条约规定的途径、中外法律专家提供等合理途径仍不能获得外国法律的，可以认定为不能查明外国法律。根据涉外民事关系法律适用法第十条第一款的规定，当事人应当提供外国法律，其在人民法院指定的合理期限内无正当理由未提供该外国法律的，可以认定为不能查明外国法律。”

延伸阅读文献

1. 张卫平．认识经验法则．清华法学，2008(6)

2. 邵明．正当程序中的实现真实——民事诉讼证明法理之现代阐释．北京：法律出版社，2009

3. 王亚新．对抗与判定．2版．北京：清华大学出版社，2010

4. 江伟主编．民事诉讼法学．2版．上海：复旦大学出版社，2010

5. ［日］高桥宏志著，林剑锋译．民事诉讼法．北京：法律出版社，2003

6. ［德］莱奥·罗森贝克著，庄敬华译．证明责任论．北京：中国法制出版社，2002

7. ［德］罗森贝克，施瓦布，格特瓦尔德著，李大雪译．德国民事诉讼法．北京：中国法制出版社，2007

问题与思考

1. 分析民事诉讼的证明对象。

2. 如何适用经验法则？

3. 2014 年 8 月，刁某雇请韩某的汽车到徐州装运啤酒，到了酒厂卸下空瓶退回酒厂后，刁某即去结账，开票进货，韩某也将汽车开离卸酒现场 20～30 米处，未关车门即去看怎样制啤酒。半小时左右，刁某回来取钱发现钱包里 5 000 元现金被人盗走，韩某当即和刁某去该厂保卫科报案。该厂保卫科当日查无结果。事隔十多天后，刁某伙同其妻弟邀请他人威胁韩某，要韩某赔偿其被盗款一半的损失，韩某不同意，并提出要赔钱也要去公安机关讲清楚事实。同年 9 月 8 日，刁某、韩某又来到当地公安机关刑侦队报案，该队开始怀疑是韩某所盗，并将韩某扣留在该局，事后经过调查，没有证据证明是韩某所为，也未破获此案。但是该队认为，韩某对被盗负有直接责任。据此，该队主持双方进行调解，并指定韩某应赔偿刁某现金 2 000 元，并立下欠条限定韩某分 3 次还清欠款，韩某虽不同意，但迫于无奈，就在写下欠条时要刁某准予他写个附加说明，即“韩某弥补刁某损失 2 000 元，以后破此案可以归还此款”，刁某表示同意。韩某于同年 10 月 9 日违心地给付了刁某现金 1 200 元，余下 800 元，韩某觉得冤枉，迟迟不肯给付，同时还要求刁某返还已给付的 1 200 元。为此，双方发生纠纷，刁某向法院起诉，要求法院依法判令韩某偿还欠款。

法律问题：在该案中，刁某需要向法院证明哪些事实？

第七章
相对免证的事实

本章概要

相对免证的事实，包括司法认知的事实、已决事实、推定事实、当事人诉讼上自认的事实等。这类事实的真实性已被确定或不具有争议性，其主张者无须证明，法院应当直接采用为裁判的根据。法院采用这些免证事实，应当遵循相应的程序规则。若当事人（特别是不利一方当事人）提出合法异议、提出充足反证、发现新的事实、撤回诉讼上的自认等，则“免证事实”成为证明对象。

关键术语

免证事实　司法认知　推定　已决事实　诉讼上自认

第一节　概述

所谓免证事实，即免除当事人证明的事实，是指在诉讼中，无须运用证据加以证明，法院就可以确认或采用的事实。将某些特定的事实确定为免证事实，其依据在于：一是该事实具有相当的“真实性”；二是诉讼经济的要求。

根据我国《民事诉讼法》（第 69 条）、《公证法》（第 36 条）和《民诉法解释》（第 93 条）等规定，下列事实无须当事人举证证明：（1）自然规律以及定理、定律；（2）众所周知的事实；（3）根据法律规定推定的事实（推定事实）；（4）根据已知的事实和日常生活经验法则推定出的另一事实（推定事实）；（5）已为人民法院发生法律效力的裁判所确认的事实（已决事实）；（6）已为仲裁机构生效裁决所确认的事实（已决事实）；（7）已为有效公证文书所证明的事实（公证的事实）；（8）在本案审判过程中，当事人（自认人）向本案审判法官承认的不利于己的事实（诉讼上自认的事实）。

根据《民诉法解释》第 93 条的规定，除了“自然规律以及定理、定律”之外，其他的免证事实可以通过当事人提出相反证据加以反驳或推翻。事实上，上述免证事实的真实性已被确定或不具有争议性，但是均有可能是不真实的，所以应当保障当事人（特别是不利一方当事人）的反证权。若当事人（特别是不利一方当事人）提出合法异议、提出充足反证、发现新的事实、撤回诉讼上的自认等，则“免证事实”成为证明对象，所以上述免证事实应当称为相对免证事实。

在我国，有学者将以上事实均纳入司法认知的事实。我们赞成如下看法：司法认知的事实主要包括：众所周知的事实和公证的事实，因为采用这些事实均具有司法认知的特征，均须遵循相同的程序规则。但是，司法认知、已决、推定、诉讼上自认均具有各自的规范内容、法律特征，必须遵循各自的程序规则，所以不能将已决（事实）、推定（事实）、诉讼上自认（事实）纳入司法认知（事实）的范畴，而应当分别规定和讨论。①

第二节 司法认知的事实

一、司法认知的原理

（一）司法认知的概念

司法认知，亦称审判上知悉（judicial notice），从广义上说，司法认知的范围除了特定的事实外，还包含法律。法院对法律的司法认知，属于法院适用法律的范畴（“法官知法”），法官对本国法律和本国参加的国际条约的认知是其职责。

在诉讼证明或证据法领域，则多从狭义角度来理解司法认知，即司法认知是指法院在审理过程中依申请或依职权，以裁定的形式对特定事实的真实性直接予以确认的事实认定方法。法院对一定事实无须当事人举证即确认其真实性，及时排除当事人无合理根据的争议，以确保审理高效有序地顺利进行。司法认知的事实，主要有众所周知的事实、法院依职责所知悉的事实、公证的事实等。

（二）司法认知的特征

1. 司法认知的主体是法院。司法认知是法院的诉讼行为，是法院行使审判权的一种方式。一方面，作为审判机关，法院有权就众所周知的事实或职务上知悉的事实直接予以认定；另一方面，司法认识具有直接的法律效力，直接影响案件的处理结果，因而，司法认知专属于人民法院。在诉讼活动中，法院既可以依职权进行司法认知，当事人也可以申请法院对特定的事实进行司法认知，不过是否进行司法认知的决定权属于法院。

2. 司法认知的客体是特定的事实。司法认知的客体具有两个特征：一是真实性，二是无争议性。真实性是指事实是明显或者显著的，无须进一步证明即可予以认定。无争议性是指当事人不能提出合理的争议。所谓“特定”的事实，就是指符合司法认知客体的两个特征的事

---

① 参见邵明：《正当程序中的实现真实——民事诉讼证明法理之现代阐释》，158页，北京，法律出版社，2009。

实。司法认知的客体的范围是有限的，仅针对明显的事实或者当事人不能提出合理怀疑的事实。从比较法的角度来看，司法认知的事实基本上由法律明文规定，否则法院可能随意扩大司法认知的事实范围。

3. 司法认知的非终局性。司法认知在诉讼过程中进行，是一个动态的过程。法院在依申请或依职权作出司法认知后，应给予对方反驳的机会。在当事人提出反驳或者反证，或者法院自己发现了新的事实时，法院必须重新进行审查，然后作出认定，否则，其不能作为判案的依据。司法认知仅仅免除了主张司法认知事实的当事人的证明责任，而对方当事人可以提出充足的反证，推翻司法认知的事实。

4. 司法认知是一种便捷的诉讼证明方式。对司法认知的事实，当事人无须举证，法院也无须作证据调查。司法认知实际上免除了法院的调查和审查判断义务，省略了当事人举证、质证和辩论的过程，具有简便性。例如，不可能有 2 月 30 日，这是一个明显的事实，法院无须调查，直接认定这一事实即可。

（三）司法认知的分类

1. 以司法认知的不同客体作为标准，司法认知可以分为对案件事实的司法认知和对证据事实的司法认知。对案件事实的司法认知主要是指法院对实体事实所采取的司法认知；而对证据事实的司法认知是指法院对证据事实采取的司法认知。经过司法认知的证据事实可以直接作为认证的根据，而经过司法认知的案件事实可以直接作为定案的事实根据。

2. 以司法认知的不同外在形式作为标准，司法认知可以分为书面司法认知和口头司法认知。书面司法认知是指以书面裁定方式直接认定某一案件事实。口头司法认知是指法院在审理过程中以口头裁定方式直接认定案件事实。从司法认知的便捷性来看，司法认知以口头认知为原则，以书面认知为例外。法院以口头裁定采取司法认知的，应当载明于笔录。

判决事实的司法认知、立法事实的司法认知与法律的司法认知，这是美国学者华尔兹对司法认知所作的分类。判决事实的司法认知是指法院对判决事实所采取的司法认知。法院可以自己决定对判决事实采用司法认知，而不管律师是否提出请求。但如果当事人提出司法认知的请求并提供了相应的材料，在对方当事人听证的前提下，法院必须采用司法认知。立法事实的司法认知是指在法官造法的条件下，法院可以对判例法采用司法认知的形式予以确认。在美国，对法律的司法认知包括对联邦法、州法的司法认知，基本上不对其他国家法律采用司法认知。

（四）司法认知的规则

1. 采用司法认知之前，法院应当进行必要的调查。调查方式有调查民意、咨询专家、查阅资料等。法院进行调查的范围不受当事人请求的限制，可以考虑或者驳回任何一方或者双方当事人提出的意见，也可以仅以现有的或者当事人提供的材料为根据。这种调查无须采用严格证明，否则不是司法认知而是诉讼证明。

2. 采用司法认知事实前，应当保障当事人的程序参与权，当事人有权对是否采用司法认知表达意见，特别是要保障对方当事人提出反证的机会。

3. 在保障当事人程序参与权和进行必要调查的基础上，对方当事人没有提出（补足）反证之后，法院才能采用司法认知的事实。

4. 司法认知应当采取裁定的方式，裁定可以是书面的，也可以是口头的。口头裁定必须记入笔录。无论是书面裁定还是口头裁定，法院必须指明司法认知的事实，以及采取司法认知的根据和理由。

法院采用司法认知应当遵守其程序规则，否则会构成上诉或再审的理由。

（五）司法认知的法律效力

司法认知的法律效力，是指司法认知所产生的法律效果。司法认知能够产生以下两方面的法律效力：

1. 对当事人的效力。经司法认知的事实，主张该事实的当事人无须举证，即具有免除当事人证明责任的法律效力。不论是待证的主要事实，还是间接事实，均可因司法认知而免于举证。对于司法认知的事实，对方当事人有权提出有合理根据的异议或有权提出反证。

2. 对法院的效力。司法认知的事实若无反证或者无新的事实出现，法院可以将其直接作为裁判的基础。为保证认知行为的严肃性，法院应当以裁定的方式作出司法认知。同时，在司法认知前为当事人提供反驳的机会。

二、司法认知的事实

（一）法律明定原则

司法认知的事实或范围应当遵循法律明定原则。许多国家和地区在其诉讼法典或证据法典中规定了司法认知的事实和规则。

比如，《德国民事诉讼法》第 291 条规定："于法院已经显著的事实，不需要证据。"《日本民事诉讼法》第 179 条规定："于当事人在法院自认的事实及显著的事实，无须证明。"《美国联邦证据规则》第 201 条规定了"关于裁判事实的认知"（即司法认知）。

再如，我国澳门地区《民事诉讼法》第 434 条规定："一、明显事实无须陈述及证明；众所周知之事实视为明显事实。二、法院履行其职务时知悉之事实无须陈述；法院采纳该等事实时，应将该等事实之文件附入卷宗。"

我国《民事诉讼法》第 69 条、《公证法》第 36 条及《民诉法解释》第 93 条等规定，对众所周知的事实、公证的事实，无须当事人举证证明。这些事实的真实性已经得到确定，所以无须证据来证明。

（二）众所周知的事实

众所周知的事实，大体上是指为一定地域内的一般人或大多数人所知晓的事实。此类事实，因众所周知而保障其真实性，所以成为（相对）免证事实。

与经验法则不同，众所周知的事实多指具体的事实，其范围包括历史事件、法定节日、新闻事件、国界省界、日常生活知识和经验等。某件事实是否为众所周知，往往因时间、地域而异。众所周知的事实，存续时间有长有短，地域范围有大有小。有些是长久为众所知，有些则存续短暂；有些在一省、一国乃至世界范围内为众所知，有些仅在一县等较小的地域内为该地域的众人所知（如地方性事件、地方习惯等）；有些为全社会所普遍知悉，有些则为某些或者某个领域内众人周知（如行业性事件、行业习惯或惯例等）。

众所周知的事实无须证明，是一条古老的法则。法谚云："明显事实无须证明"，"法律不要求证明对法庭显而易见的事实"，为各国诉讼法所认可。

以什么标准确定"众所周知"存在不同的学说，即普遍性说、相对性说和区域说。普遍性说认为，众所周知即社会上的一般成员，其中包括法官都应知悉的事实。相对性说认为，众所周知的事实具有相对性，也许公众普遍知晓的事实，而承审法官不清楚，或者相反，因此，众所周知的程度是相对的，要视时间、地域和对象而定。区域性说认为，众所周知应限于一定范围内的一般人知晓。有的学者也认为，对认定"众所周知"不能过于机械，应根据实际情况而定。不管采取何种标准，众所周知事实应符合两个条件：(1) 为一定地域内的一般人或大多数人知晓，而不是指每一个人都知道；(2) 能够通过便捷的途径而无须诉讼证明就可获知或查实。构成众所周知事实的最低标准是，在受诉法院管辖区内为一般人所知晓。

"中国人民大学东门前有个当代商城"，这一事实对海淀区甚至北京市居民来说，是众所周知的事实，而对其他地区居民很难说是众所周知的事实。假如，海淀区法院受理一起侵权案件，"中国人民大学东门前有个当代商城"构成本案事实的一部分，那么此事实在案件中无须证明。假设本案法官刚从其他省市调入，不知此事实，怎么办呢？

对于某项众所周知的事实，若仅是法官不知（特殊的地方性、行业性的周知事实），只能认为可由当事人提供适当的知识，或辅助法院取得必要的知识，从而加以认知，而不是必须由当事人负证明责任。上例中，当事人可以向法官提供北京市地图，法官察看地图可确知此事是真实的。

众所周知的事实，一般通过民意测验、查阅资料等方式就能立即查明或容易查明的事实，若需遵循严格证明，则为证明对象而不是众所周知的事实。

众所周知的事实在诉讼法理论上属于司法认知的范围，其效力是免除主张众所周知事实的当事人的证明责任，法院应当依当事人的请求直接认定该事实存在。众所周知的事实，在与当事人自认、证人证言、专家意见发生冲突时，法官必须维持众所周知的效力，而排斥其他证据。然而，众所周知的事实也有虚假的可能，所以是相对免证事实，允许对方当事人提出相反证据予以反驳或推翻。

(三) 法院依职责或职务所知悉的事实

法院依职责或职务所知悉的事实，在许多国家或地区通常作为免证事实，但是我国民事诉讼法还没有将其作为免证事实。

法院依职责或职务所知悉的事实，是指法官在执行其职务或履行其职责时所知道的事实。比如，法官本人审判案件时所知的判决内容、法官所属法院作出的破产宣告和失踪宣告等。法院因依法履行其职责或者执行其职务所知道的事实，既包括在本案中所知的，也包括在其他民事诉讼、行政诉讼或刑事诉讼中所知的，还包括因办理非诉讼事务所知的。但是，这类事实不包括法官在职务之外所获知的案件事实和私人经验，若法官在法庭上陈述或者提供这类事实的，则为证人。

与法院职责相关的事项，还包括国家机关公报的事实。法官作为国家公务人员，理应知悉国家机关公报的事实。国家机关公报的事实多为国家机关处理的重大或典型事项，经过严格审查并公之于众，其真实性较高，对此，法院应当知悉。

对于法院依职责或职务所知悉的事实，要求合议庭半数以上的法官知悉这类事实。对于这类事实，法院不要求当事人举证，可以不等当事人要求而将之作为裁判资料。对于这类事实，无须当事人证明，而直接作为裁判事实。但是，法院在采用此类事实前，应当允许当事人进行争辩或提出反证，旨在防止法官恣意裁判和保证事实真实。

（四）公证的事实

公证是指公证机构（公证处）根据自然人、法人或者其他组织的申请，依照法定程序对民事法律行为、有法律意义的事实和文书的真实性、合法性予以证明的活动。所谓公证的事实，是指经过法定程序公证证明的法律事实和文书等。公证的事实经过法定公证程序，其真实性和合法性已经得到证明，在诉讼中，法院可直接予以认定。

《民事诉讼法》第 69 条规定："经过法定程序公证证明的法律事实和文书，人民法院应当作为认定事实的根据。但有相反证据足以推翻公证证明的除外。"《公证法》第 36 条规定："经公证的民事法律行为、有法律意义的事实和文书，应当作为认定事实的根据，但有相反证据足以推翻该项公证的除外。"《民诉法解释》第 93 条第 7 项规定，"已为有效公证文书所证明的事实"，提出该事实的当事人无须举证证明。

经公证的民事法律行为、有法律意义的事实和文书，根据以上法律和司法解释的规定，包括两种情形：

（1）公证的证据。公证的证据无须经过法庭质证程序，只要法院确认其为真实的公证的证据，就予以采纳。通常情况下，公证证据的证明力大于未公证证据的证明力。

（2）公证的事实。公证的事实的真实性已经得到证明，所以提出公证事实的当事人只需要向法院提交合法有效的公证书即可，无须负担证明责任。

有条规则是"文书推定为真正"。对公证事实，若对方当事人提出了充足的反证，则成为证明对象。因此，一定意义上，公证的事实属于法律推定的事实。

法院对公证事实采用司法认知，必须保障对方当事人提供反证推翻公证事实的机会；同时必须进行必要的调查，即调查是否为真正的公证文书，调查方式是向公证处查实。

第三节　裁判已决的事实

一、已决事实的含义和效力

在我国，"已为人民法院发生法律效力的裁判所确认的事实"，"已为仲裁机构生效裁决所确认的事实"，通常称为"已决事实"。所谓"已决事实"，是指已为发生法律效力的裁判所确认的事实。这里的裁判，既包括各仲裁机构的裁决，也包括各级人民法院的判决。判决，既包括民事判决，也包括刑事判决和行政判决。其中，法官审理的案件，其判决所确认的事实，既属于该法官依职务所知悉的事实，又属于已决的事实。

已决事实在后案或后诉中，能够产生如下预决效力：（1）提出此类事实的当事人，无须举证，并且无正当理由不得提出与该事实相矛盾的事实主张。（2）法官应当直接采用已决事实，除非对方当事人提供相反证据推翻了此类事实。

例如，甲、乙二人对乙占有的某房屋所有权发生争执，经人民法院审理，裁判该房屋为甲所有，并发生法律效力。后来该房屋被乙的朋友丙占用，甲即向人民法院起诉，要求丙腾房迁出该房屋，丙称该房屋为乙所有，拒绝腾房。在这两个案件中，前诉案件中法院确认该房屋为甲所有的事实，对后诉具有预决的作用，即对后诉案件中房屋所有权为甲所有的事实，不需要再举证证明，也就是免除了甲的证明责任。对此，《民诉法解释》第93条明确规定，“已为人民法院发生法律效力的裁判所确认的事实”，当事人无须举证证明，但对方当事人有相反证据足以推翻的除外。

已决事实之所以在后诉中能产生预决效力，原因有三：一是已决事实在前诉中已经过正当程序获得证明，其真实性已为人民法院查明，所以在后诉中对该事实无再证明的必要。二是在前诉中，已决事实已经过当事人的证明，那么该当事人在后诉中无正当理由不得提出与该已决事实相矛盾的事实，这也是当事人遵循诚实信用原则的具体体现。三是可以避免人民法院就同一事实在两起诉讼中作出相互矛盾的认定。此外，也有利于节约诉讼成本，提高诉讼实效。

与预决效力相通的是大陆法系的争点效力（即争点效）和英美法系的争点排除效力。争点效力或争点排除效力，大体是指法院的确定判决对案件事实的判断具有约束后案当事人的效力，即后案当事人无正当理由不得提出与前案判决理由相矛盾的事实主张。争点效力属于间接禁反言的范畴，强调在前后不同的案件中，对于同一案件事实，同一个人应当作出一致的主张。

预决效力或争点效力也属于判决理由效力的范畴。判决理由在例外情形中，如诉讼成功抵消的范围内，具有既判力。预决效力或争点效力不同于既判力：第一，既判力针对的是诉讼标的；而预决效力针对的是案件实体事实。第二，对于案件所涉事项是否具有既判力，法院应主动依职权进行调查，而无须当事人提出主张；而已决事实的预决力则需由当事人主张援用。第三，既判力禁止就既判案件再行起诉和再行审判；而已决事实在以后案件中可以再行提起且无须证明。第四，既判力是一个法律问题，对于具有既判力的事项，法官没有自由裁量的余地，除了提起再审外，既判力是绝对不允许推翻的；而已决事实的预决效力是事实证明问题，不属于法律问题，对于已决事实，后诉法院既可以作同一认定，也可以作出不同的认定，况且，当事人还可以举证推翻。

二、已决事实的采用

（一）预决效力的产生要件

根据民事诉讼法理，某一已决事实要产生预决效力，应符合以下构成要件：

1. 符合程序保障原则。按照程序保障的要求，法院对事实的认定必须是当事人之间攻击防御而形成的结果，是在双方提出主张及证据的基础上形成的。如果没有给予当事人充分主张事实和提出证据并对案件事实证据充分发表意见的机会，或者将当事人未提出的事实或证据作为裁判的基础等，那么，就不符合程序保障原则，法院不能认定该事实。即使法院作出了认定，该认定在涉及该事实的后诉中也不能产生预决效力。

2. 前诉判决或前案裁决须是确定的或生效的，并且没有被依法撤销或变更。即使前诉判决或前案裁决确定了或生效了，若后来被依法撤销或变更，其中的实体事实也随之被推翻，则无预决效力。

3. 已决事实与在后诉中出现的事实必须同一。只有后诉中的事实与已决事实完全相同，已决事实才能产生预决效力。如果后诉中的事实与已决事实不同，在后诉中应当允许当事人对该事实进行质证、辩论。

不管是法院依职权主动采用还是依当事人申请采用已决事实[①]，均应遵行如下程序规则：法院在采用已决事实之前，应当根据已决事实的生效要件进行审查，并且应当保障后诉或后案当事人的程序参与权，特别是保障不利方当事人推翻已决事实的反证权。

（二）法院裁判已决事实的预决效力

1. 生效民事判决所确认的已决事实

《民诉法解释》第 93 条第 5 项所规定的“已为人民法院发生法律效力的裁判所确认的事实”为已决事实，其中所谓的“裁判”，主要是指法院的判决，包括争讼判决和非讼判决。在我国，非讼判决主要有宣告公民失踪的判决、宣告公民死亡的判决、认定公民无民事行为能力的判决、认定公民限制民事行为能力的判决、认定财产无主的判决、除权判决等。督促程序中的支付令所确认的事实也具有预决效力。但是，法院调解书所确认的事实没有预决效力。

至于上述的“裁判”是否包括裁定，值得进一步思考。有学者认为，法院裁定所确认的事实通常不应有预决效力。主要理由是，法院裁定所处理的程序事项和临时性救济事项（如财产保全、行为保全和先予执行等），多具有紧迫性，通常采用快捷的“自由证明”和“释明”，裁定的效力通常仅存在于本案的诉讼程序中，并且处理临时性救济事项的裁定还具有临时性和附属性，即本案终局判决可以变更或撤销此类裁定。[②]

2. 生效刑事判决所确认的已决事实

人民法院在刑事判决中认定的事实无疑应对民事诉讼产生预决效力，但是这种预决效力应局限在一定的范围内。第一，有罪判决中的已决事实，对于后行民事诉讼具有预决效力。如刑事判决认定了被告人以订立合同为手段实行诈骗的事实，那么在后行的损害赔偿诉讼中，则具有预决效力。又如被告在前诉中被判重婚罪，在其配偶起诉的离婚诉讼中，法院不能认定重婚事实不成立，并认为夫妻关系良好，判决不予离婚。

第二，无罪判决的已决事实，在后行民事诉讼中的效力，应当具体分析：（1）以被指控的违法行为不存在或者被告人并未参与违法行为等为由，作为被告人无罪判决的，该判决中的已决事实，对以该被告人提起的民事侵权之诉，具有预决效力。（2）无罪判决的作出是因为证据

---

① 当事人请求法院采用已决事实的，应当向法院提交相关判决或裁决。

② 参见邵明：《正当程序中的实现真实——民事诉讼证明法理之现代阐释》，167 页，北京，法律出版社，2009。

不足、事实不清，即未达到刑事证明标准，但是符合民事证明标准的，在后行的民事诉讼中，应当根据民事证明标准作出判决，不受无罪判决所否定的犯罪事实的效力拘束。

3. 生效行政判决所确认的已决事实

国家行政机关在具体行政行为中认定的事实对法院审理民事案件并无预决效力。但是，如果法院在行政诉讼中判决维持该行政行为，这一事实便具有了司法认定的性质，对以后的民事诉讼产生了预决效力。如维持人民政府所作的土地确权决定的行政判决，对今后发生的有关该土地的侵权诉讼具有预决效力。

然而，并不是行政判决的所有内容都可以在民事诉讼中得到承认。行政判决所确认的事实对民事诉讼具有预决效力，必须符合以下条件：

第一，后行民事诉讼的当事人参加过行政诉讼，其在行政诉讼中或是原告或是第三人。如后行民事诉讼的当事人没有参加过先行行政诉讼，那么就不能要求未参加行政诉讼的当事人接受其不利的结果，行政诉讼所认定的事实对后行民事诉讼应没有预决力。

第二，符合程序保障原则的要求。如民事诉讼的当事人虽参加了行政诉讼，但其未对已决事实进行举证、质证，那么该事实对后行民事诉讼不具有预决力。

第三，行政判决所确认的事实必须与当事人在民事诉讼中主张的事实具有一定的关联性。这种关联性产生的原因主要有：(1) 行政争议与民事争议之间具有联系。其主要表现为：其一，具体行政行为的合法性是处理民事争议的前提条件，具体行为合法性问题得不到解决，相关民事争议就得不到解决。其二，行政争议因民事争议而生，即行政机关为解决已经存在的民事争议而作出行政裁决，而民事争议当事人对该行政裁决不服而产生行政争议。(2) 两种性质的诉讼请求之间的关联性。两种不同性质的诉讼请求之间必须有内在的关联性，这种关联性在于不同性质的诉讼请求均出自同一法律事实。

第四节 推定的事实

一、推定的含义和意义

(一) 推定的含义

证据法中的推定 (presumption)，是根据法律规定或经验法则，从已知的前提事实推断出未知的结果存在，并允许对方当事人举证推翻的一种证明规则。其中，作为推论前提的是已知事实，一般称之为“基础事实”或“前提事实”；依据推定所得的结果事实，一般称之为“结论事实”或“推定事实”；作为沟通基础事实与结论事实之桥梁的推论关系，既可以是法律规则也可以是经验规则。推定是由前提事实来推定结论事实的真实性，所以推定本身并非证据，而是一种证明规则。

推定包括法律推定和事实推定。“法律推定”是指根据“法律明文规定”所进行的推定。“事实推定”系指根据“经验法则或逻辑规则”等所进行的推定。证据法中的推定均是“可以反驳的推定”，又称“相对推定”，即均允许当事人提供反证予以推翻。推定的基本构成，如下图：

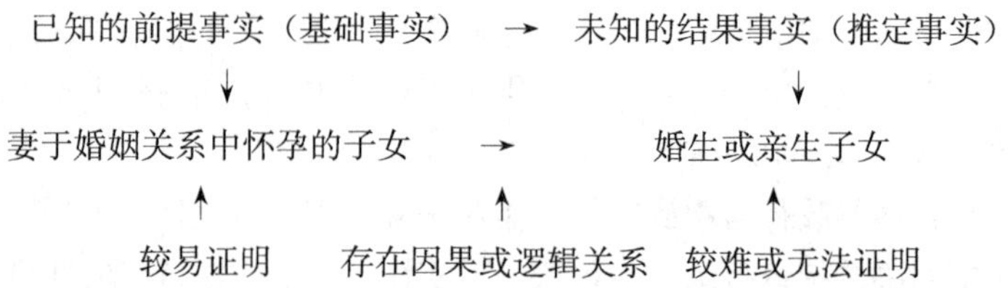

已知的前提事实（基础事实） → 未知的结果事实（推定事实）

↓ ↓

妻于婚姻关系中怀孕的子女 → 婚生或亲生子女

↑ ↑ ↑

较易证明 存在因果或逻辑关系 较难或无法证明

有关婚生或亲生子女的推定，许多国家作出了规定。比如，《日本民法典》第772条规定：“（一）妻于婚姻中怀胎的子女，推定为夫的子女。（二）自婚姻成立之日起二百日后或自婚姻解除或撤销之日起三百日以内所生子女，推定为于婚姻中怀胎的子女。”

《最高人民法院关于适用〈中华人民共和国婚姻法〉若干问题的解释（三）》（法释〔2011〕18号）第2条规定：“夫妻一方向人民法院起诉请求确认亲子关系不存在，并已提供必要证据予以证明，另一方没有相反证据又拒绝做亲子鉴定的，人民法院可以推定请求确认亲子关系不存在一方的主张成立。当事人一方起诉请求确认亲子关系，并提供必要证据予以证明，另一方没有相反证据又拒绝做亲子鉴定的，人民法院可以推定请求确认亲子关系一方的主张成立。”

推定中存在已知的前提事实（基础事实）和未知的结果事实（推定事实）。推定事实往往是直接支持或推翻原告诉讼请求的要件事实，为主要证明对象。基础事实与推定之间存在因果关系、逻辑关系或法律上的联系，因此推定的结果与事实真相之间往往具有高度的盖然性，能够满足民事诉讼证明标准的要求。

推定的根据在于：（1）基础事实与推定事实之间存在因果关系、逻辑关系或法律上的联系，因此推定的结果与事实真相之间往往具有高度的盖然性。（2）推定事实常常难以证明，而基础事实却比较容易证明，当事人通过对基础事实的证明而达到对推定事实的证明，从而不仅方便了证明，也促进了诉讼进程。（3）有时候，推定能够解决案件事实无法证明的困境，比如互有继承关系的数人同时死亡时，法律按照辈分或年龄顺序推定死亡次序。

关于不可反驳的推定与可反驳的推定，这是英美法系国家在法律推定上的分类。不可反驳的推定，就是法律对推定的事实不允许当事人直接予以反驳。如对古文书的推定，30年间由正当保管人保管且无任何涂改的文书，推定为合法做成的真实的文书。可反驳的推定，就是法律对推定的事实允许提出反证，换句话说，这种推定成立的前提条件，必须是没有其他证据能够推翻推定的事实。如对所有权的推定，占有动产或不动产的人，推定为财产的合法所有人。不可反驳的推定与可反驳的推定，在大陆法系被称为绝对推定与相对推定。我国多数学者对不可反驳的推定持否定态度。“大陆法上的通说已不承认所谓绝对推定的独立存在，而将其划归拟制的范畴。由此看来，传统准据法理论关于不可反驳的推定与可反驳的推定的划分，已成了历史陈迹。”①

关于直接推定与推论推定。当法律不依赖于任何前提事实就假定某一事实存在时，这种推定即为直接推定。如民事法律中的“过错推定”。《民法通则》第126条规定：“建筑物或者其他设施以及建筑物上的搁置物、悬挂物发生倒塌、脱落、坠落造成他人损害的，它的所有人或者管理人应当承担民事责任，但能够证明自己没有过错的除外。”直接推定的作用在于确定推

① 江伟主编：《证据法学》，135页，北京，法律出版社，1999。

定事实不存在的证明责任由何方当事人承担，因此，直接推定在本质上并非根据一事实与另一事实的逻辑关系作出的结论，而是以推定形式表现出来的确定证明责任由谁负担的实体法规范。推论推定是法律推定中最典型的、最标准的推定，是依据法律从已知事实推论未知事实、从前提事实推论推定事实的推定。大陆法系学者称之为“真正的法律上推定”。如失踪达一定期限的人被推定为死亡，夫妻关系存续期间出生的子女推定为婚生子女等。这种推定，可以减轻主张推定事实的一方当事人的证明责任，并且可以将证明责任从一方转移给另一方。

由于推定的事实并未由证据来证明，并且基础事实和推定事实之间虽然存在高度盖然性但是并非一定是必然的关系，所以允许对方当事人举证推翻推定事实。对方当事人可以：(1) 就基础事实提出反证；(2) 对推定事实提出反证；(3) 举证证明基础事实和推定事实并不存在因果关系、逻辑关系或法律上的联系。若对方当事人已提出充分反证，主张推定事实的当事人则要对该推定事实负证明责任。

推定不同于拟制。拟制是立法者根据客观需要，将甲事实等同于乙事实，并赋予其与乙事实同等的法律效果。在立法上，拟制通常借助“视为”这一术语来表达。例如，《民法通则》第 15 条中规定，公民居住地与住所不一致的，经常居住地视为住所。

拟制与推定存在以下区别：

第一，属于不同的立法技术。拟制是一种法律上的等价技术，通过它，两种截然不同的事物具有同等的法律价值。而推定建立的仅仅是一种由此及彼的推论关系，根据这种推论关系，尽管两种彼此不同的事实可以产生相同的法律效果，但是两种事实却并不因此具有等同的性质。例如，在亲子推定中，尽管可以根据“婚姻期间受孕”这一事实，推论出“夫为生父”这一事实。但是，“婚姻期间受孕”与“夫为生父”却仍然是两个彼此截然不同的事实。

第二，法律效力不同。拟制具有绝对的法律效力，不允许通过相反的证据加以反驳、推翻。而对于依据推定所得出的结论事实，可以提出相反证据加以反驳、推翻。此外，拟制不影响证明责任的分配，而推定则与证明责任分配有着密切的联系。

推定也不同于假定。所谓假定，指的是一种对过去没有、现在也不存在的某种事实进行猜测的思维形式。假定是一种不需要任何前提条件的假设，属于思维的范畴，因而不具有任何法律效力，法院应当绝对避免借助假定处理案件。可见，假定由于是主观意志的产物，它的作用也无须加以限制；推定则是认定事实的特殊方法，一旦被采用后即产生一定的法律效果，因而它的范围和适用条件均需受到限制。推定只有经反证才能被推翻，假定只有经证实才能被肯定。推定无须证明其真，假定无须证明其假；推定只能适用于法院的事实认定上，而在侦查阶段则常常使用假定。因此，推定与假定是有本质的区别的。

（二）推定的意义

推定用来解决诉讼中出现的对某些事实难以或无法证明的问题，减轻事实主张者的证明难度，方便证明，并可推进诉讼进程。① 比如，对是否是婚生子女的事实，在亲子鉴定技术不存在或不发达的时代，很难或无法证明，那么利用合理的推定可以得到证明。再如，互有继承关

① 非证据法中的推定，比如对于下落不明公民推定其死亡，其目的不在于方便证明、促进诉讼，而在于确定公民的身份关系及其财产的归属；再如占有推定旨在保持所有权关系的稳定。

系的数人共同死亡时，法律按照辈分或年龄顺序推定死亡次序。

证据法中的有些推定，除了考虑方便证明、促进诉讼之外，还有其他的缘由。比如，婚生子女的推定，还考虑到维持家庭关系稳定等因素。再如，一方当事人持有证据无正当理由拒不提供的，如果对方当事人主张该证据不利于证据持有人，可以推定该主张成立，此项推定还考虑到当事人有遵守诚实信用原则的义务。

（三）推定的规则

法院适用推定应当遵守其程序规则，否则构成当事人上诉或再审的理由。推定的程序规则，主要有：

1. 在证据裁判原则之下，“（运用证据）证明胜于推定”，所以，只有在无证据证明案件事实，或者运用证据证明将显著不便或过于浪费时，才能运用推定来确认事实。

2. 主张推定事实的当事人，虽然无须直接证明推定事实，但必须证明前提事实。若未证明前提事实，则推定事实亦未得到证明。

3. 应当保障当事人的程序参与权，即当事人有权表达意见，特别是保障对方当事人提供反证的机会。对方当事人可以通过以下方式推翻推定：对前提事实提出反证、对推定事实提出反证、证明前提事实与推定事实不存在因果关系或逻辑关系。

4. 只有前提事实的真实性或无争议性得到确认后或者不存在其他更有力的真实事实与推定事实相冲突，对方当事人又没有提供充足反证的，“只要没有反证，推定便有效力”，才能采用推定事实。

在同一诉讼中，两个或数个推定之间若发生冲突，如何解决呢？《美国统一证据规则》第302条中规定，适用基于分量更重的政策考量作出的推定；若它们是基于同等分量的政策考量，则不适用任何推定。

二、法律推定和事实推定

（一）法律推定

法律推定是法律明文规定的推定，是指根据法律的规定，从某一事实而推断出另一事实存在（或不存在）的一种证据规则。比如，《合同法》第78条规定：“当事人对合同变更的内容约定不明确的，推定为未变更。”又如，《最高人民法院关于贯彻执行〈中华人民共和国继承法〉若干问题的意见》第2条规定：“相互有继承关系的几个人在同一事件中死亡，如不能确定死亡先后时间的，推定没有继承人的人先死亡。死亡人各自都有继承人的，如几个死亡人辈分不同，推定长辈先死亡；几个死亡人辈分相同，推定同时死亡，彼此不发生继承，由他们各自的继承人分别继承。”至于前提事实或是根据证据所认定，或是根据法则所认定（如司法认知等）。

法律推定的成立条件主要有：一是要确认前提事实。作为推断根据的前提事实，必须得到证明，如果负有证明责任的当事人没有提供证据或提供的证据不足以证明前提事实，推定法则就无法适用。前提事实一旦得到证明，法院就会依照法律规定作出存在推定事实的结论。二是适用法律推定须以无反证推翻为条件。法律上推定的事实，必须是能够以相反证据推翻的事实。不能以反证推翻的推定，不是法律推定。当推定事实因前提事实的确认而被假定存在后，否认推定事实的一方要推翻该推定事实，就必须对不存在推定事实负证明责任。如依有关法律规定，夫妻关系存续期间所生子女，视为婚生子女，一方当事人要否定这一事实，必须提出充分证据证明夫妻于子女出生前已分居，且无往来，从而使推定事实是否存在陷入真伪不明的状态。在此情况下，就不能再适用推定法则认定该子女为婚生。

法律推定，如遇时代或社会已有重大变迁或人类知识的进步，原有的推定可能有所变化，法官在适用和解释时，应当予以适当注意。如关于婚生子女的推定，这一推定在科技不发达的时期，人们无法科学判断子女是否为婚生或亲生，只得作出如此推定的规定，以利于法官作出判决。如今，科技发达了，人们可以通过亲子鉴定技术识别子女是否为婚生或亲生，从而关于婚生子女推定的合理性和可适用性就受到了质疑和限制。

法律推定可分为有关事实的法律推定和有关权利的法律推定。有关事实的法律推定，是指法律规定以某一事实的存在为基础，推断待证事实存在的推定。比如，上文所述的婚生子女的推定、死亡次序的推定等。有关权利的法律推定，是指法律就某权利或法律关系于现在是否存在加以推定。例如，各共有人的应有部分不明的，推定其为均等。[①] 有关权利的法律推定并非证据法则，证据法中的法律推定是以待证的案件事实而并非以实体权利为推定的对象。

（二）事实推定

事实推定是由法院依据经验法则和逻辑规则，从已知的基础事实推断出推定事实的一种证据规则。如根据被告在诉讼中销毁或隐匿证据这一事实，推断出该证据对其不利。法院适用事实推定，事实上是运用经验法则和逻辑规则来认定案件事实。

事实推定的内容繁多，例如实务中常常运用事实推定来证明存在“过错”（如以书面损害他人名誉的，推定有损害的故意）；使用凶器致人死亡的，推定有杀人的故意；依据履行契约的事实，可以推定存在契约关系；等等。

事实推定必须合乎经验法则和逻辑规则。事实推定的结果必须是合理的、准确的、强有力的、始终一致的。若法官悖于经验法则、逻辑规则和诚实信用原则进行事实推定，则视为违背法律，成为上诉或再审的理由。

事实推定中，有一种特别的推定是显而易见的推定，英美法系称为“不证自明”或“事实本身说明过失”，大陆法系称为“表见证明”、“大致的推定”。这种推定是以具有更高盖然性的经验法则为基础，依发生事实的本身（如医生手术后把手术刀留在病人体内）直接推定加害人存在过错，即“表见于外部的行为，揭示内部的秘密”，“由结果推测故意”。对于表见证明，对方当事人可以提出抗辩或反证。

对于法院在表见证明中的失误，比如应当采用表见证明却未采用、不应采用表见证明却采用，应当作为上诉或再审的理由。有些国家将此种失误作为法院判决违背经验法则和法律的情形，构成提起第三审的理由。

应当注意，事实推定的结果必须是合理的（体现“正能量”）、准确的、强有力的、始终一

---

① 《物权法》第104条规定：按份共有人对共有的不动产或者动产享有的份额，没有约定或者约定不明确的，按照出资额确定；不能确定出资额的，视为等额享有。

致的。可由多个前提事实推论出一个结果事实，但是若一个前提事实推断出数个结果事实时则不得适用推定。

（三）法律推定和事实推定之比较

法律推定和事实推定均需遵循推定的一般原理。以法律规定为推论依据的，属法律推定；以经验法则为推论依据的，属事实推定。事实推定若为立法所接受，则成为法律推定。法律推定实质上是事实推定的法律化，即真实的盖然性较高且较为典型的事实推定往往成为法律推定。

有无法律明文规定，是区别事实推定和法律推定的明显标志。法院根据经验规则适用事实推定。当具备某项法律推定的要件时，法官就可以直接运用该项法律推定。法律推定以其法律的明确性和可预见性，具有指引当事人举证的引导功能；而事实推定则主要表现为法官认定事实过程中的内在思维过程，其目的是为实现个案公正而对证明责任分配进行适当的调整。

有的国家（如日本等）法律要求，对于法律推定的反证，应当达到使法官确信推定事实不存在的证明标准；而对于事实推定的反证，仅需达到使法官产生怀疑的证明程度。

法律推定的适用具有强行性，即当出现符合有关法律推定的规范要件事实（即前提事实）时，就可以直接依据该规范推断出推定事实的真实性。比如，我国《保险法》第42条第2款规定的推定，即“受益人与被保险人在同一事件中死亡，且不能确定死亡先后顺序的，推定受益人死亡在先”。

但是，是否适用事实推定则取决于法官的自由裁量，法官有权根据案件的具体情况对是否适用推定作出判断和选择。所以，与法律推定相比，事实推定是一种较弱的推定。

三、推定与证明责任的分配

在具体案件中，证明责任的分配方式直接影响着当事人的败诉风险及其大小。因此，推定对于证明责任分配的影响，直接关系到诉讼双方当事人在诉讼证明中的处境。

1. 对于主张推定事实的当事人而言，推定实质意义上意味着减轻了其证明责任。适用推定必须以基础事实得以证明为前提条件，因此，推定本身并不是免除了主张推定事实一方当事人的证明责任，仅仅是减轻了其证明责任。例如，在亲子推定中，女方仍然负有证明“谁是生父”的证明责任，尽管证明“婚姻期间受孕”相对于“谁是生父”要容易得多。推定本身意味着向一方当事人的政策性倾斜，即通过设置一种更容易得到证明的证明对象（基础事实），取代原本较难证明的证明对象（推定事实）。对于主张推定事实的当事人而言，推定的存在，实质上意味着一种证明对象的变换，一种由较难证明的证明对象向更容易证明的证明对象变换。

2. 对于对方当事人而言，推定意味着证明责任的转换。按照证明责任分配的一般原则，主张适用特定法律规范的当事人，应就该法律规范所需的要件事实承担相应的证明责任。但是，这一分配原则因推定的介入而产生了变化：在推定作用下，关于该要件事实（推定事实）的证明责任最终将转换到反对推定事实的当事人身上（即发生了证明责任倒置）。仍以亲子关系推定为例，按照证明责任分配的一般原则，如果原告方主张“夫为生父”，那么她应就此承担证明责任，但是在亲子推定的帮助下，原告方通过证明“婚姻期间受孕”这一事实，即可达到卸除对“夫为生父”这一事实的证明责任。由于前一事实比较容易证明，所以原本应当由原告方负担证明责任的“夫为生父”，事实上变成了被告方应当就“夫非生父”负有证明责任。

在具体案件中，证明责任的转换是以对方当事人对推定事实提出异议为前提的。在时序上，推定的适用分为两个明显不同的阶段：通过推定证明推定事实的阶段；通过反证推翻推定事实的阶段。对对方当事人而言，只有在后一阶段，他才负有推翻推定事实的证明责任。因此，在实质意义上，其证明责任是以主张推定事实一方当事人证明了基础事实为前提的。

第五节 当事人诉讼上自认的事实

一、诉讼上自认的含义和对象

（一）诉讼上自认的含义

最广义的当事人自认，包括：(1) 对诉讼请求（或作为诉讼标的之权利或法律关系）和作为诉讼标的前提的权利或法律关系的承认；(2) 对实体事实的承认，这是狭义的或通常意义上的自认，又有诉讼上自认和诉讼外自认之分；(3) 对证据的承认；(4) 对程序事项的承认，又有明示承认和默示承认（如应诉管辖等）之别。

《民诉法解释》第 92 条规定：“一方当事人在法庭审理中，或者在起诉状、答辩状、代理词等书面材料中，对于己不利的事实明确表示承认的，另一方当事人无需举证证明。对于涉及身份关系、国家利益、社会公共利益等应当由人民法院依职权调查的事实，不适用前款自认的规定。自认的事实与查明的事实不符的，人民法院不予确认。”据此，我国仅仅肯定“明示自认”（即“明确”表示承认的），否定“默示自认”（拟制自认或准自认）。

所谓诉讼上自认，又称判决上自认，是指在诉讼过程中，当事人（自认人）对不利于己的事实向本案审判法官所作出的承认。诉讼上自认的制度环境是辩论主义，当事人负责主张实体事实，法院不依职权主动提供实体事实，法院作出判决的事实依据仅限于当事人所主张的事实。诉讼上自认的观念环境是私权纠纷的解决应当尊重当事人的意思，对于实体事实的主张或自认也应当尊重当事人的意思。

自认人在诉讼中对不利己事实的自认，意味着双方当事人对此事实不存在争议，那么无须对方当事人对此事实举证，基于辩论主义，法官应当直接将此事实作为判决的根据。也就是说，由于诉讼上自认限定了当事人对于案件事实的争执范围和举证的范围，所以，诉讼上自认实际上是一种证明规则或诉讼规则，是当事人对事实的处分行为，而不属于证据的范畴。

自认也不同于认诺。认诺是指被告对原告诉讼请求的承认。两者的区别体现在：(1) 客体不同。自认的客体为对方当事人主张的对己不利之案件事实，认诺的客体为原告提出之诉讼请求。(2) 法律后果不同。自认的法律后果表现为免除了对方当事人的证明责任，自认之事实为法院判决之依据，但法院仍须就自认之事实适用法律，不得立即为自认当事人之败诉判决。对认诺之情形，法院即应不调查当事人所主张诉讼标的之法律关系是否存在，而以认诺为该当事人之实体败诉判决。《法国民事诉讼法》第 408 条的规定对认诺的法律后果作出了概括：“认诺对方当事人之诉讼请求，即告承认其请求有依据并舍弃诉权。”

根据自认主体的不同，自认可以分为当事人自认和代理人自认。当事人自认是指当事人本人就对方当事人主张的不利于己的事实的承认。代理人自认是指由当事人的代理人就对方当事人主张的不利于被代理人的事实的承认。一般学理上认为，当事人自认除当事人本人自认，还包括当事人诉讼代理人的自认，而当事人本人自认与法定代理人自认具有同等法律效力。委托代理人在代理权限内的自认约束当事人，但如果当事人认为自认与自己意志相抵触，则可行使撤销代理人自认之权利，使代理人自认归于无效。

（二）诉讼上自认的对象

诉讼上自认对象主要是案件实体事实。法律规范不得为自认，其主要原因是法律法规是由拥有立法权的国家机关制定的，不得由当事人以自认方式认定其内容和效力，并且在诉讼中适用法律是法官的职责，当事人无权以自认方式来确定法律如何适用。

根据辩论主义，诉讼上自认的对象原则上仅限于主要事实。多数人认为，承认对间接事实自认的拘束力，则有违自由心证原则。因为根据自由心证原则，法官应根据自己良知自由判断主要事实的真实性，若承认法院所怀疑的间接事实的自认的拘束力，则意味着法官只得据此自认来认定主要事实，从而限制了法官自由判断主要事实。但是，有学者认为，对间接事实的自认并不妨碍法院根据其他间接事实通过自由心证来认定主要事实的存在与否，并且只要没有其他间接事实否定自认的间接事实，就可以通过自认的间接事实推论主要事实。①

事实上，在一些情形中，绝对地区分主要事实与间接事实，并据此确定诉讼上自认的对象，也可能产生不利的后果。例如，对于侵权行为法中的“过错”等规范性要件，按照主要事实与间接事实分类的观点，符合规范性要件的案件事实为主要事实（过错），而符合此要件的具体事实（如醉酒驾驶、超速行驶等）则是推定主要事实存在的间接事实。受害人只要主张加害人“存在过错”这一要件事实即可，如果受害人主张的是“超速行驶”，而法官认定的是“酒后驾驶”，虽然并不违反辩论主义，但是将当事人未主张的事实作为判决依据则构成对当事人的突然袭击。因此，把规范性要件事实和符合该要件的具体事实结合起来作为主要事实，则可避免法院的突袭裁判。② 由此，符合规范性要件的具体事实也应纳入诉讼上自认的范围。

笔者认为，由于主要事实与间接事实在诉讼中毕竟具有不同的地位，所以将间接事实的自认与主要事实的自认完全等同也是不合理的。事实上，当事人对主要事实的自认须在符合或具备法定的情形或理由时，才可撤销或撤回，而对间接事实的自认一般可以自由撤回。但是考虑到适当承认间接事实自认的效力也有助于案件主要事实的认定，只要没有其他间接事实否定自认的间接事实，就可以通过自认的间接事实推论主要事实。不过，间接事实的自认不得与主要事实的自认相冲突，否则是无效的。此外，为避免法院的突袭裁判，在一些情形中，也应把间接事实（如符合实体法规范要件的具体事实）作为主要事实对待，纳入诉讼上自认的范围。

诉讼上自认的对象是案件实体事实，是构成三段论小前提的具体事实。但是，并非所有的

---

① 参见张卫平：《诉讼构架与程式》，425 页，北京，清华大学出版社，2000。

② 参见王亚新：《对抗与判定》，2 版，89～91 页，北京，清华大学出版社，2010。

实体事实均可由当事人自认。一般说来，以下事实不得成为自认的对象：

1. 法官职权探知的事实。一般说来，法官职权探知的事实涉及公益。为维护公共利益，对于涉及公益的事实，由法官以公益维护者身份依职权收集并查明其真相，拒绝当事人的自认，旨在防止当事人作出虚假的自认而有害于公共利益。

由于人事诉讼涉及当事人的人身关系，涉及公共秩序和社会的善良风俗，各国在人事诉讼中一般采取职权调查主义。而以辩论主义为基础的自认，在人事诉讼中当然不发生效力。

我国民事诉讼法并无单独的人事诉讼程序，但《民诉法解释》第 92 条第 2 款规定，对于涉及身份关系、国家利益、社会公共利益等应当由人民法院依职权调查的事实，不适用自认的规定。

《日本人事诉讼程序法》第 10 条规定："关于审判上自认的法律规定，不适用于婚姻案件。"我国台湾地区"民事诉讼法"第 574 条规定："关于诉讼上自认及不争执事实之效力之规定，在撤销婚姻、离婚或夫妻同居之诉，在撤销婚姻、离婚或拒绝同居之原因、事实，不适用之。在婚姻无效或确立婚姻成立或不成立之诉，于婚姻无效或不成立及婚姻有效或成立之原因、事实，不适用之。"

2. 法官司法认知、裁判已决和推定的事实。这些事实的真实性已经得到确定，法官应予直接采用，自无适用自认的必要（除非这些事实被确定是虚假的）。一方当事人对这些事实进行不合理争执，即使对方当事人自认也是无效的。

3. 客观上不可能或已被证明为真实的事实。客观上不可能的事实，或者依据经验法则或众所周知事实推定出不可能的事实，不得通过自认而成为"可能"。已被证明为真实的事实，不得通过自认而使其"不真实"。这两类自认，均为无效的虚假自认。

二、诉讼上自认的要件

诉讼上自认的法律性质决定着诉讼上自认的有效要件。当事人在诉讼上的自认，属于当事人主张事实的范畴，为取效性诉讼行为。除须具备取效性诉讼行为通常的有效性要件外，诉讼上自认还须具备其他特殊要件，主要有①：

（一）自认人须适格

自认人对己不利事实可以否认或承认。对己不利事实，自认人自愿承认其真实性，并自愿承担其后果，属于当事人对事实的处分行为。因此，自认的主体包括原告和被告。法定代理人的自认与当事人的自认，在有效要件和法律效果等方面是相同的。

委托代理人的自认，一般情况下视为当事人的自认。但是，未经特别授权的委托代理人对事实的承认直接导致承认原告诉讼请求的除外。当事人与其委托代理人一并出庭时，若两者对是否自认或自认范围等发生抵触的，以当事人的为准；若当事人对其代理人（超出代理权限）

① 此部分内容主要参考邵明：《正当程序中的实现真实——民事诉讼证明法理之现代阐释》，194～199 页，北京，法律出版社，2009；邵明：《我国民事诉讼当事人陈述制度之"治"》，载《中外法学》，2009（2）。

的承认不及时否认、撤销或更正的，视为当事人的承认。若同一当事人的数个委托代理人就自认发生抵触的，其处理原则是先作出的自认在效力上优先，除非该自认依法被撤回或撤销。

《民事诉讼法》第 52 条第 2 款规定："共同诉讼的一方当事人对诉讼标的有共同权利义务的，其中一人的诉讼行为经其他共同诉讼人承认，对其他共同诉讼人发生效力；对诉讼标的没有共同权利义务的，其中一人的诉讼行为对其他共同诉讼人不发生效力。"对于这里的"诉讼行为"，应包括对对方诉讼请求的"认诺"和对对方事实主张的"自认"。从立法意图来看，必要的共同诉讼中，一人的自认是否对其他共同诉讼人有效，取决于其他共同诉讼人的承认；普通的共同诉讼中，法律规定，一人的自认对其他共同诉讼人不具有任何约束力。

《民事诉讼法》第 53 条规定："当事人一方人数众多的共同诉讼，可以由当事人推选代表人进行诉讼。代表人的诉讼行为对其所代表的当事人发生效力，但代表人变更、放弃诉讼请求或者承认对方当事人的诉讼请求，进行和解，必须经被代表的当事人同意。"可见，这里没有涉及自认，只是规定了代表人的"认诺"行为的效力，非经被代表人同意对被代表人不发生效力。从完善自认制度的角度讲，应当对此予以明确，代表人的自认的效力，可以与"认诺"的立法精神保持一致。

（二）自认对象须是依法可以自认的、对自认人不利的案件事实

诉讼上自认的对象首先是依法可以自认的实体事实。如上所述，自认的对象是案件中构成三段论小前提的具体事实。但是，法官职权探知的事实；司法认知、已决和推定的事实；客观上不可能或已被证明为真实的事实等，通常不得作为自认的对象。从经验法则的角度来说，自认人对不利己事实的承认，往往具有真实性，所以自认的对象须是对自认人不利的事实。"不利的事实"是指对方当事人负证明责任的案件事实。自认是自认人承认对方当事人应负证明责任的事实，由于自认而免除对方的证明责任，这种结果自然对自认人不利。

（三）自认的内容须与对方当事人的事实主张相一致

自认的内容与对方当事人主张的事实相一致，可以是全部一致（即完全自认），也可以是部分一致（即部分自认）。在"一致"或"自认"的范围内，免除对方当事人的证明责任，法院据此作出判决。

比如，原告提起请求法院判决被告返还 10 万元借款之诉，并提出 2005 年 2 月 3 日借给被告 10 万元的事实和被告逾期未还的事实。但是，原告未能向法院提供任何相关证据。在法庭辩论中，被告向本案审判法官承认，自己在 2005 年 2 月 3 日向原告借过款，但是只借了 8 万元。法律问题：法官如何判决？此例中，被告的自认为部分自认，法院根据此自认，只能判决被告返还 8 万元借款。至于被告没有承认的 2 万元，原告应当提供证据加以证明。

（四）须在本案诉讼过程中，向本案审判法官明确作出

诉讼上自认须在本案诉讼过程中明确作出，即在法庭审理中，或者在起诉状、答辩状、代理词等书面材料中明确作出。在本案诉讼程序之外或者在其他诉讼案件中的自认，均是诉讼外自认。另外，为达成调解协议或者和解的目的，当事人对事实的承认，也是诉讼外自认。诉讼

外自认作为证据，与诉讼上自认不同。

诉讼上自认须向本案审判法官明确作出。因为经本案审判法官审查，认为诉讼上自认具备有效要件的，才能免除对方当事人对自认事实的证明责任，法院才能采用自认的事实。根据“直接言词原则”，诉讼上自认必须向本案审判法官作出，若向第三人或其他法官作出则构成诉讼外自认。诉讼上自认属于当事人的单方行为，不以对方当事人在场或承认为要件。

至于诉讼上自认应当采用何种（表现）方式，立法多未作出限制性规定，那么可以认为，既可采用书面方式，比如被告在答辩状直接作出自认的，或者当事人向本案审判法官提交书面自认的；又可采用言词或口头方式，若当事人口头自认的，应被记入审前准备笔录或审理笔录，且由自认人、本案审判法官、记录人等签名或盖章。

至于诉讼上自认应当何时作出，通常是在对方当事人主张利己而不利于自认人的事实之后，在该事实得到证明或法院采纳之前，自认人可以承认该事实，此为“后行自认”。在诉讼中，自认人也可能作出“先行自认”，即自认人预先陈述对己不利的事实，然后对方当事人引用该陈述的。若对方当事人未引用或引用前，则不构成自认①；此际，“自认人”可自由撤回先前陈述。若“自认人”没有撤回这种陈述，则可作为诉讼资料而由法官斟酌是否作为判决的依据。②

诉讼上自认是否有效，直接决定案件的“争点”，并能产生影响当事人利益等效果，所以法官对于自认是否具备有效性要件，应当认真及时审查以作出合法判断，并应在审理笔录中明确记载该判断的结果和理由。

三、诉讼上自认的效力

（一）诉讼上自认的效力

对于当事人于诉讼中作出的自认，无论是明示的还是拟制的，不论是本人所为的还是诉讼代理人所为的，也不论是完全的还是部分的，如具备有效性要件的，经法院确认后，将产生以下效力：

1. 对法院的拘束力

自认对法院具有拘束力，法院须受自认的拘束，这是自认制度的核心。自认对法院的拘束力表现为：（1）对于自认的事实，法院不得要求当事人举证证明，也不得要求当事人解释自认的依据。即所谓自认的事实不必证明。（2）法院对当事人自认的事实不得动用职权进行调查，应将当事人自认的事实视为真实，直接认定该事实的存在，并应将自认事实作为裁判的根据，且不得作出与当事人自认之事实相反的认定。（3）自认不仅约束初审法院，而且还对上诉审法院以及再审法院有约束力。比如，《德国民事诉讼法》第532条规定：“在第一审中所谓的裁判

---

① 既然自认免除了对方当事人提出的利己事实的证明责任，就要求对方当事人提出利己的事实主张。如果对“自认人”在诉讼中预先陈述对己不利事实，对方当事人未引用或引用前，则意味着对方当事人并未提出利己的事实主张，因而“自认人”的陈述并未构成自认。

② 参见［日］三月章：《日本民事诉讼法》，汪一凡译，425页，台北，五南图书出版公司，1997；［日］新堂幸司：《新民事诉讼法》，林剑锋译，378页，北京，法律出版社，2008。

上的自认，在上诉审中仍保持其效力。”

明示自认是自认人明确作出的，体现出自认人的真实意志，除具有法定情形或理由而可以撤销外，其效力维持始终，直至上诉审。《民诉法解释》第342规定：“当事人在第一审程序中实施的诉讼行为，在第二审程序中对该当事人仍具有拘束力。当事人推翻其在第一审程序中实施的诉讼行为时，人民法院应当责令其说明理由。理由不成立的，不予支持。”此条规定也适用于一审中当事人作出的诉讼上自认。

2. 对自认者的拘束力

自认对作出自认一方当事人的拘束力体现为自认的自缚力。自认一经作出，作出自认的一方当事人原则上不得随意撤销或者撤回自认，并在诉讼中不得就已自认的事实再行争执，也不得主张与自认事实相反的事实。但是，根据《证据规定》第8条规定，在法庭辩论终结前并经对方当事人同意，可以撤回自认；有充分证据证明其承认行为是在受胁迫或者重大误解情况下作出且与事实不符的，也可撤回自认。

在英美普通法上，存在所谓“禁反言”（Estoppel）。“禁反言”分为因记录不准反言、因蜡封文书不准反言和因行为不准反言。其中，因行为不准反言是指在民事诉讼中，一人因言词或行为曾使另一人相信某一事实的存在并据此行事而遭受了损失，不准他否认该事实的存在。因行为成立禁反言，其条件是：（1）陈述必须是关于事实的陈述；（2）陈述必须是清楚的、不含糊的。

3. 对对方当事人的拘束力

自认对对方当事人的拘束力主要是免证力，即免除了对方当事人对自认事实的证明责任，但是涉及身份关系和公共利益的事实除外。此外，依法撤销或撤回自认的，不能免除对方当事人的证明责任。

（二）自认的撤销或撤回

如上所述，诉讼上自认对行为人实体权益有重大影响，当事人难免因意思表示错误而作出自认，从保护自认人的角度来说，不允许撤销错误的自认是不合理的。再说，辩论主义表现为当事人对事实证据的处分，所以应当允许自认人撤回或撤销自认。诉讼上自认被撤销或被撤回的，其法律效果随之消失，等同于自始没有自认。

但是，若对自认的撤销或撤回不加以合理限制，则自认人可能会忽而自认、忽而撤销或撤回、忽而又自认、忽而又撤销或撤回，如此将会扰乱诉讼程序、破坏诉讼安定和造成诉讼迟延。对自认的撤销或撤回，至少应作出如下合理限制：（1）法律应当明确规定可以撤销或撤回自认的具体情形；（2）自认人应当在适当期限（如攻击防御期限）内撤回或撤销自认；（3）自认人应当释明撤回或撤销的理由；（4）自认能否被撤销或被撤回，由法官最终决定。

在明示自认中：（1）自认人证明其自认系出于受欺诈、受胁迫或意思表示错误且违反真实的，可以请求法院撤销该自认。（2）在法庭辩论最后终结前，对方当事人同意的，可以撤回自认。因为自认解除了对方当事人对自认事实的证明责任，所以自认对自认人的拘束力很大程度上也在于维护对方当事人对自认的利益，因此对方当事人同意的，则自认人可以撤回自认。

延伸阅读文献

1. 邵明．我国民事诉讼当事人陈述制度之“治”．中外法学，2009（2）

2. 张卫平．诉讼构架与程式．北京：清华大学出版社，2000

3. 邵明．正当程序中的实现真实——民事诉讼证明法理之现代阐释．北京：法律出版社，2009

4. 王亚新．对抗与判定．2 版．北京：清华大学出版社，2010

5. 姜世明．新民事证据法论．台北：学林文化出版事业有限公司，2004

6. ［日］高桥宏志著，林剑锋译．民事诉讼法．北京：法律出版社，2003

7. ［德］汉斯·普维庭著，吴越译．现代证明责任问题．北京：法律出版社，2006

8. ［德］罗森贝克，施瓦布，戈特瓦尔德著，李大雪译．德国民事诉讼法．北京：中国法制出版社，2007

问题与思考

1. 论民事诉讼法中的免予证明事实。（2004 年中国人民大学考博试题）

2. 比较司法认知的规则与推定的规则。

3. 论法律推定与事实推定的效力。（2002 年中国人民大学考博试题）

4. 原告 A 请求法院判决 B 返还 10 万元借款。A 诉称：自己曾亲自将 10 万元借给 B，还款期已到，但是 B 至今未还。诉讼中，A 没有提供任何证据，虽然 B 承认受到此款，但是辩称此款是自己受 A 的委托交给 C 作为 A 与 C 的合伙经营资金，对此 B 未能提供证据。

法律问题：该案如何判决？

5. 关于自认的说法，下列哪一选项是错误的？（2009 年司法考试卷三）（参考答案：D）

A. 自认的事实允许用相反的证据加以推翻

B. 身份关系诉讼中不涉及身份关系的案件事实可以适用自认

C. 调解中的让步不构成诉讼上的自认

D. 当事人一般授权的委托代理人一律不得进行自认

第八章

证明责任与职权探知

本章概要

审判民事私益案件采行辩论主义，以较能尊重当事人意志的判决内容为宜，所以应当在主张事实和提供证据的程序阶段将此种任务交由当事人负责完成，即当事人应当承担主张责任和证明责任。在民事公益案件中，对于案件事实和证据不能任由当事人处分，法院以公益维护者身份承担职权探知的责任，以发现真实和维护公益。

证明责任是审判程序的正当性原理，包含行为证明责任和结果证明责任。在辩论主义诉讼程序中，行为证明责任与结果证明责任相关联且适用范围相一致，而在职权探知主义诉讼程序中，不存在行为证明责任却存在结果证明责任。

证明责任分配一般规则是“谁主张谁证明”。特殊情形中实行证明责任的倒置，属于民事证明责任减轻的范畴。对难以证明的事项，采取“民事证明责任的减轻技术”，即采取合理法律技术或替代方法，适当减轻当事人的证明难度，满足个案的妥当性要求。法律没有具体规定证明责任承担的，法院可以确定证明责任的承担，但应在判决中充分说明理由。

关键术语

辩论主义　职权探知主义　要件事实　主张责任　证明责任　谁主张谁证明　证明责任减轻　证明责任倒置

第一节　辩论主义与职权探知主义

在民事诉讼中，作为判决基础的资料（即判决资料）包括：(1) 诉讼资料，是指从当事人辩论中获得的案件事实；(2) 证据资料，是指从证据调查中获得的证据资料。在民事诉讼中，就判决资料而言，存在辩论主义与职权探知主义之别，两者所要解决的问题是：在法院和当事人之间如何合理分担收集事实和提供证据的责任。辩论主义适用于民事私益案件，而职权探知主义适用于民事公益案件或含有公益因素的事项。

有关法律规范的适用，对证据的评价（证据能力之有无和证明力之大小等），对事实的评价（真实与否及是否符合实体规范构成要件等）、包括对当事人陈述的法律评价，属于法院应有职责或者说属于法院审判权范围，不是辩论主义和职权探知主义所要涉及的问题。①

一、辩论主义

（一）辩论主义的内涵

1. 辩论主义的基本内涵

在大陆法系、英美法系国家和地区的民事诉讼中，“辩论主义”体现了当事人对作为判决基础的“事实和证据”之处分，系指主张事实和提供证据是当事人的权能或责任，法院不得作出异于当事人诉讼上自认的判断。

传统辩论主义和现代辩论主义的基本内涵是一致的：(1) 当事人没有主张或自愿撤回的实体要件事实，法院不得将其作为判决的资料，即法院只能对当事人主张的实体要件事实予以认定和采用，亦即对于诉讼资料，当事人享有主张权或负担主张责任；(2) 当事人没有提供或自愿撤回的证据，法院不得将其作为认定事实或作出判决的资料，即法院只能对当事人提供的证据予以判断和采用，亦即对于证据资料，当事人享有证明权或负有证明责任；(3) 当事人之间无争议的实体要件事实，法院应将其作为判决的依据或资料。

从权利或权能的角度来说，“辩论主义”体现了当事人对作为判决基础的诉讼资料和证据资料的处分，法院只能根据当事人主张的事实和提供的证据作出判决。同时，根据“权责一致性原理”，法律又将主张事实和提供证据作为责任赋予当事人，即与当事人“主张权”和“证明权”相一致，当事人分别负担“主张责任”和“证明责任”。

当事人的主张责任和证明责任均为辩论主义的基本内涵，前者是后者的前提，两者之间的通常关系或一致性体现为“谁主张谁证明”。当事人“主张责任”和“谁主张谁证明”中的“主张”属于“事实主张”或“主张事实”的范畴，即当事人主张利己（要件）事实。

应当注意，现代辩论主义与传统辩论主义同样适用于民事私益案件，同等尊重当事人对民事权益和事实证据的合法处分权。在保留传统辩论主义本质和基本内涵的基础上，为实现实体公正，现代辩论主义做了两方面的努力：(1) 保障当事人的主张权和证明权以更好地履行主张责任和证明责任，比如制定法官的阐明制度、赋予当事人基于正当理由向法院申请收集证据的权利等。(2) 通过诚实信用原则对当事人的主张行为和证明行为构成制约。

2. 当事人的主张责任

在诉讼中，当事人没有主张或已经撤回的决定实体法律效果的事实，法院不得依职权主导收集和调查，更不得作为法院判决的基础和根据。在辩论主义诉讼中，对于当事人在诉讼中没有主张的主要事实，纵使法官通过证据调查获得了心证，也不能采用（不能通过证据资料来补

---

① 参见［德］罗森贝克、施瓦布、戈特瓦尔德：《德国民事诉讼法》，李大雪译，527页，北京，中国法制出版社，2007；［日］新堂幸司：《新民事诉讼法》，林剑锋译，307页，北京，法律出版社，2008。

充诉讼资料）。[①]

主张责任包括行为主张责任和结果主张责任。行为主张责任即负责主张利己要件事实，解决要件事实由何方当事人如何主张的问题。结果主张责任即承担败诉等不利后果，解决在当事人未（具体）主张时法院如何判决的问题。

主张责任的通常分配规则是因某项要件事实法律效果产生而受益的当事人承担主张责任，即原告主张权利产生事实，若未（具体）主张则被驳回起诉或被判败诉（其诉讼请求不被法院承认）；原告主张后，被告才需主张抗辩事实，若未（具体）主张则可能败诉。[②]

当事人事实主张具有共通性，即不论是负有主张责任的当事人主张的利己事实，还是对方当事人提出了该事实，都符合主张的要求，法院可以将该事实作为判决的依据或资料。

立法上，通常将主张责任的适用对象设定为“要件事实”，即“实体法律规范构成要件事实”或“直接事实”，包括（1）诉的原因事实（权利产生事实）——原告用来“直接支持”本诉的诉讼标的和诉讼请求；（2）被告抗辩事实（权利妨碍、阻却和消灭事实）——被告用来“直接推翻”本诉的诉讼标的和诉讼请求。

要件事实之所以是当事人主张责任的适用对象，主要是因为：（1）现代法治和成文法主义要求“依法审判”，其基本思维模式是三段论式的：根据大前提（实体法律规范）和小前提（符合实体法律规范构成要件的事实）而推导出结论（具体判决）。（2）与间接事实和辅助事实不同，要件事实的功能和意义是“直接支持”或“直接推翻”本诉的诉讼标的和诉讼请求。（3）根据纲举目张原理，“纲举”——对某项要件事实承担主张责任，则“目张”——负责主张支持该项要件事实的间接事实及辅助事实。[③]

2. 当事人的证明责任

根据“证据裁判原则”，当事人之间有争议的实体事实（“证明对象”），必须采用证据来证明和认定。但是，在辩论主义诉讼中，法院只能对当事人提供的证据进行判断和采用。在民事私益案件中，当事人对利己事实承担证明责任。不论何方当事人提供的证据，既可证明利己事实又可证明利于对方的事实，并均可作为法院认定事实的根据，此即证据的共通性。

在辩论主义诉讼中，当事人对利己事实提供证据进行证明，从责任的角度来说，是当事人负担的“证明责任”；从权利的角度来说，是当事人享有的“证明权”（包括举证权、质证权等）。与证明责任不同，证明权不涉及证明不能的后果问题，而是关于当事人对案件事实证明行为的自由支配问题，无论法律上是否预设当事人承担“证明责任”，原告和被告都享有“证明权”。

根据法律规范构成要件原理和证据裁判原则，主张责任的分配规范通常也是证明责任的

---

① 例如，证人无意中陈述了“债务人已经偿还了债务”的证言，但是只要当事人没有主张已经偿还债务的事实，法院就不能对该事实作出认定。参见［日］新堂幸司：《新民事诉讼法》，林剑锋译，308～309页，北京，法律出版社，2008。

② 之所以说是“可能败诉”而不是“必然败诉”，主要是因为在如下情形中，纵然被告没有正当理由未主张或未具体主张抗辩事实，也不会败诉：（1）原告没有正当理由未主张或未具体主张权利产生要件事实的；（2）原告具体主张了权利产生的要件事实，但是该事实的真实性没有得到确定或者没有实体法律根据。

③ 参见邵明、欧元捷：《论现代民事诉讼当事人的主张责任》，载《武汉大学学报（哲社版）》，2015（2）。

分配规范，即主张责任和证明责任之间一般关系法理体现为“谁主张谁证明”。“谁主张”是指提出或主张利己事实。依据法律规范（构成）要件分类说，原告对其主张的权利产生事实承担证明责任，被告对其主张的权利消灭事实、权利阻却事实或权利妨碍事实承担证明责任。在辩论主义诉讼中，原告提出诉讼请求，并应负担主张责任，随之负担证明责任。原告履行主张责任之后，被告则有主张抗辩事实的责任，随之负担证明责任。因此，当事人的主张责任和证明责任均为辩论主义的内涵，并且证明责任分配规范通常也是主张责任分配规范。

但是，主张责任和证明责任也存在一些不同之处。两者的具体内涵不同，并且两者的具体根据也不同，主张责任是“诉的有理性”，而证明责任更多来自“法官不得拒绝判决”的宪法原理①；由此，两者的适用条件还不同，特别是结果主张责任和结果证明责任，证明责任所要解决的是法官在审理终结时、法律所许可的证明手段已经穷尽、要件事实真伪不明之时如何判决的问题。

在少数情形中，主张责任和证明责任的分配是不一致的。比如，在证明责任倒置的情形中，虽然当事人（通常是原告）必须主张权利产生的要件事实，但是法律将部分要件事实倒置给对方当事人（通常是被告）来证伪，即由对方当事人对“部分要件事实不存在”承担证明责任；众所周知的事实、公证的事实、裁判已决的事实、推定的事实和诉讼上自认的事实等相对免证事实，虽不作证明责任的适用对象，但当事人应当负担主张此类事实的责任②；在追究无权代理人责任的诉讼中，原告除了应当主张被告作为他人的代理人和自己订立契约之外，尚需主张被告没有代理权，但是仍应由被告就有无代理权的事实承担证明责任。③

在大陆法系许多国家及地区，当事人双方主张事实和提供证据属于攻击防御方法，均须受攻击防御时限的制约，攻击防御期限包括主张事实期限（主张期限）和提供证据期限（举证期限）。

比如，《日本民事诉讼法》第 156 条规定：攻击和防御方法应当按照诉讼进行状况的适当时期提出。第 157 条第 1 款规定：对于当事人因故意或重大过失而提出的延误时机的攻击或防御方法，法院认为其目的是延迟诉讼的，根据申请或依职权，可以裁定驳回。我国台湾地区“民事诉讼法”第 82 条规定：当事人不于适当时期提出攻击或防御方法，或迟误期日或期间，或因其他应归责于己之事由而致诉讼延滞者，虽该当事人胜诉，其因延滞而生之费用，法院得命其负担全部或一部。第 447 条规定：当事人不得在二审中提出新攻击或防御方法，但有下列情形之一者，经当事人释明，不在此限：因第一审法院违背法令致未能提出者；事实发生于第一审法院言词辩论终结后者；对于在第一审已提出之攻击或防御方法为补充者；事实于法院已显著或为其职务上所已知或应依职权调查证据者；其他非可归责于当事人之事由，致未能于第一审提出者；如不许其提出显失公平者。

但是，我国现行法中只规定举证期限而忽略了主张期限，以至于在何阶段当事人履行主张

---

① 参见［日］中野贞一郎：《要件事实的主张责任与证明责任》，载《法学教室》，2004（3）。

② 参见［德］汉斯·普维庭：《现代证明责任问题》，吴越译，67～73 页，北京，法律出版社，2000。

③ 参见［日］中野贞一郎：《要件事实的主张责任与证明责任》，载《法学教室》，2004（3）。

责任的问题没有得到解决，其主要缘由许是没有明确认识到主张责任的独立价值及其与证明责任之间的合理关系。[①]

3. 无争议事实

当事人之间无争议的实体事实（属于免证事实），法院应将其作为判决的根据。当事人之间无争议的实体事实，主要是指双方当事人都无争议的实体事实或者一方当事人诉讼上自认的事实等。一方当事人作出诉讼上的自认，免除了对方当事人对自认的事实的证明责任，法院应当直接将自认的事实作为判决的根据，并不得作出与自认不一致的事实认定。

（二）辩论主义的根据和补充

1. 辩论主义的根据

按照处分主义，当事人在诉讼中可以处分其实体权益，在此延长线上，辩论主义体现了当事人对判决基础的事实和证据的处分，意味着从程序方面尊重当事人“间接处分”自己实体权益的自由。[②] 解决私权纠纷的民事诉讼，理应以较能尊重当事人意志的判决内容为宜。为此，应当在主张事实和提供证据的程序阶段将此种任务交由当事人负责完成。此种主张被称为解释辩论主义根据的本质说。

一般说来，当事人比较了解案件事实，所以让其提供或主张事实并非强人所难，况且原告既然提出有利于己方的诉讼请求，就有责任提供案件事实来支持自己的诉讼请求，若原告没有提供（必要的）实体事实，则法院驳回其所提之诉，这就是原告所承担的主张责任。

采行辩论主义并非放弃真实的追求，事实上辩论主义也是发现真实的手段之一。在民事争讼程序中，在实体权益或责任方面存在相互对立的双方当事人，最能体会利害关系者莫如当事人本人，为维护自己的实体权益，通常会积极主张利己事实和提供利己证据并进行相互对抗，从而在法官面前能够比较全面地展示案情，使法官兼听则明。事实上，许多证据制度或诉讼制度，包括对辩论主义作出的补充性规定，也在于实现真实。

从正当程序或程序保障的角度来看，只有在当事人之间经过了充分的攻击防御的事实证据，才能作为法院判决的基础和根据，从而能够减免法院的突袭判决。即使当事人因收集证据不足而遭到败诉，也只是自负其责从而显示公平。

2. 辩论主义的补充

针对现实存在的问题，诸多国家和地区对辩论主义作出了相应的补充性规定，从而构成了

---

① 参见邵明、欧元捷：《论现代民事诉讼当事人的主张责任》，载《武汉大学学报（哲社版）》，2015（2）。

② 参见［日］谷口安平：《程序的正义与诉讼》增补本，王亚新、刘荣军译，141页，北京，中国政法大学出版社，2002。

在解决私权纠纷的民事诉讼中，“辩论主义”在“案件事实”方面限定法院审判的范围或对象，“处分主义”在“诉讼标的”和“诉讼请求”方面限定法院审判的范围或对象。

在诉讼标的和诉讼请求方面，存在“处分主义”与“职权干预主义”。根据处分主义，在民事私益案件中，当事人可以通过诉讼行为处分实体权益。具体表现为：原告通过诉讼标的和诉讼请求来决定请求法院保护的实体权益的范围；原告可以全部或部分放弃诉讼标的和诉讼请求的方式处分其实体权益；法院应当在当事人所确定的诉讼标的和诉讼请求范围内作出判决。而在民事公益案件中，当事人处分权受到限制，采行法院职权干预主义，即为维护公益，法院能够超出或替换当事人确定的诉讼标的和诉讼请求作出判决。参见邵明：《民事争讼程序基本原理论》，载《法学家》，2008（2）。

内容较为完整的现代辩论主义。具体包括：

（1）规定当事人承担“真实义务”和“禁反言义务”（均为“诚实信用原则”的内容），旨在防止当事人操纵事实真相或利用诉讼来规避法律，以实现真实。

（2）规定法官“阐明”制度。当事人在事实主张和证据提供等方面出现不明了、不完足或前后矛盾等情况时，法官通过发问、告知、说明等方式，促使当事人补正，以弥补当事人在主张事实和提供证据的能力方面的不足，实现真实和诉讼公正。在辩论主义程序中，应由当事人自行决定是否补正缺漏的事实和证据，法官无权为当事人导入新事实和新证据。①

（3）赋予当事人基于正当理由向法院申请收集证据的权利。在辩论主义诉讼中，为实现真实和诉讼公正，当事人及其诉讼代理人确因正当理由不能自行收集的证据，可以申请法院收集该证据。

（4）规定“询问当事人”制度。在有些国家，最后言词辩论终结时，若现有证据不足以使法官形成确信心证，由于法官不得依职权收集证据，只得以询问当事人的方式了解事实真相。法官通过询问当事人的方式使当事人就案件事实作出陈述，这种陈述被作为证据。②

（三）外国辩论主义与我国辩论原则

我国《民事诉讼法》第12条规定：“人民法院审理民事案件时，当事人有权进行辩论。”我国现行辩论原则的主要内容是：在所有的争讼程序中，从起诉答辩至法庭辩论终结，当事人双方均可就案件的实体和程序问题以言词或书面方式进行辩论，法院在诉讼过程中应当保障当事人充分行使辩论权，并承担维持辩论秩序的职责。

我国现行辩论原则的主要内容是保障当事人的辩论权，并未包含外国辩论主义的内涵，即没有包含当事人对案件事实证据的处分以及该处分对法院判决的约束力。我国有学者主张，应根据民事诉讼特性，参照上述辩论主义，重塑我国辩论原则。③ 事实上，我国现行民事诉讼领域，基本上是遵循现代辩论主义的。

在我国民事诉讼立法上，若确立现代辩论主义，笔者认为，现行辩论原则的主要内容可分别纳入对审原则和言词审理原则。即是说，在我国民事诉讼立法上还应当同时确立对审原则和言词审理原则。

对审原则被作为民事争讼程序的一项“自然原则”，是民事争讼程序首要的正当性原理。民事争讼程序（包括初审程序、上诉审程序和再审程序）解决的是“民事争讼案件”（即“民事之诉”），是指双方当事人就具体的民事权利义务、民事责任或特定法律事实存有争议的案件。这种“实体争议性”或“民事争讼性”在制度上体现为“双方审理主义”（或称“双方审理原则”、“对审原则”）。

对审原则首先维护诉讼的“对审性”，即保障双方当事人的程序参与权。申言之，在民事争讼程序中，特别保障双方当事人之间的平等对抗，即就诉讼请求、事实证据和程序事项，双

---

① 最高人民法院《证据规定》第3条第1款规定：“人民法院应当向当事人说明举证的要求及法律后果，促使当事人在合理期限内积极、全面、正确、诚实地完成举证。”法官阐明应当基于公正或中立的立场，并应当遵行对审原则或者双方审理主义。

② 参见邵明：《我国民事诉讼当事人陈述制度之“治”》，载《中外法学》，2009（2）。

③ 参见张卫平：《我国民事诉讼辩论原则重述》，载《法学研究》，1996（6）。

方当事人充分表达意见或者平等进行辩论，并强调遵循直接言词审理原则和公开审判原则等。在民事争讼程序中，缺席审判是对审原则的法定例外。在民事争讼程序中，若违背对审原则（如剥夺一方或双方当事人的辩论权），则构成上诉和再审的理由。[①]

现代民事诉讼原则上要求采行直接言词审判。直接言词审判主义（直接言词主义）可分为直接审判主义（直接主义）和言词审理主义（言词主义），两者关系密切，均以发现真实和提高效率为主要追求。言词审理主义或言词审理原则要求当事人、证人等在法庭上须用言词（口头）形式开展质证、辩论。

当事人行使辩论权须符合法定形式。民事诉讼法明定须以言词形式行使辩论权的，就不得以书面为之，比如法庭审理必须遵守直接言词审判原则，当事人只能以言词或口头方式进行辩论，不然则法院应当责令当事人以言词方式重作。这正是言词审理原则的主要内涵。

二、职权探知主义

（一）职权探知主义的内涵

“职权探知主义”是指法院不受当事人主张的事实和提供的证据的范围限制，主动依职权收集事实和调取证据。与辩论主义相对应，职权探知主义的基本内涵也有三：（1）对于当事人没有主张或已经撤回的决定实体法律效果的事实，法院应依职权收集并作为判决的依据，而当事人不负担“行为主张责任”。（2）法院除对当事人提出的证据进行判断和采用外，还应依职权收集和采用当事人没有提出的证据，而当事人不负担“行为证明责任”。（3）对于当事人之间没有争议的事实，法院得调查其真伪以决定是否采用，即使当事人在诉讼中对案件事实所作出的自认，也不构成“诉讼上自认”，对法院没有约束力。

民事公益案件或者职权探知主义诉讼程序中，对于“利己的要件事实”，当事人并不负“行为主张责任”和“行为证明责任”[②]，即当事人的行为主张责任和行为证明责任并不存在，这一制度空白实际上由“法院职权探知责任”所填充。尽管如此，法律和法院往往“鼓励”或者“不拒绝”当事人主动收集事实和提供证据。

在职权探知主义诉讼中，在审理终结时，若法院无法收集到必要的事实，则败诉后果通常由提出诉讼请求的原告承担；若法院无法收集到充足的证据而致案件事实仍然真伪不明的，则败诉后果通常由提出诉讼请求的原告承担。

法谚云：“任何人不得同时既是原告又是法官”，法官作为中立的裁判者，不是当事人，不得也不能提出诉讼请求或追诉请求，所以法院也不承担“主张责任”和“证明责任”。在职权探知主义诉讼中，法院承担的职权探知责任并非主张责任和证明责任，而是法院作为国家机关所承担的维护公益的宪法上的职责，即以公益维护者身份履行其调查义务。

---

① 参见邵明：《民事争讼程序基本原理论》，载《法学家》，2008（2）；邵明：《论民事诉讼程序参与原则》，《法学家》，2009（3）。

② 《日本人事诉讼程序法》中规定：在（维护）婚姻案件、收养案件、亲子关系案件中，检察官即使不作为当事人也可以提出事实和证据，从而使得当事人的行为主张责任和行为证明责任进一步被虚化。

为发现真实和维护公益，许多国家和地区法律规定：检察机关在民事公益诉讼中不论是作为原告还是作为诉讼参加人，均应主动收集事实和提供证据，从而在一定程度上减轻或分担了法院职权探知的责任。

尚需说明的是，对于涉及公益的案件和事项，法院没有依职权主动收集证据事实而作出错误判决的，笔者建议，应当作为上诉或再审（包括检察院抗诉）的法定理由。

（二）职权探知主义的适用范围

职权探知主义适用于包含公共利益的民事案件或其他事项。“公共利益”大体包括国家利益和社会利益。笔者认为，判断公共利益的基本标准是：（1）基本性，即公共利益是有关国家、社会共同体及其成员生存和发展的基本利益，比如公共安全、公共秩序、自然环境和公民的生命、健康、自由等。（2）公共性，即公共利益的主体包括国家、社会的全体成员或大多数成员或不特定人，乃至全人类。①

根据公共利益的基本性和公共性，在民事诉讼领域，一般认为，包含公共利益的民事案件或其他事项，主要有：

1. 包含公共利益的民事争讼案件，大致包括传统民事公益案件和现代民事公益案件。“传统民事公益案件”主要是有损公益的合同无效案件和人事诉讼案件。法谚云：“私人协议不得有损于公共利益。”我国《合同法》第 52 条、《劳动法》第 18 条和《劳动合同法》第 26 条规定的合同无效事由，其中属于损害公益的，为合同绝对无效。② 笔者认为，对于损害公益的合同无效的事由，适用职权探知主义和职权干预主义。

婚姻案件、亲权案件等人事诉讼案件，或关涉自然人的基本法律身份及婚姻家庭关系的稳定③，或涉及未成年人的保护问题，所以在许多国家和地区被作为公益案件而适用职权探知主义。比如，《日本人事诉讼程序法》中规定：辩论主义不适用于婚姻案件（第 10 条）；在婚姻案件（特别是为了维护婚姻关系）、亲权案件中，法院依职权调查证据，并对当事人未提出的事实加以考虑（第 14 条、第 31 条）。我国《婚姻法》和《收养法》规定的婚姻和收养的成立要件和无效事由，多有维护公共利益的考虑。

“现代民事公益案件”，比如公害诉讼案件、消费权诉讼案件、社会福利诉讼案件、反垄断诉讼案件等，与过去的诉讼案件不同的是，当事人一方常常是数目众多且处于弱势的受害人，从而在人数和利益等方面具有集团性或扩散性，并且往往关涉人们或人类的基本权利、基本生活秩序或自由市场秩序，所以这类诉讼案件往往内含着公的因素，被国际社会普遍看做公益案

---

① 有关公共利益的分析，参见陈新民：《德国公法学基础理论》，181～214 页，济南，山东人民出版社，2001。

② 在德国，人们普遍认为，对于劳动争议诉讼，由于包含公共利益和第三者利益，所以当事人的处分权受到限制，因而以法院职权调查事实证据为原则。参见［德］W. 杜茨：《劳动法》，张国文译，371 页，北京，法律出版社，2005。

工业国家以往的经验告诉我们，过度劳动伤害的是劳动者（特别是女工极易受到伤害），也会损害社会乃至人类的整体利益。现代社会中，“公共安全、公共利益，以及我们社会的财富，蕴于每一个普通人的福利之中”。［美］约翰·莫纳什、劳伦斯·沃克：《法律中的社会科学》，何美欢等译，5～7 页，北京，法律出版社，2007。

③ 正如美国联邦最高法院指出的：婚姻关系一旦成立，法律就应当进行干预，法律为婚姻关系当事人规定各种各样的义务和责任，以使其作为社会稳定的重要制度，因为没有家庭，文明就不会产生，社会就不会进步。参见朱晓东：《通过婚姻的治理》，载《北大法律评论》，第 3 卷第 1 辑，北京，法律出版社，2000。

件而采行职权探知主义和职权干预主义。

2. 包含公共利益的民事非讼案件。在大陆法系许多国家和地区，法院处理民事非讼案件，采行职权探知主义和职权干预主义。比如，《日本非讼案件程序法》第 11 条规定："法院以职权探知事实，并认为必要时调查证据。"我国台湾地区"非讼事件法"（2005 年修正）第 32 条规定："法院应依职权调查事实及必要之证据。法院为调查事实，得命关系人或法定代理人本人到场。"

但是，我国《民事诉讼法》并无如此规定。笔者认为，对于涉及公益的民（商）事非讼案件（比如宣告死亡、认定公民无民事行为能力等），应当采取职权探知主义，但也不排除必要时要求或鼓励申请人收集证据和提供事实。有关私益的非讼案件（督促案件、公示催告案件等），申请人应当主张事实和提供证据。

3. 包含公共利益的其他事项。比如，一些涉及公益的绝对诉讼要件，应由法院职权探知事实真相。再如，在德国，法院依职权调查经验法则、地方习惯、行业习惯和外国法等①；我国台湾地区"民事诉讼法"第 283 条规定："习惯、地方制定之法规及外国法为法院所不知者，当事人有举证之责任。但法院得依职权调查之。"

我国现行法是肯定职权探知主义的。比如，《民事诉讼法》第 64 条第 2 款规定："当事人及其诉讼代理人因客观原因不能自行收集的证据，或者法院认为审理案件需要的证据，人民法院应当调查收集。"

《民诉法解释》第 96 条规定："民事诉讼法第六十四条第二款规定的人民法院认为审理案件需要的证据包括：（一）涉及可能损害国家利益、社会公共利益的；（二）涉及身份关系的；（三）涉及民事诉讼法第五十五条规定诉讼的；（四）当事人有恶意串通损害他人合法权益可能的；（五）涉及依职权追加当事人、中止诉讼、终结诉讼、回避等程序性事项的。除前款规定外，人民法院调查收集证据，应当依照当事人的申请进行。"《民诉法解释》第 96 条第 1 款第 1 至 3 项规定的公益案件，属于法院职权探知的范围。

至于"涉及他人合法权益的事实"，并不必然涉及公益，应由当事人负主张责任和证明责任，不应由法院依职权探知真相。

《民诉法解释》第 96 条第 1 款第 5 项列举的程序性事项（如追加当事人）并非均属"职权调查事项"。至于起诉要件、诉讼要件、执行申请要件等，从比较法上来看，通常属于"职权调查事项"。即便是职权调查事项，也并非必然适用职权探知主义，须视其所含公益因素的强弱来决定。

《民诉法解释》第 94 条规定：当事人及其诉讼代理人确因客观原因不能自行收集的证据，可以申请法院调查收集该证据，即法院调查收集证据以当事人及其诉讼代理人的申请为前提，当然法院也可依法驳回其申请。这种情形实际上存在于辩论主义诉讼或解决私权纠纷的诉讼中，不属于职权探知主义的适用范围。

笔者认为，在我国民事诉讼领域，不应受当事人主义的限制而对法院职权探知主义讳莫如深。辩论主义与职权探知主义各有其适用的范围，即辩论主义适用于民事私益案件，而职

---

① 参见［德］罗森贝克、施瓦布、戈特瓦尔德：《德国民事诉讼法》，李大雪译，535 页，北京，中国法制出版社，2007。

权探知主义适用于民事公益案件或含有公益因素的事项，而且职权探知主义具有充分的根据。

（三）职权探知主义的根据

首先，对于民事公益案件或涉及公益的民事案件事实，采取法院职权探知主义[①]，符合现代法治的原则。法院是由国家财政或全体纳税人支持的，其性质是“国家”的司法机关，其职责是通过诉讼维护合法私权和公共利益。从现代法治的角度来说，通常不将“维护公益”作为积极的法律义务付诸公民个人，但是“维护公益”是国家机关存在的根据，是其天然的或宪法上的职责。

法律仅要求公民个人处理自己的私事时，不得侵害公共利益和他人合法权益（所谓“利己不损人”）。法谚云：“没有义务去做不可能的事”，“即使是善良的事项，但如果不可能，法律也不强求”。若法律积极要求公民个人维护公益，实际上是要求个人去做其没有能力做的事，从而不当增加公民的法律负担（但不妨碍将“维护公益”作为道德层面的要求）。

在民事侵权领域，私人请求权以损害个体的权利为基础，但是在许多场合，例如空气、水污染，受害的是大众，对此，过分的做法是让个人去调查是谁超过了法定的排放标准导致了损害，并且由于私人无法承担大量的成本而不得不放弃其请求权，所以此类损害案件应被纳入公益诉讼的范畴，采行职权探知主义。[②]

其次，采取职权探知主义，旨在维护公益。民事公益案件适用实体真实主义，对于案件事实和证据既不能任由当事人处分，又不能任由当事人虚假提出或虚假自认，也不能任由当事人提供虚假证据来“证明”。因为根据虚假的事实、自认和证据所作出的判决通常不能保护公益，而法院以公益维护者身份依职权探知事实，较能发现真实和维护公益，所以职权探知主义又称“实体真实原则”[③]。

从比较法的角度来看，即使在解决私权纠纷的民事诉讼中，为查明案件真相或为获得确信的心证，或者为阐明或确定诉讼关系，法院可以主动依职权调查证据（法院也可应当事人的申请采取调查措施）。[④] 比如，根据《日本民事诉讼法》第151条的规定，法院为了明了诉讼关系，可以使当事人提出其所持有的诉讼文书或者在诉讼中所引用过的文书及其他物件，也可以命令进行勘验或鉴定。我国台湾地区“民事诉讼法”第288条规定：“法院不能依当事人声明之证据而得心证，为发现真实认为必要时，得依职权调查证据。依前项规定为调查时，应令当事人有陈述意见之机会。”

如上所述，在大陆法系一些国家和地区，法官通过“询问当事人”的方式使当事人就

---

① 为避免先入为主所产生的偏见，收集事实证据的人员不应是本案的审判法官，而应是法院的其他公务人员。笔者认为，我国法院可以专设调查官，其具体职责包括负责收集事实、提供证据、执行调查等需要法院依职权调查的事项。

② 参见［德］曼弗雷德·沃尔夫：《物权法》，吴越、李大雪译，189页，北京，法律出版社，2002。

③ 虽然辩论主义适用于民事私益案件，被称为“形式真实原则”，但是辩论主义并不放弃追求实体真实。所谓实体真实与形式真实，实际上只是真实的程度有所区别。

④ 参见熊跃敏：《法官职权调查证据的比较研究》，载《比较法研究》，2006（6）。

案件事实作出陈述，这种陈述被作为证据看待。在辩论主义诉讼程序中，询问当事人具有"补充性"，即在最后法庭言词辩论终结时，现有证据不足以证明待证事实而使法官不能形成确信的心证，法官也不得依职权收集其他证据，但是可以根据当事人一方申请或者主动依职权询问当事人，以形成心证。但是，在职权探知主义诉讼程序中，为查明涉及公益的案件事实，询问当事人不具有补充性且被作为第一层次的证据，法院可以随时询问当事人。

必须明确的是，职权探知主义并不与正当程序或程序公正相对立，并非是取消程序参与原则或限制当事人的质证权和辩论权。根据"正当程序保障原理"和"程序参与原则"，即便是法院依职权收集的证据和探知的事实，法院在将其作为裁判根据之前，均应经双方当事人质证辩论或者发表意见，法院不得将当事人未发表过意见或未进行过质证辩论的证据事实作为裁判根据。换言之，为"禁止法院突袭裁判"，法官必须对作为裁判根据的事实证据都进行"听审"。对于法院违背程序参与原则作出的裁判，若是争讼裁判，则当事人可以通过上诉或再审予以撤销或变更；若是非讼裁判，则当事人可以申请法院直接予以撤销。

在刑事公诉中，为什么不采取法院职权探知主义呢？其主要原因是，在刑事公诉中，由侦查机关在侦查阶段负责收集证据，并由公诉人（检察机关）负责向法院提供证据。检察机关的职责是通过行使国家检察权来维护国家利益和社会利益，以公益维护者身份提起公诉、收集事实和提供证据与其在诉讼中的地位和责任融合在一起，所以在刑事公诉中没有必要由法院承担职权探知的责任。民事诉讼和行政诉讼则不同，由法院承担职权探知的责任是不得已的做法。至于刑事自诉中，若存在涉及公益的事实，则须采取法院职权探知主义。

有学者虽未从维护公益的立场，也未从比较法的角度，但运用实证分析法，分析和探讨了民事诉讼取证制度的变化对离婚诉讼和婚姻法运作的影响。① 下文将对此研究成果作出简要介绍，以资我们开阔思路。此项研究的结论是，当事人举证制度取代以前的法院取证制度后，产生了一系列"未予后果"：既有不合理的官僚主义化的只重程序不顾实质后果而对弱者保护不够，也有合理的符合社会经济现实状况的书面取证。

在我国计划经济的历史时期，案件证据主要是审判员收集的，并紧紧依靠紧密的组织和社会网络，通过党组织的渗透和群众的"雪亮眼睛"而明确事实真相。但是，今天的中国社会，由于市场经济的发展和大量人口的流动，已变为半熟人社会甚或陌生人社会，无法采用当时的查明事实的方式方法，并且市场交易的繁杂性使得实质真实更难掌握。

伴随取证制度的变化的是法庭程序的高度形式化。在庭审调查和当事人主义下，在对抗性的框架下，更加依赖当事人在法庭上的举证，强调法庭程序下的真实，伴之而来的是形式化的法庭程序。② 这一切都显著地反映于档案材料中：今天的案卷内容，更多的是书面证据，以及

---

① 参见黄宗智、巫若枝：《取证程序的改革：离婚法的合理与不合理实践》，载《政法论坛》，2008（1）。

② 与法院调解不同，法院审判或民事诉讼重视程序的作用，更注重于程序的建构。法院调解的正当性原理是通过法官说服促成当事人双方相互协商达成解决纠纷的合意，调解协议的达成并不必然建立在证据充分、事实清楚的基础之上，证明责任在调解中也无足轻重，所以调解程序的重点并不在于提供证据进行公开辩论。

但是，在民事诉讼中，法官处于中立消极地位，判决所依据的事实和证据主要是由当事人提供的，在诉讼终结时案件事实真伪不明的，则由承担证明责任的当事人承受败诉后果，当事人双方为获得利己判决而围绕着事实和证据展开攻击防御，所以对席辩论、公开审判和直接言词审理就成为诉讼正当程序的主要内容和判决正当化的主要途径。

伴之而来的高度形式化的证据交换程序。

但是，离婚法庭所需要考虑的许多事实情况，比如夫妻间的感情如何等问题，一般不容易通过书证来证实，过去是通过与当地组织和亲邻来确定的，现在需要通过收集书证、证人证言来证明，更何况在目前实务中，这方面的书证、证人证言也难以收集到。

由此，今天的离婚诉讼在实际运作之中，因为举证的局限，在司法实践中其实已经在相当程度上不考虑过错。2001年的《婚姻法》虽然试图确立离婚的损害赔偿制度（第46条），但是在形式化的当事人主义取证制度之下，家庭暴力以及与第三者同居等事项不容易取得证据来证明，法庭只好置这样的事项于不理，这在一定程度上削弱了国家对弱者的保护。

与此同时，实务中重视书证、物证等实物证据的做法，在新经济社会环境下，也起到了一些应有的证明作用。研究者认为，要改进当前的弊端，需要明确当事人主义取证制度并不完全适用于民事案件与调解制度；旧实质正义的取证和法庭调解制度仍旧在起一定的积极作用，应该予以认可，有选择地援用和推进，与当事人举证制度并用，而不应盲从于今天主流的“现代化”法律形式主义模式。

笔者认为，当事人辩论主义和法院职权探知主义各有其适用范围。即便是在辩论主义诉讼中，当事人也应有申请法院调查取证的权利。存在一种看法是，民事诉讼中，辩论主义为原则，而职权探知主义是例外。这种看法已经不合时宜，因为当今社会早已不是“私法至上”或“私权自治”的时代，现代型民事纠纷和民事公益案件的大量涌现致使职权探知主义的适用范围愈益扩大，从而开始摆脱以前的“例外”地位。

三、职权调查事项

就“职权探知主义的适用事项”与“职权调查事项”的共同点来说，两者均无须当事人提出异议或申请，法院就得主动依职权进行调查并作出处理。但是，在大陆法系民事诉讼领域，职权探知主义的适用事项与职权调查事项是不同层面的两个问题。法院“职权调查事项”对应于当事人“抗辩事项”。所谓抗辩事项，须待当事人提出异议或抗辩后，法院才予调查。抗辩事项主要包括程序抗辩事项和实体抗辩事实（权利消灭、阻却、妨碍的事实）等。

民事诉讼法中，“任意规范”所规定的程序事项许多属于当事人程序抗辩事项，比如公益性较弱的相对诉讼要件或当事人默示同意的程序事项。① 对于法院或一方当事人违背程序抗辩事项规范所实施的诉讼行为，当事人或对方当事人有权主张无效或要求重作。当事人主动舍弃抗辩权或在一定期间内不行使抗辩权，则以后该当事人不得就同一事项再行该抗辩权，违背程序抗辩事项规范的诉讼行为被视为合法有效。若当事人提出合法异议或合法抗辩，法院不顾该异议或抗辩所作出的判决为无效判决。

---

① 根据我国《仲裁法》第26条规定，原告违背仲裁协议，向法院起诉，法院受理的，被告在首次开庭前未对法院受理该案件提出异议的，则视为被告放弃异议权或抗辩权，法院继续审理。我国《民事诉讼法》第127条第2款规定的默示协议管辖（推定管辖、应诉管辖）亦如此。

与抗辩事项不同，对于职权调查事项，无须当事人提出异议或抗辩，法院就得主动依职权调查并作出处理，并且当事人不得合意或以放弃抗辩权等方法阻止法院调查，而且当事人对职权调查事项的陈述不受提出时机的限制。在我国，当事人提供证据得遵行“举证期限”，若当事人无正当理由超过举证期限所提供的证据则不被采纳（即该“证据失效”），法院若采用失效证据作出判决的，则构成上诉的理由。但是，证明职权探知主义的适用事项和职权调查事项的证据，通常不适用“举证期限”或“证据失效”制度。

通说认为，法官职权调查事项仅需自由证明。职权调查事项包括经验法则、地方习惯、交易习惯、行业惯例、国际惯例等，通常不构成证明对象，法院直接予以采用。不过，对某个经验法则、地方习惯或行业惯例等，本案法官不了解或者当事人有争议的，则需进行调查。调查方式通常采用自由证明，调查方法包括民意测验、查阅资料、咨询专家等。

比如，经验法则属于法院“职权调查事项”，法官应当依职权主动采用，不适用“辩论主义”。不过，法官也不可能全知全能，所以为知悉或验证相关经验法则，法官可以采用“任何合适”的途径或方式。比如，向一般民众调查；查阅相关资料；对专业性的经验法则，法官可向专业人士咨询或请专家讲解（此类专业人士或专家即所谓的“专家顾问”）等。① 但是，这种调查方式属于自由证明的范畴，无须遵循严格证明。

起诉要件、诉讼要件、反诉要件、上诉要件、诉的合并和变更要件、公示催告申请要件、强制执行申请要件等，也属于法院职权调查事项。因为上述事项或是诉讼程序的启动要件，或是诉讼程序的续行要件，若不具备则诉讼程序没有必要启动或续行，法院应当直接驳回诉讼，从而可以避免无益的诉讼，以节约司法资源，所以上述事项具有一定的公益性。

公益性或强行性的程度在上述各职权调查事项间有所不同。就诉讼要件而言，绝对诉讼要件的公益性或强行性较强，而相对诉讼要件的公益性或强行性较弱；即使是绝对诉讼要件，各自的公益性或强行性也有强弱差异，比如专属管辖的公益性或强行性要强于协议管辖。相对诉讼要件因其公益性或强行性较弱，而被纳入当事人抗辩事项；绝对诉讼要件因具有较强的公益性或强行性，而被纳入法院职权调查事项。②

---

① 有学者主张，日常生活中成为常识的经验法则，因其客观性的保障而不生争执，无证明的必要，故不是证明对象。但是，对一般人不可能知悉的，比如专门性的经验法则，则有严格证明的必要，从而成为证明对象。参见［日］中野贞一郎、松蒲馨、铃木正裕：《民事诉讼法讲义》（补订第二版），291页，东京，有斐阁，1986；王云海：《日本司法鉴定制度的现状与改革》，载《法律科学》，2003（6）。

② 民事之诉的合法要件通常是根据“诉的构成要素”并结合其他必要诉讼事项来设立的，包括起诉要件、诉讼要件和实体要件（本案判决要件）。原告起诉具备起诉要件的，法院受理该诉；之后，法院审查诉讼要件是否具备，诉讼要件全部具备的则诉讼程序继续进行；法院根据实体要件作出本案判决。审理起诉要件和诉讼要件适用自由证明或裁定程序，而审理实体要件须在开庭审理阶段进行，适用严格证明或判决程序。

根据“先程序后实体”原理，起诉要件主要是程序方面的要件。“绝对诉讼要件”主要有：有关法院的诉讼要件，比如法院拥有民事审判权和管辖权等；有关当事人的诉讼要件，比如存在双方当事人、有当事人能力、当事人适格、有诉讼能力、有合法诉讼代理权等；有关案件或诉讼标的的诉讼要件，比如不受一事不再理或既判力的约束、具有诉的利益等。“相对诉讼要件”主要有：无合法仲裁协议，无合法不起诉协议等。作出原告胜诉的本案判决的要件（简称原告胜诉要件）是：支持原告诉讼请求的要件事实（即符合实体法规范构成要件的事实）是真实的，并且有利于被告的抗辩事实不存在或不真实；诉讼请求是合法的，即符合相应的实体法规范。参见邵明、周文：《论民事之诉的合法要件》，载《中国人民大学学报》，2014（4）。

职权调查事项仅仅指明法院是调查主体，并不涉及作为法院裁判的基础资料（事实和证据）由谁来承担收集提供的责任。有关职权调查事项存否或真伪的事实和证据，并非都得适用职权探知主义，须视具体事项或具体情形（所含公益私益、实体程序因素的强弱等）来决定。简言之，职权调查事项并非必然适用职权探知主义。

例如，管辖权问题属于职权调查事项，无须待当事人提出抗辩（如管辖权异议），法院就应依职权加以调查，但是关于判断管辖权合法与否所依据的事实和证据，笔者认为，就专属管辖和级别管辖应采职权探知主义，就其他管辖应采辩论主义。再如，兼具程序内容和实体内容的诉讼要件（如当事人适格、诉的利益等），虽然属于法院职权调查事项，但是在民事私益案件中，确定其存否的事实和证据，通常采辩论主义，即由当事人负责主张和提供。

第二节　当事人证明责任的概念与功能

一、证明责任的概念与功能

我国《民事诉讼法》第 64 条第 1 款规定：“当事人对自己提出的主张，有责任提供证据。”《民诉法解释》第 90 条规定：“当事人对自己提出的诉讼请求所依据的事实或者反驳对方诉讼请求所依据的事实，应当提供证据加以证明，但法律另有规定的除外。在作出判决前，当事人未能提供证据或者证据不足以证明其事实主张的，由负有举证证明责任的当事人承担不利的后果。”

对于“证明对象”或“要件事实”，由谁提供证据来证明，若证明不了则由谁承担什么后果，这就是证明责任问题。证明责任（burden of proof），又称举证责任、立证责任等①，实际上包含两个相区别的概念：行为证明责任和结果证明责任；包含两方面的内涵：行为证明责任的内涵和结果证明责任的内涵。证明责任的内涵和适用条件，如下图所示。

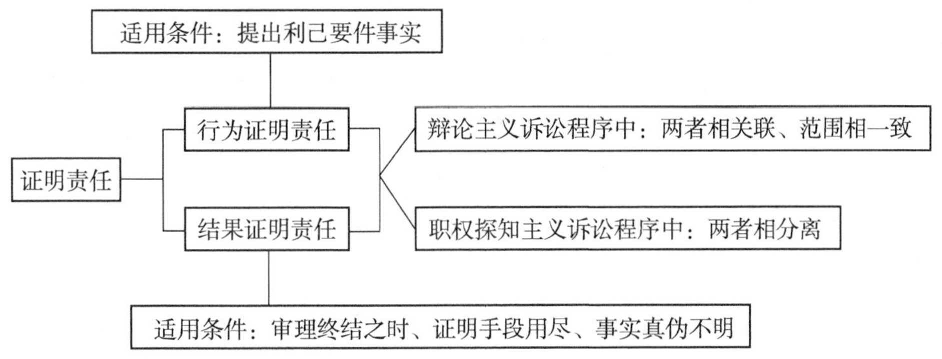

① 由于 burden 除有“责任”之义外，还有“负担”之义，所以有人称“举证责任”为“举证负担”，称“证明责任”为“证明负担”。

诉讼证明的主要目的是为法院适用法律和作出判决提供事实方面的根据，所以证明责任的功能在于，确定由何方当事人提供证据来证明实体要件事实；在案件审理终结时，实体要件事实真伪不明的情形下，为法院作出判决提供正当根据。

“证明责任”（包括主张责任、自由心证、辩论主义）的直接适用对象是要件事实，且是争讼案件实体要件事实。证明责任的分配主要解决：实体要件事实是由原告还是由被告来承担证明责任的问题。（结果）证明责任的功能就在于，在案件审理终结时，要件事实真伪不明的，法官根据证明责任规范对本案争议的法律效果是否发生、变更或消灭作出判断。所以证明责任应当是针对要件事实（即与直接规定法律效果发生、变更或消灭的法律规范构成要件相应的事实）而设置。①

如上所述，对某项要件事实承担证明责任的当事人，当然负责证明支持该项要件事实的间接事实和辅助事实。再者，间接事实和辅助事实繁多，无法由民法具体规定，所以根据“纲举目张”等原理，民法通常规定的是“规范构成要件”，符合该规范构成要件的事实即要件事实或主要事实。

证明责任是“判决型”程序（争讼审判程序）的正当性原理。证明责任因其功能和作为判决程序的正当性原理，而被称为“民事诉讼的脊梁”②。证明责任既是“判决型”程序与“调解型”程序（调解程序）相区别的一个重要原理，又是“判决型”程序与“执行型”程序（执行程序）相区别的一个重要原理。

调解的正当性原理是，调解人以“调”的方式促成纠纷主体达成“协议”，虽然证据充分、事实清楚、是非明确，有助于达成调解协议，但是调解协议的达成最终取决于纠纷主体合意，并不必然建立在判决所要求的证据充分、事实清楚、是非明确的基础之上，所以证明责任在调解中也就无足轻重，调解程序的重点并不在于提供证据和公开辩论。③

辩论主义诉讼中，在下列情况下，当事人虽然提出了利己事实，但是该当事人无须承担行为证明责任和结果证明责任：

1. 诉讼中，若原告“舍弃”其诉讼请求的，则被告对抗辩事实也无须承担主张责任和证明责任，法院直接作出原告败诉的判决（称为舍弃判决），而我国实务中是按撤诉来处理的。

2. 诉讼中，若被告“认诺”原告诉讼请求的，则原告对利己事实无须承担证明责任，法院直接作出被告败诉的判决（称为认诺判决）。

3. 对于司法认知、裁判已决、推定、诉讼上自认的事实，无须该事实主张者承担证明责任（但是，若对方当事人提出充分的反证、发现新的事实或自认人依法撤回自认等，则该事实主张者必须承担证明责任）。

4. 证明责任倒置的情形中，一方当事人对自己主张的利己事实，并不负担证明责任，而

---

① 参见［日］新堂幸司：《新民事诉讼法》，林剑锋译，393 页，北京，法律出版社，2008。

② 邵明：《民事诉讼的脊梁》，载何家弘主编：《证据学论坛》，第 2 卷，北京，中国检察出版社，2001。

③ 人们担心，这样会不会导致违法或不公平的调解。这种担心是不必要的，因为调解必须遵行两个基本原则：（1）基本合法原则，即可否运用调解、调解的过程和结果，均应遵守法律强行规范、遵循公共利益和尊重他人合法权益，否则调解协议无效。（2）基本自由与公平原则，即可否运用调解、调解的结果，均应建立在纠纷双方当事人自愿与公平的基础上，其间若存在强迫、欺诈、显失公平或重大误解等内容的，则调解协议可予变更或撤销。参见邵明：《论我国和谐社会中的民事调解》，载《学术界》，2008（2）。

由对方当事人负担证伪的责任。

二、行为证明责任与结果证明责任

（一）证明责任内涵与功能之一：行为证明责任（当事人负责举证）

与“行为证明责任”大体一致的称谓，还有“提供证据责任”（burden of producing evidence）、“用证据促进诉讼的责任”、“形式证明责任”、“主观证明责任”、“举证（立证）的必要性”等。

行为证明责任是从“提供证据”或者“行为意义”的立场来认知和规定证明责任的内涵，是指提出“有利于己方的实体要件事实”（简称“利己事实”）的当事人，对该事实有责任提供充足证据加以证明。

在辩论主义诉讼程序中，当事人承担行为证明责任的直接原因或者行为证明责任的适用条件是：当事人提出了“利己事实”，即当事人首先负责主张利己事实（“主张责任”），然后负责证明（“证明责任”）。

行为证明责任的功能主要是：通过行为证明责任的分配和承担，确定由何方当事人提供证据来证明事实。换言之，当事人负有利用证据推动诉讼进程的责任，此种责任属于当事人“促进诉讼”的责任。行为证明责任可以在双方当事人之间转移。

（二）证明责任内涵与功能之二：结果证明责任（利己要件事实不被法官采信）

当事人承担结果证明责任的直接原因或结果证明责任的适用条件是：（1）（初审案件、上诉审案件、再审案件）审理终结时（或言词辩论终结时）；（2）法律所许可的证据或证明手段已经穷尽，主要是指依法不能收集到其他证据来证明事实；（3）本案的要件事实“真伪不明”，即事实是“真”是“伪”不能确定，未达到“证明标准”。此三者同时存在，法院才可判决承担证明责任的当事人败诉。

《证据规定》第73条第2款规定：因证据的证明力无法判断导致争议事实难以认定的，人民法院应当依据举证责任分配的规则作出裁判。《民诉法解释》第90条第2款规定：“在作出判决前，当事人未能提供证据或者证据不足以证明其事实主张的，由负有举证证明责任的当事人承担不利的后果。”上述条款没有称“事实真伪不明”，而是称“争议事实难以认定”，或者“不足以证明其事实主张”，应被理解为“真伪不明”①，即平常人们所说的“半真半假”、“半信半疑”、“将信将疑”、“真假莫辨”等。

法谚云：“对存疑事项与其肯定不如否定”，当事人对利己事实“未证明等同于不存在”。从原告的角度来说，其主张的权利产生事实即便经过证明也仅处于真伪不明的状态，即该事实的真实性没有得到证明，不被法官采信。从被告的角度来说，其主张的权利妨害（妨碍）、阻却或消灭的事实即便经过证明也仅处于真伪不明的状态，即这些事实的真实性没有得到证明

---

① 在实践中也存在现代科学尚无法作出肯定性或否定性判断的领域，即“灰色地带”。例如，在司法鉴定中可以根据毛发根鞘细胞中的X、Y染色体的数量确定毛发主人的性别。在单位检材中，毛发的Y染色体的数量为20至80则为男性，毛发Y染色体的数量为0至25则为女性。如果毛发中Y染色体的数量在20至25之间，则无法判断毛发主人的性别是男还是女，这就是所谓的“灰色地带”。

（抗辩失败），不被法官采信。因此，结果证明责任的内涵是“利己要件事实不被法官采信”（此谓“不利的法律后果”）。由此，法院“可能”判决承担证明责任的一方当事人败诉（“可能败诉”）。

从原告的角度来说，其主张的权利产生事实即便真伪不明，若被告在诉讼中认诺原告的诉讼请求或者对权利产生事实作出诉讼上自认，则被告败诉。

从被告的角度来说，其主张的抗辩事实即便真伪不明（抗辩失败），若原告在诉讼中舍弃其诉讼请求、对被告抗辩事实作出诉讼上自认、权利产生事实没有得到证明、没有实体法律根据等，则原告败诉。

在审理终结和法律所许可的证明手段已经穷尽时，要件事实“真伪不明”的，此际承担证明责任的当事人没有能够说服法官相信该事实是真实的，但是法官既不能久拖不决又不能拒绝裁判，这时结果证明责任的“裁判功能”就发挥出来了，即为法官作出判决提供法律根据，亦即法官适用结果证明责任的分配规则不采信该事实，据此可能判决证明责任承担者败诉。①

可见，结果证明责任是从“说服法官”或者“结果意义”的角度来认知和规定证明责任的内涵，是指在案件审理终结时，法律所许可的证据或证明手段已经穷尽，要件事实真伪不明（non liquet）的，法官不采信该事实，可能判决证明责任承担者败诉。

称“结果证明责任”为“说服责任”（burden of persuasion）②，是因为利己事实的主张者应当利用证据来说服法官相信该事实是真实，否则要承担实体法上的不利后果。称其为“实质证明责任”，是因为结果证明责任是“实体法”上的不利后果。称其为“客观证明责任”、“确定责任”，是因为结果证明责任由法律预先规定由某方当事人承担。

（三）行为证明责任与结果证明责任之比较

在辩论主义诉讼中，结果证明责任和行为证明责任之间存在关联性，并且在适用对象和范围上相一致，证明责任是一种“自由心证完结时”（或审理终结时）才能产生功能的“法条适用规则”，此为“结果证明责任”；同时，又是一种通过“辩论主义”所反映出来的当事人的“行为责任”，此为“行为证明责任”③。

行为证明责任与结果证明责任相关联，主要体现为：(1) 结果证明责任作为一种潜在的不利后果，促使承担结果证明责任的当事人积极履行行为证明责任，从这个意义上说，行为证明责任的履行以结果证明责任的存在为前提④；(2) 当事人充分履行了行为证明责任，则意味着利己事实的真实性得到了证明，此时该当事人卸除了结果证明责任；(3) 当事人未（充分）履行行为证明责任而致利己事实真伪不明，此时该方当事人现实地承担了结果证明责任。

---

① 民事诉讼当事人一方承担结果证明责任，也体现了当事人自我负责的原则和判决“非黑即白”（all or nothing）的性质，即要么胜诉要么败诉，有别于和解、调解。

② 诉讼证明领域，有将“行为证明责任”理解为“举证责任”，而将“结果证明责任”理解为“证明责任”。

③ ［日］三月章：《日本民事诉讼法》，汪一凡译，442页，台北，五南图书出版公司，1997。

④ 因此，许多人称“主观证明责任”为“客观证明责任”通过“辩论主义”的“投影”。

行为证明责任和结果证明责任之间的分离，集中体现在职权探知主义诉讼中。在职权探知主义诉讼程序中，法院主动依职权收集事实和证据，当事人对利己事实不负行为证明责任。不过，辩论主义程序和职权探知主义程序中，结果证明责任的适用条件都可能形成。在审理终结时，若法院无法收集到充足的证据而致案件事实仍然真伪不明的，提出诉讼请求的当事人可能败诉。

当事人履行“行为证明责任”的行为，即当事人提供证据证明自己提出的利己事实，在大陆法系属于当事人“攻击防御方法”和“取效性诉讼行为”，受到“攻击防御方法提出时机”或者“举证时限”制度的规制，所以行为证明责任属于诉讼法的范畴。对“行为证明责任”冠以“责任”（duty）是贴切的，因为“无行为就有不利益的负担”①。

所谓“不利益的负担”，是指根据证据裁判原则，当事人对其主张的利己事实（或者倒置给其证伪的事实）不予证据证明或没有达到证明标准，该事实就不会被法官采信，由此可能导致败诉。作为法律规范（有行为模式必有行为后果），证明责任当然包含行为证明责任和结果证明责任。

将“结果证明责任”称为“责任”（duty）是不合理的，因为结果证明责任作为一种潜在的“败诉风险”或“不能说服的风险”（risk of nonpersuasion），先于诉讼而由“法律预先规定”由某方当事人承担，自诉讼开始一直由固定的当事人一方在观念上承担着，至审理终结时出现了真伪不明（non liquet）才可能实现。这种“风险”犹如一把“利剑”悬在某方当事人头上，待到审理终结时出现了真伪不明（non liquet），这把“利剑”才可能落到该方当事人头上。

如前所述，“证明责任”这个词语实际上包含了两个不同的概念：行为证明责任和结果证明责任。我们现在举例来解说两者的不同。

比如，原告主张被告欠其10万元借款，请求法院判决被告返还此借款。按照行为证明责任，原告必须提出证据证明被告向其借过10万元的事实。诉讼中，倘若原告提出证人甲，甲证明其在原告家中亲眼看到原告将10万元交付被告的事实（本证）。此际，被告觉得情势对己不利，于是提出证人乙，乙证明当时其偕同被告到某地办事而不可能在原告家中（反证）。此际，法官最初相信原告证人证言的心证发生了动摇。原告见此情形，又提出其他本证来证明借款事实。对此，被告也可举出其他反证来推翻借款事实。可见，行为证明责任可以在双方当事人之间转移。

按照结果证明责任，在本案审理终结时，若原告无法证明被告向其借过10万元的事实而致该借款事实真伪不明的，法院无从确信该借款事实是真实的，也就不会适用相应的实体法规范判决被告返还原告10万元借款。可见，结果证明责任由法律预先规定由出借方承担而不得移转，自诉讼开始一直由出借方原告在观念上承担着，至审理终结时本案要件事实仍然真伪不明的才真正实现。

证明责任概念之发展简史

结果证明责任或结果证明责任之所以被称为“责任”，主要是因为历史上的证明责任或证明责任首先指的是行为证明责任或举证责任，后来，证明责任或举证责任被赋予结果证明责任

---

① ［日］三月章：《日本民事诉讼法》，汪一凡译，442页，台北，五南图书出版公司，1997。

或结果举证责任的内涵，却仍然以“证明责任”或“举证责任”作统一称谓，即以“证明责任”或“举证责任”这一术语统称不同内涵的结果证明责任和行为证明责任。

1883 年德国诉讼法学家尤利乌斯·格尔查在其著作《刑事诉讼导论》中首次将举证责任区别为客观的举证责任和主观的举证责任。1890 年美国学者塞耶在其论文《证明责任论》中指出 burden of proof 实际上具有两重含义，其后在《证据理论研究》一书中对 burden of proof 的两重含义进行了充分论证。直至今天，将举证责任或证明责任理解为两重含义，在大陆法系和英美法系仍然处于通说或主导的地位。①

在民事法领域，人们之所以将结果证明责任的内涵纳入证明责任之中，主要是因为在私法至上时期，民事案件只涉及私益，与之相应，民事诉讼采用辩论主义。因此，当事人提出利己事实并应提出证据加以证明，否则被判败诉，即没有承担行为证明责任的“逻辑结果”是承担结果证明责任。后来产生了公益民事案件，致使行为证明责任与结果证明责任之间的逻辑关系出现了断裂。

第三节　证明责任分配一般规则

一、谁主张谁证明的含义

辩论主义诉讼中，民事证明责任分配的一般规则，即“民事证明责任正置”，亦即“谁主张谁证明”，是指原告和被告对自己主张的利己（要件）事实承担证明的责任。《民事诉讼法》（第 64 条第 1 款）和《民诉法解释》（第 90 条和第 91 条）就“谁主张谁证明”作出了规定。

“谁主张谁证明”在我国通常称为“谁主张谁举证”。笔者以“谁证明”取代“谁举证”。“举证”一词侧重于“提供证据”或“行为证明责任”，如前文所述，由于“证明”既指“提供证据进行证明的过程”又指“证明的结果”，包括证明的过程（行为证明责任存在于此间）和证明的结果（此际为确定结果证明责任是否发生）。所以“谁主张谁证明”能够全面涵盖证明责任的两重内涵。英文文献中也使用“He who asserts must prove”。

“谁主张”中的“主张”专指提出或主张利己（要件）事实。在原告方表现为：提出或主张支持其诉讼请求的权利产生事实。《民诉法解释》第 90 条中称为：“自己提出的诉讼请求所依据的事实”。在被告方表现为：提出或主张推翻原告诉讼请求的抗辩事实（包括权利妨碍事实、权利阻却事实、权利消灭事实）。《民诉法解释》第 90 条中称为：“反驳对方诉讼请求所依据的事实”。

《民诉法解释》第 91 条规定：“人民法院应当依照下列原则确定举证证明责任的承担，但法律另有规定的除外：（一）主张法律关系存在的当事人，应当对产生该法律关系的基本事实

---

① 参见张卫平：《民事诉讼：关键词展开》，205～208 页，北京，中国人民大学出版社，2005；陈刚：《证明责任法研究》，14～48 页，北京，中国人民大学出版社，2000。

承担举证证明责任；（二）主张法律关系变更、消灭或者权利受到妨害的当事人，应当对该法律关系变更、消灭或者权利受到妨害的基本事实承担举证证明责任。”

我们认为，相比上述规定而言，按照权利产生事实、权利妨碍事实、权利阻却事实、权利消灭事实，来分配主张责任和证明责任，在实务中更为明确和简易。事实上，此种做法在国外（特别是实行成文法体系的国家和地区）得以长期普遍适用，自然有其道理，值得我们关注。

事实主张包括利己事实主张（如原告主张权利产生事实）和不利己事实主张（如当事人自认）。“事实主张”的形式有提出利己事实、否认（明示和默示）、抗辩（提出抗辩事实）、自认（诉讼外的和诉讼中的）等。

在证据裁判原则的框架内，当事人应当运用证据来证明利己事实。在民事争讼程序中，原告（攻击人）与被告（防御人）相互对立。所谓攻击方法（或手段），是指原告为支持其诉讼请求所提出的事实主张以及支持该事实主张的举证等。所谓防御方法（或手段），是指被告为反驳或推翻原告的诉讼请求所提出的事实主张和支持该事实主张的举证等。

原告对利己事实的证明，被告对利己抗辩事实的证明，均须达到使法官确信的程度（证明标准），才能赢得胜诉或避免败诉。笔者认为，对于涉及公益的事实及其证明，虽然由法院职权探知，原告和被告不负行为证明责任，但是结果证明责任固定在提出诉讼请求的原告方，所以不存在证明责任的倒置。

不管是原告还是被告，主张例外情况的对该例外情况承担证明责任。比如，内心意思与表示的意思通常情况下是一致的，所以两者不一致属于例外情况，应当由主张这种例外事实的当事人对其承担证明责任。①

在当事人事实主张的范畴内，当事人主张不利己事实的，构成诉讼上自认的，无须承担证明责任；当事人一方对不利己事实否认的，无须承担证明责任，而由对方当事人承担证明责任，这与抗辩是不同的。

二、谁主张谁证明的适用

（一）原告对权利产生事实承担证明责任

辩论主义诉讼中，原告提出诉讼请求，需承担主张责任，即提供支持其诉讼请求的要件事实或者主张实体权利的产生事实。按照证明责任分配一般规则，原告主张权利产生的事实之后，随之承担证明责任。申言之，对于权利产生的事实，首先由原告负责提供证据（此为本证）来证明（或证实），并且只有达到证明标准，本证才属成功。若被告的反证使权利产生的事实处于“真伪不明”的状态，即属成功。

辩论主义诉讼中，若被告承认权利产生事实，则构成诉讼上自认，无须原告证明，法院直接将该自认事实作为判决的依据；若被告否认该事实，则原告应当证明该事实，即对该事实承担证明责任。

① 参见［日］新堂幸司：《新民事诉讼法》，林剑锋译，400页，北京，法律出版社，2008。

（二）被告对抗辩事实承担证明责任

通常情况下，在原告主张权利产生事实之后，被告才需履行主张责任，即被告主张抗辩事实以推翻原告的诉讼请求。对于被告的抗辩，原告也可反驳或抗辩，如此往复下去。比如，被告提出消灭时效的抗辩，原告可以提出消灭时效中断的事实抗辩。

按照证明责任分配一般规则，被告主张抗辩事实之后，随之承担证明责任，即被告应当提供本证来证明（或证实）抗辩事实，且须达到证明标准，本证才属成功。若原告的反证使抗辩事实处于“真伪不明”的状态，即属成功。

辩论主义诉讼中，对于被告提出的“抗辩事实”，若原告作出诉讼上自认的则被告无须证明，若原告否认的则被告应当证明。

待到审理程序终结时或适合于裁判时，法院就全案证据（本证和反证）作出判断并据此认定事实。

（三）否认

民事诉讼中，“否认”并无精确的含义，既指不同意原告的诉讼请求，又指不同意有利于对方当事人的事实或证据，但是并未提出相对抗的诉讼请求（即反诉）、相对抗的事实（即抗辩事实）及相对抗的证据（如反证）。狭义的“否认”仅指对案件实体事实的否认，包括特定否认和概括否认。否认者可以是被告，也可以是原告，二者的否认并无本质差异。

从被告的角度说，“特定否认”是指被告明确否认原告主张的某些利己事实。被告的“不知”陈述（不知道这样事实的陈述态度）被推定为否认，若没有明确否认（沉默，即未作出任何事实陈述），则视为默示自认。

“概括否认”（或称“一般否认”）是指对原告主张的全部利己事实，被告均予否认。概括否认可由一句话组成，比如“被告不承认原告起诉书中任何事实主张”。

概括否认使起诉书中所有事实均成为本案的争点，并且也使原告无法准确得知被告以后会对哪些事实争点进行反驳，从而容易遭到被告的诉讼“突袭”，此外被告还可利用概括否认来恶意拖延诉讼。因此，在美国民事诉讼中，以特定否认为原则而以概括否认为例外，概括否认仅适用于少数特定的案件，若概括否认不适当或未被许可时则须作出特定否认。

（四）抗辩

从广义上说，民事诉讼中的“抗辩”（或称“反驳”）包括：程序抗辩、证据抗辩和实体抗辩等，而狭义的“抗辩”仅指实体抗辩。① 实体抗辩，即被告主张应由自己承担证明责任的抗辩事实，以此事实推翻或反驳原告的诉讼请求。被告可以提出权利妨碍事实、权利阻却事实或权利消灭事实进行抗辩。

---

① 参见［日］兼子一、竹下守夫：《民事诉讼法》，白绿铉译，77～78页，北京，法律出版社，1995。有关本案诉讼标的或诉讼请求的实体法根据，属于法院依职权适用，即所谓“当事人负责事实，法官负责法律”。因此，对于实体法规范的适用，不属于当事人抗辩的范畴。当事人若对法官适用实体法规范有不同意见，则可通过上诉或再审予以纠正。

被告抗辩并未提出诉讼请求，不具备诉的全部构成要素，不是一个反诉。若原告之诉不存在，则被告的抗辩也随之消失或失效，反诉虽以本诉为存在前提，但并不因本诉被撤回或终结而失效。再者，对抗辩不得作出单独的判决，而对反诉则需要作出单独的判决。一般认为，与事实抗辩不同，反诉不属于被告防御方法，不受提出攻击防御方法期限的制约。①

至于“否认”与“抗辩”的区别，请看下列案例：原告提出“××年××月××日借给被告 10 万元和被告逾期未偿还该借款”的权利产生事实；若被告否认道：“没有向原告借过 10 万元”，那么对该否认事实，被告无须举证，而由原告对借款事实承担证明责任；若被告提出：“已经偿还了 10 万元借款”的抗辩事实（权利消灭事实），该事实对被告有利而应由被告负证明责任。

否认者对其否认的事实不承担证明责任，而由对方当事人承担。正如法谚所云：“肯定者承担证明，否定者不承担证明”。其原因之一是，对否定性事实或事实不存在的证明，需排除大量可能发生的情形，其证明的难度和成本远大于对肯定性事实的证明。但是，当事人对其提出的抗辩事实承担证明责任，而对方当事人不承担。因此，可以根据证明责任是否承担或由何方当事人承担，来区分否认与抗辩。②

三、“谁主张谁证明”的根据

证明责任的分配，不管是一般规则还是特殊规则，实际上均体现了公平正义的精神内涵，并尽可能兼顾实现诉讼效率。就证明责任分配的一般规则或谁主张谁证明来说，其具体根据主要有：

1. 社会生活中，提出主张者应就其利己主张提供充足的根据，否则该主张将不被人们承认和接受，即“谁主张谁证明”内含着常识性的正当性的要求。引用到诉讼领域则表现为提出利己事实的当事人应当提出充足证据来证明该事实（行为证明责任），若未履行行为证明责任而致利己事实真伪不明的，则该事实的真实性不被法院认可，从而被判决败诉（结果证明责任）。事实上，“谁主张谁证明”在很大程度上能够阻止原告提起无理由的诉讼，也能够制约被告滥用抗辩权。

2. 通常情况下，提出利己事实的当事人，距离证据更近，更易于收集证据。“证据的距离”是指当事人控制和提供证据的可能性。“证据距离远”说明某方当事人很难控制证据，或没有控制证据的可能性，因而其很难提供该证据。让距离证据更近、收集证据能力更强的当事人承担证明责任，既是公平的又是经济的，并且有助于实现保护权益和解决纠纷的诉讼目的。

3. 我国民事诉讼基本上属于规范出发型诉讼或法律适用型诉讼，即从民事实体法规范出发，以三段论来构造民事诉讼，亦即根据大前提（实体法规范）和小前提（符合实体法规范构成要件事实），推导出结论（判决主文）。与此相一致，证明责任的分配问题主要由民事实体法

① 参见［日］兼子一、竹下守夫：《民事诉讼法》，白绿铉译，186 页，北京，法律出版社，1995。

② 参见［日］兼子一、竹下守夫：《民事诉讼法》，白绿铉译，77 页，北京，法律出版社，1995；［日］中村英郎：《新民事诉讼法讲义》，陈刚等译，185～186 页，北京，法律出版社，2001。

来规定，证明责任的分配理论主要是实体法律规范分类说。

实体法律规范分类说或法律规范（构成）要件分类说依据实体法律规范类型，确立证明责任分配的一般规则，即主张权利产生的当事人（原告），应当根据权利产生规范主张权利产生的（要件）事实，相应地承担证明的责任；主张权利妨碍、权利阻却或权利消灭的当事人（被告），应当根据权利妨碍规范、权利阻却规范或权利消灭规范主张权利妨碍的事实、权利阻却的事实或权利消灭的事实，相应地承担证明的责任。

实体法律规范分类说实际上是近代民法的产物，体现了近代法学思潮——概念法学的特征。近代民法追求形式正义，着重于法的安定性，要求对同一法律事实类型适用同一法律规则以得出同样的判决结果。法律规范要件分类说的优点是可操作性强，符合法的安定性和统一性的价值要求。[①]

第四节　证明责任的减轻、倒置与裁量

一、证明责任的减轻

所谓“证明责任的减轻”，实际上是对难以证明的事项，采取合理法律技术或替代方法，适当减轻当事人的证明难度，以满足个案的妥当性要求和实质正义。证明责任减轻的技术或方法常用于环境侵权案件或公害案件、医疗纠纷案件、大规模侵权案件等，减轻原告受害人对加害行为与损害后果之间因果关系和加害人过错之证明负担或者证明难度，以及时有效地获得诉讼救济。

证明责任减轻的技术或方法既有实体法上的又有诉讼法上的，常用的或者比较成熟的有：当事人以证据契约减轻证明责任；申请法院收集证据；证明责任倒置；法律推定和事实推定，包括表见证明、间接证明、妨害证明（证明妨碍）；（诉讼上）拟制自认；降低证明标准；估算损害等。这类做法，有人称之为“通过简化证明克服知识漏洞”[②]，也有人称之为“减轻举证负担”。这些技术和方法与“避免通过证明责任作出判决”的技术和方法有重合之处。

事实上，证明责任减轻的范畴中相当一部分内容是“避免通过证明责任作出判决”的法律技术。在案件审理终结时，“事实真伪不明”的，按照证明责任分配规范判决承担证明责任的当事人败诉，有时候不符合具体正义。这样一来，就有必要开发一些尽可能使案件“避免通过证明责任作出判决”（使案件事实尽可能少地处于真伪不明状态）的法律技术，比如证明责任倒置、法律推定、表见证明与大致推定、反证提出责任、证明妨碍、不负证明责任当事人的事

① 参见肖建国：《论民事举证责任分配的价值蕴涵》，载《法律科学》，2002（3）。

② ［德］罗森贝克、施瓦布、戈特瓦尔德：《德国民事诉讼法》，李大雪译，812～813页，北京，中国法制出版社，2007。

实解明义务、合比例的认定、真伪不明判决、证明度降低等。①

(一) 证明损害事实

在民事诉讼证明责任一般分配的案件中，原告受害人就“损害”这一要件事实承担证明责任，即应当证明：损害（事实）存在、损害程度和赔偿数额等。通常应当首先证明损害（事实）存在，在此基础上证明损害的程度和赔偿的数额。在许多案件中，损害程度问题与赔偿数额问题是难以区分的，或者说损害的程度决定着赔偿的数额，故对“损害程度的证明”与“赔偿数额的证明”往往是不分的。不过，这两种证明还是有区别的，即在损害程度已经明确的情况下，对赔偿数额的计算仍然是一种独立的需要另行解决的问题。

对“损害（事实）存在”的证明，通常要求达到证明标准。比如，英美法系要求达到“优势盖然性”标准（存在的可能性大于不可能性）；德国法院采用的标准是“充分地确定”（sufficiently certain），即受害人不能以“近似确定的盖然性”（probability next to certainty）证明其损害。德国的标准未被大陆法系其他国家普遍仿效，比如比利时的标准与英美法系并无差异。② 笔者认为，我国应当采取“优势盖然性”标准。

在损害赔偿案件中，受害人往往无法确定或者没有证据来证明损害程度或赔偿数额。对此，许多国家法律规定，法院不能以受害人的证明没有达到证明标准为由或者依据证明责任规范，判决受害人败诉。

1911 年，英国 Vaughan Williams 法官在 Chap lin v. Hick 案中，写了如下著名判词：“损害赔偿金不能被确定性地估算的事实，并不能否定不当行为人支付赔偿金的必要性。”该案判决所表明的对赔偿额证明问题的立场，也适用于损害程度的证明问题，并被沿用至今。③《美国侵权法（第二次）重述》第 912 条下的评论中写道：“一个受到伤害的人，不能仅仅因为他不能充分确定地证明其受到伤害的程度，就被剥夺获得实质性赔偿的权利。”④

《欧洲侵权行为法基本原则》（Principles of European Tort Law）第 2：105 条［损害的证明］规定：“损害必须依照正式的诉讼程序标准加以证明。在证明损害的精确数额过于困难或费用过高时，法院可以评估损害的范围。”《瑞士债法典》第 42 条规定：“损害赔偿请求权人应当证明其损害。不能计算确定的损害，法官可以充分考量事件的过程及受害人所采取的措施而自由决定。”

---

① 就不负证明责任当事人的“事实解明义务”而言，在德国和日本等国，有种观点是，在具备以下四个要件时，不负证明责任的当事人产生事实解明义务：（1）负有证明责任的当事人出示能够明确表明自己对权利主张具有合理基础的线索；（2）该当事人客观上处于无法解明事实的状况（与事实隔绝）；（3）要求对方当事人解明事实不存在责难的可能；（4）该对方当事人具有能够易于解明事实的可期待性。若该对方当事人没有履行事实解明义务，法院就可认定负有证明责任当事人的事实主张为真实。有关不负证明责任当事人的“事实解明义务”，可以参见姜世明：《举证责任与真实义务》，103～184 页，台北，新学林出版股份有限公司，2006。

反证提出责任、不负证明责任当事人的事实解明义务、合比例的认定、真伪不明判决等作为“避免通过证明责任作出判决”的方法，或处于理论探讨的层面，或不具有普遍适用性。因此，本书不予阐释。相关内容，可以参见［日］高桥宏志：《民事诉讼法——制度与理论的深层分析》，林剑锋译，456～476 页，北京，法律出版社，2003。

② 在比利时，损害存在的可能性，只需达到使法官不会认为情况是相反的程度；当这样的可能性已经得到证实时，尽管从理论上说，该“期待的损害”永远不会出现的可能性仍然存在，当事人的请求也可以得到支持。参见王军、王秀转：《侵权法上损害证明的确定性》，载《政法论坛》，2008（5）。

③ 参见王军、王秀转：《侵权法上损害证明的确定性》，载《政法论坛》，2008（5）。

④ The American Law Institute，*Restatement of the Law*，Second，Torts，§912，Comment a. 1970.

《德国民事诉讼法》第 287 条第 1 款规定：“当事人对于是否有损害、损害的数额，以及应赔偿的利益额有争执时，法院应考虑全部情况，经过自由心证，对此点作出判断。应否依申请而调查证据、应否依职权进行鉴定，以及调查和鉴定进行到何种程度，都由法院酌量决定。法院就损害和利益可以询问举证人；此时准用第 452 条第 1 款第 1 句、第 2 款至第 4 款的规定。”① 据此规定，法院没有一般义务对所有提出的证明申请进行处理，而是由法院酌量决定，而且法院就损害和利益可以询问举证人。通说认为，如此规定（通过降低证明标准）使法官形成确信的要求被降低。即便如此，法院在对损害和利益作出估量之前，应对“明确可证明的、有争议的基础事实”调取证据。② 当然，案件审理终结时，若法官无法形成民事诉讼法所要求的心证时，则需按照证明责任规范作出判决。

《德国民事诉讼法》第 287 条第 2 款规定：“在财产权的诉讼以及其他情形，当事人对于债权额有争执，如果要完全阐明一切有关情况有困难，而此种困难与债权的有争执的部分的价值比较起来，很不相称时，准用第 1 款第 1 句和第 2 句的规定。”此款的意思是，如果需要通过各种方法（如调查证据、询问证人等）去阐明一切有关情况（即把双方所争的债权额调查清楚），将花费大量人力、物力或有其他困难（例如要到国外去询问证人或调查证据，要清查大批账簿等），解决这种困难所花的金钱比双方所争的债权额要多，此际就不合算了，所以法律允许法院依据第 1 款第 1 句和第 2 句来处理。③

《日本民事诉讼法》第 248 条规定：“在承认产生损害的情况下，由于损害的性质所决定证明其损害金额极其困难时，法院根据口头辩论的全部意旨和调查证据的结果，可以认定适当的损害金额。”法官认定损害金额时必须满足公平性的要求，否则将违反此条的规定而构成“违反法律”这一上诉理由。此条通过在损害金额的认定方面降低证明标准或证明度的方法，使受害人更加容易获得保护，也扩大了“让加害人对加害行为所产生的损害额予以赔偿”这条实体法规范的可适用性。日本有学者认为，损害金额的确定不是有关案件事实存在与否的问题，而是一个通过金钱来对损害予以评价的问题，此条并非降低证明度的规定，而是将损害金额的认定委诸法官自由裁量，作为结果此条具有减轻原告对损害金额之举证负担的效果。④

依照《奥地利民事诉讼法》第 273 条的规定，如果原告证明侵权行为造成的损害量确实存在不合理的困难，法官可以根据自己的内心确信来决定损害赔偿额。通说认为，适用第 273 条的条件是，原告能够证明损害的明显存在，但不能清楚地证明损害的具体程度。⑤

我国台湾地区“民事诉讼法”第 222 条第 2 款规定：“当事人已证明受有损害而不能证明其数额或证明显有重大困难者，法院应审酌一切情况，依所得心证定其数额。”此款通过扩大法院有关证据调查的裁量权，减轻当事人的证明负担，以维护被害人的合法权益，不因其无法

---

① 《德国民事诉讼法》第 287 条也减轻了原告被害人的主张责任，即无须就“损害”这一要件事实作出完整陈述。

② 参见［德］罗森贝克、施瓦布、戈特瓦尔德：《德国民事诉讼法》，李大雪译，843 页，北京，中国法制出版社，2007。

③ 参见《德意志联邦共和国民事诉讼法》，谢怀栻译，70 页脚注，北京，中国法制出版社，2001。

④ 参见［日］新堂幸司：《新民事诉讼法》，林剑锋译，395～396 页，北京，法律出版社，2008。

⑤ 参见王军、王秀转：《侵权法上损害证明的确定性》，载《政法论坛》，2008（5）。

或难以证明受损害数额而承担不利判决。①

我国《民事诉讼法》未作出如上规定。不过，其他法律作出了相应的规定。比如，《侵权责任法》第 19 条规定：侵害他人财产的，财产损失按照损失发生时的市场价格或者其他方式计算。第 20 条规定：侵害他人人身权益造成财产损失的，按照被侵权人因此受到的损失赔偿；被侵权人的损失难以确定，侵权人因此获得利益的，按照其获得的利益赔偿；侵权人因此获得的利益难以确定，被侵权人和侵权人就赔偿数额协商不一致，向人民法院提起诉讼的，由人民法院根据实际情况确定赔偿数额。《专利法》（2008 年修正）第 65 条第 2 款规定："权利人的损失、侵权人获得的利益和专利许可使用费均难以确定的，人民法院可以根据专利权的类型、侵权行为的性质和情节等因素，确定给予一万元以上一百万元以下的赔偿。"

至于损害赔偿数额的计算标准和计算方法等，我国相关法律、法规、司法解释作出了规定的，比如，《工伤保险条例》、最高人民法院《关于审理人身损害赔偿案件适用法律若干问题的解释》（法释［2003］20 号）等。对于此类问题，以及对于"未来损害"（比如未来的机会损失、未来的收入损失等）或"后发性损害"② 的赔偿数额，实体法著述讨论颇多可予参阅，在此不予讨论。

（二）证明因果关系

在环境侵权案件或公害案件、医疗纠纷案件、大规模侵权案件③中，对于如何减轻原告受害人对加害行为与损害后果之间因果关系和加害人过错之证明负担或者证明难度，我国现行的做法是以"证明责任倒置"予以解决，但是这种做法过于简单而有失公允。下文将考察其他国家的一些做法，以资我国参考。

有些国家采取降低证明标准或者证明度的方法来证明因果关系。例如，《美国密歇根州环境保护法》中规定：原告只需提出表面证据，证明污染者已经或很可能有污染行为，案件即可成立；若被告否认有该污染行为和危害后果，则必须提出反证。

为了减轻被害人的举证负担，在大陆法系，有学者提出，因果关系的证明无须达到"高度

---

① 参见姜世明：《新民事证据法论》，251～280 页，台北，学林文化出版事业有限公司，2004。

② 《最高人民法院关于审理人身损害赔偿案件适用法律若干问题的解释》（法释［2003］20 号）第 17 条规定，继续治疗实际发生的必要的后续治疗费，赔偿义务人也应当予以赔偿。该解释第 19 条第 2 款规定：医疗费的赔偿数额，按照一审法庭辩论终结前实际发生的数额确定。器官功能恢复训练所必要的康复费、适当的整容费以及其他后续治疗费，赔偿权利人可以待实际发生后另行起诉。但根据医疗证明或者鉴定意见确定必然发生的费用，可以与已经发生的医疗费一并予以赔偿。

③ "大规模侵权"是指，基于一个不法行为或者多个具有同质性的事由，给大量的受害人造成损害。具体说：（1）大规模侵权首先表现为存在多数受害人。（2）加害行为须是同一个侵权行为，或者同质性的产品或者服务（如瑕疵产品）引发的侵权。此种侵权行为的同质性在侵权责任构成要件上表现为一个不法行为与大量分散的损害后果之间的因果联系，或者基于现实中不同，但理论上可以将之视为同质性的单一侵权行为，如产品侵权。同质性侵权行为要求在侵权责任构成要件上可以采取理论抽象的方式，将成千上万的侵权行为提炼为一个典型的侵权行为，从而在论证是否需要过错、是否存在因果联系等方面大大便利对受害人的保护。（3）必须造成大范围的损害，单个损害的程度不影响到对大规模侵权案件的认定。（4）采取责任加重的方式保护受害人，如在因果关系认定上采取推定方式等。

在发生大规模侵权案件情况下，涉及有限的侵权人之间如何划分损害赔偿责任的问题。对此，现代美国侵权法采用"市场份额责任"，即根据每个生产者在该产品的市场销售中所占的份额，来确定最终的赔偿数额。实际上，该种赔偿方案的法理基础仍然是收益和风险公平分配的原则。参见朱岩：《大规模侵权的实体法问题初探》，载《法律适用》，2006（10）。

盖然性”（可能性达到80%以上）的程度，只需达到“优势盖然性”（可能性达到51%以上）的程度[①]，就可认定存在因果关系。

在日本，对以采取“盖然性”标准、“间接反证”方法降低证明标准或证明难度的主张，反对说势力颇大而倾向于采取“疫学因果关系说”，即用疫学[②]（流行病学或病因学）的方法来认定侵害行为与损害结果之间的因果关系。

存在疫学上的因果关系，通常必须具备下列四个条件：（1）引发疾病的因素（或称“因子”）须在发病前已经发生作用；（2）该因子作用的程度越显著，则该病的罹患率越高（量与效果的关系）；（3）该因子被消除时，则该病的罹患率下降；（4）该因子引发疾病的作用过程或作用途径，在生物学上可以作出无矛盾的说明。以上四个条件相互关联，并以数量统计作出合理说明的，即可成立因果关系。将疫学方法适用于环境污染案件，只要证明某种因素与某种疾病具有疫学上的因果关系，即可认定两者之间具有法律上的因果关系。此种方法通常适用于群体性患病纠纷案件，并且必须收集能够满足统计学处理要求的大量资料，而且疫学是群体现象中的原因探求方法，将其适用于个人对个人的诉讼中可能存在问题。[③] 尽管根据“疫学因果关系”难以得出百分之百的正确结论，但是疫学的研究成果属于经验法则，运用此法能够在很大程度上对复杂的因果关系作出可信的判断。[④]

下面考察美国在证明复杂的因果关系方面的主要做法。[⑤]

做法一：确立“互负连带责任”规则来分配证明责任。

美国法院在 Summers v. Tice [199P. 2d1 (Cal. 1948) (SATL 373)] 一案中确立了“互负连带责任”规则。此案的案情大体上是，在一次狩猎中，两个被告射击一只鹌鹑时，同时过失地朝原告所在的方向开了枪，其中一颗子弹击中了原告的眼睛。“互负连带责任”相当于大陆法系和我国的“共同危险责任”，即只要原告证明数个被告都可能有过错的，就对因果关系的证明责任实行倒置，若原告能够确定或证明数个被告中某个或某几个有过错的，则不适用“互负连带责任”规则。

做法二：确立“联营责任”规则来分配证明责任。

在 1972 年的 Hall v. E. I. Du Pont de Nemours & Co. 一案中，法院确立了“联营责任”规则。在该案中，多个儿童分别在不同的瓶盖爆炸事件中受伤，几乎代表了美国该产业的 6 个生产商被诉。有证据表明这些生产商在瓶盖的设计和生产方面存在合作关系，共同遵守产业内部的安全标准，共同把某些安全生产方面的职责委托给某一行业协会。由于本案被告数量有限，并且被告间的行为彼此关联，法院决定，原告若能证明瓶盖是某一被告生产的，因果关系的证

---

① 参见［日］高桥宏志：《民事诉讼法》，林剑锋译，474～475 页，北京，法律出版社，2003。

② 疫学是对集体现象的疾病，探明其发生、分布与社会生活的因果关系，寻求对策，防治疾病发生的科学。

③ 比如，即使可以说群体性存在的某种因素是某种疾病的原因，也不能说每个患者都是由于该因素的作用，某个患者也可能是因其他因素的作用而患病。

④ 参见［日］新堂幸司：《新民事诉讼法》，林剑锋译，372 页，北京，法律出版社，2008；曾兴隆：《公害纠纷与民事救济》，47～55 页，台北，三民书局，1995；吕忠梅：《环境侵权诉讼证明标准初探》，载《政法论坛》，2003 (5)。

⑤ 以下内容主要参考［美］文森特·R·约翰逊：《美国侵权法》，赵秀文等译，113～117 页，北京，中国人民大学出版社，2004。

明就转移给所有被告承担。

做法三：确立“市场份额责任”规则来分配证明责任。

在 Sindell v. Abbott Laboratories［163 Cal. Rptr. 132（Cal. 1980）（SATL 375）］一案中，原告诉称由于其母亲在怀有她时服用了 DES 药剂而导致原告患上了癌症，不过原告只将部分生产、销售 DES 的企业作为被告。案件事实表明，虽然所有被告在生产或销售 DES 都有过错，但是要求原告证明其母亲在怀有她时服用哪家企业的 DES 是不可能的。法院在此案中创设了“市场份额责任”规则，将因果关系的证明责任倒置给被告承担。

Summers v. Tice 案所确立的“互负连带责任”规则不能适用于 Sindell v. Abbott Laboratories 案，因为近两百家 DES 生产商或销售商中只有 5 家被诉，而在 Summers v. Tice 案中，所有过错人均被诉并且必然有一个被告实施了加害行为。在 Sindell v. Abbott Laboratories 案中，原告很难确定是哪个被告造成了损害，也有可能被诉的被告不是实际的加害人，但是追加其他生产商或销售商为被告也是不现实的，因为有些生产商或销售商可能已经破产或解散。而且，在 Sindell v. Abbott Laboratories 案中，由于被告众多，并且各被告间没有行为上的关联，所以法院决定也不适用“联营责任”规则。

在 Sindell v. Abbott Laboratories 案中，对因果关系法院裁量证明责任倒置，主要是出于以下政策性因素的考虑：（1）就原告不能提供对因果关系的证据而言，被告至少与原告具有相同的过错；（2）被告更有能力承担和分散因损害而支出的费用；（3）让被告承担证明责任，可以促使被告在将来更加注意生产销售安全。考虑到真正负责的生产商或销售商可能不在被告之中，法院决定：若某个被告不能证明自己不可能生产或销售了原告的母亲服用的 DES，则该被告承担的赔偿责任应该相当于该被告在 DES 市场中的份额，即承担“市场份额责任”。

在 1989 年的 Hymowitz v. Eli Lilly and Co. 一案中，法院认为，为了减轻当事人的证明责任和保证市场份额责任规则适用的一致性，市场份额应以全国性市场为计算的基础。法院还认为，生产商即使能够证明造成原告损害的药物不是自己生产的，也不能免责。判决书中写到：如果某个生产商仅仅因为其所生产的药物更易辨认，或者因为其所生产的药物全部出售给某个特定的药店，就可免责，对生产商来说无异于一个意外收获；这些偶然因素无论如何都不能消除某个被告在市场上销售该产品的过失，而这一过失正是给被告施加责任的根据。

《美国产品责任法（第三次）重述》中对市场份额责任有如下论述：法院在判断是否采用按比例分配责任规则时，通常应当考虑以下因素：（1）产品的通常特性；（2）损害的潜伏期；（3）原告在经过彻底调查之后，仍然不能确定被告的身份；（4）瑕疵产品与原告所受损害之间因果关系的清晰程度；（5）缺乏造成损害或者对损害有重大影响的医疗或环境因素；（6）是否有足够的“市场份额”数据作为合理分配责任的依据……

试图适用“市场份额责任”规则的诉讼案件通常涉及大量生产和销售的产品，如石棉、铅质涂料、烟草等，但是这些努力大多数失败了，主要原因是就这些类别的产品而言，同一种类的产品在不同品牌之间并不真正具有可互换性。

（三）证明被告过错

就如何证明被告过错而言，以“医疗过错”为例，不能直接适用一般过错侵权责任而使原告（病患者）承担证明责任，为衡平医患双方的权益，应当采用特殊规则以减轻患者的证明责任。美国许多州采取的是“事实本身说明过失”规则。德国法采取的是“表见证明”、“重大医疗过失的证明责任转换”、“妨害证明”等方法。日本主要采取“大致推定”（或称“过失初步推定”），与德国的“表见证明”基本一致。

在英美法系，“事实本身足堪证明”（accident speak for itself），即“事实本身说明过失”，原意是“事实说明自己”，即从事实推定加害人存在过失。[①] 其适用要件有三：（1）在一般情形下，若非出于被告之过失，事故通常不致发生[②]；（2）引起事故之方法、工具或其代理人，系在被告的排他性控制下；（3）事故的发生非基于原告之自愿行为或过失所致。

“事实本身说明过失”规则适用的效果主要是“过失推定”，即符合该规则的适用要件，则推定被告有过失；被告可以提出反证予以推翻，比如被告可以证明自己没有过失，也可以证明即使没有过失也可能发生损害等。有逐渐增强趋势的主张是，“事实本身说明过失”规则的适用能够发生“证明责任转换或倒置”的效果，即被告对其无过失承担证明责任。

在美国，将“事实本身说明过失”规则适用于医疗损害赔偿诉讼，其主要原因有：（1）当事人之间信息不对称或不对等。在医疗方面，原告病人多是外行，而医院为专门机构、医师为专家，并且在诊治过程中，病人有时处于无意识状态而不知诊治的具体过程或具体行为，从而在事实证据方面，医院和医师比病人拥有更强的取证能力。（2）避免医疗同业者之间的“沉默共谋”（conspiracy of silence），这相当于我们常说的“医医相护”，即其他许多医师不愿为原告病人担任专家证人，从而使原告处于更为不利的地位。[③]

在德国，对于一般的医疗过错纠纷案件，采取“表见证明”来推定存在医疗过失，以减轻事实主张者的证明难度。“表见证明”中，依发生事实的本身直接推定加害人存在过错，实际上是运用“表现于外部的行为”来“揭示内部的秘密”，正如法谚所云“由结果推测故意”。

在德国，对于重大医疗过错纠纷案件，采取“证明责任倒置”，即由加害人承担证伪过错及因果关系的责任。依德国实务的见解，在医疗损害赔偿诉讼中，转换证明责任需要具备以下条件：（1）必须有重大医疗过失；（2）医疗过失可能是引发损害的原因（不以两者之间具有必然性为必要）。所谓“重大医疗过失”，应以明显地违反医学界公认的规范为前提。为了避免滥用“证明责任转换或倒置”，宜采取比一般医学公认标准更为严格的尺度，以“严重的技术过失”来阐释重大医疗过失行为的含义。医师的过失行为是否属于严重的技术过失，应依据实施医疗行为当时的医疗水准作出判断。[④]

在减轻病患者的证明责任或证明负担方面，“证明责任倒置”的减轻程度远大于“表见证明”。在表见证明的情形中，被告加害人提出反证使法官心证发生动摇即属反证成功，于是原告病患者必须提供本证进行证明，直至法官最终获得确信的心证，否则将败诉。而在证明责任

---

① 参见潘维大：《英美侵权行为法案例解析》，121～122页，北京，高等教育出版社，2005。

② 对于这一要件是否具备，往往需根据经验法则作出判断。至于在专门性诉讼中，比如在医疗纠纷诉讼中，还得依据专门性经验法则作出判断，必要时还得运用“专家证人”。将“事实本身说明过失”规则适用于“医疗过失”的判断，如美国加州最高法院的 Kerr v. Bock（1971）等案只采用了两个要件：（1）依据经验法则判断，医疗事故是被告过失所致；（2）被告应该是负起责任的人。

③ 参见张新宝、明俊：《医疗过失举证责任研究——比较法的经验与我国的实践》，载《河南省政法管理干部学院学报》，2006（4）。

④ 参见龚赛红：《医疗损害赔偿立法研究》，306页，北京，法律出版社，2001。

倒置的情形中，原告病患者只要证实存在加害行为和损害后果即可，将过错和因果关系倒置给被告加害人来证伪，被告证伪不了（即未达到使法官确信不存在过错和因果关系），则可认定被告存在过错和因果关系，于是责任构成要件事实全部真实。

在德国医疗损害赔偿诉讼中，还存在“妨害证明”（或称“证明妨碍”）规则。该规则主要适用于下列情形：（1）医师违反其诊疗义务以外的附随义务（如在规定期间以前废弃诊疗记录），以致患者无法收集证据来证明案情；（2）医师未做成或保管好病历的，应以“证明妨碍”规范来调整证明责任。如果医师因过错而未实施应为的诊疗行为或检查行为，以至于没有发现病患者的病变症状，例如因未拍摄X光片而致未发现患者有骨折的，由此而使病患者不能或难以收集证据完成证明的，对于医疗过错和因果关系的证明，应当减轻病患者的证明负担，可以采取“妨害证明”规则。

二、证明责任的倒置

（一）证明责任倒置的内涵

证明责任倒置是证明责任分配一般规则的例外，原则上应由法律明文规定才可适用。[①] “证明责任倒置”，又称证明责任转换，是指一方当事人对自己提出的利己的要件事实，并不负担证明责任，而由对方当事人负担证伪的责任。若被告未能证伪该事实，则法院认可该事实是真实的。

常见的情形是，证明责任倒置给被告，即原告对自己提出的利己事实（支持己方诉讼请求的要件事实，即权利的产生规范构成要件事实），并不负担证明责任，而由被告证明该事实是虚假的（即“证伪责任”）。[②] 本节主要解说常见情形中证明责任的倒置。

证明责任倒置的情形中，支持原告诉讼请求的要件事实（即权利产生事实），通常是被告承担“部分要件事实（通常是侵权人过错或因果关系）不存在”的证明责任，原告对没有倒置的要件事实仍应承担证明责任。一般说来，原告证明没有倒置的要件事实是真实的之后，被告才履行证伪的责任（详见下文）。

应当注意，被告对其主张的利己事实（抗辩事实）的证明，不是证明责任倒置，而是证明责任正置。比如，环境污染责任和产品责任中的免责事由、高度危险责任中受害人故意、饲养动物损害责任中的受害人或第三人过错，均属对被告有利的抗辩事实。

（二）证明责任倒置的根据

依据实体法律规范要件分类所确立的证明责任分配规则，由于其偏重规范分类，即权利主张者（原告）就其权利的产生规范构成要件事实负担证明责任，被告就权利的妨碍、阻却、消灭规范构成要件事实负担证明责任，难以适应现代社会法律的发展。

与近代民法不同，现代民法注重实质正义，倾向于保护弱者（如劳动者、消费者等），讲

---

① 有些国家允许双方当事人在不违背有关证明责任分配的强行规范的前提下，协议证明责任的具体分配（证明责任分配契约）。同时，有些国家的法律也允许法官自由裁量证明责任的分配。

② 特殊情形中，证明责任倒置给原告，比如我国《海商法》第51条中的规定。参见江伟主编：《证据法学》，93页，北京，法律出版社，2004；郭国汀：《论海上火灾免责》，载《中国海商法年刊》，大连，大连海事大学出版社，2001。

究判决的具体妥当性。尤其是在高风险、高技术领域内发生的民事案件，按照法律规范要件分类来分配证明责任，难以兼顾双方当事人之间的实质公平。①

为了补正证明责任分配一般规则的不足，以追求证明责任分配的合理性和妥当性，大陆法系国家和地区积极探讨证明责任分配的特殊法理，提出了诸如危险领域说、盖然性说等学说，来设置证明责任倒置规范。②

“危险领域说”认为，在危险领域和无危险领域，证明责任的分配应有所不同。在现代高技术、高危险的领域，若按照证明责任分配的一般规则，权利产生要件事实均由原告来证明，原告因没有相应的技术知识设备而无力收集到相应证据，而权利产生要件事实多发生于被告控制的危险领域，被告比原告更有可能和能力收集到证据。因此，应将“侵权行为与损害结果之间存在因果关系”或者“侵权人存在过错”等权利产生要件事实，倒置给被告来证伪。

“盖然性说”主张，证明责任应当根据待证事实发生的可能性高低来分配。根据常识、生活经验和统计结果，对于发生的可能性或盖然性高的事实，主张该事实的人不需要举证证明，而由对方当事人负担证伪的责任。换言之，主张常态者不负证明责任，而由对方当事人负担证伪责任。若对方当事人负担不了证伪的责任，则推定发生的可能性或盖然性高的事实是真实存在的。

“诚实信用原则”也作为分配证明责任的考量因素。一方当事人虽应负担证明责任，但若对方当事人故意或重大过失地违反诚实信用原则而实施了妨害证明行为，或者违背禁反言规定，致使相关待证事实不能或难以证明的，则推定该事实不利于该对方当事人，亦即采取证明责任倒置的方法，由该对方当事人就该待证事实负担证伪的责任。

英美法系主要是从法的实践性立场，以“利益衡量”来确定证明责任的分配，即法官针对具体案件从政策（policy）、公平（fairness）、证据持有（possession of proof）、方便（convenience）、盖然性（probability）、经验规则（ordinary human experience）等方面进行衡量，以妥当分配证明责任。③

如上所述，两大法系均在积极探讨和开发“证明责任减轻的技术和方法”，以合理减轻当事人（尤其是处于弱势的受害人）的证明负担，平衡双方当事人之间的权益关系，从实质上实现诉讼正义。同时，两大法系都在相互取长补短，比如美国法院在一定情况下采用成文法标准来分配证明责任④；德国危险领域说、盖然性说，均主张法官通过平衡原告与被告之间的利益关系，以妥当分配证明责任；日本学者也有主张，应当考虑举证的难易、盖然性的高低和诚信原则等因素，以妥当分配证明责任。⑤

---

① 参见肖建国：《论民事证明责任分配的价值蕴涵》，载《法律科学》，2002（3）。

② 参见张卫平：《民事诉讼：关键词展开》，242～245页，北京，中国人民大学出版社，2005；[德] 汉斯·普维庭：《现代证明责任问题》，吴越译，277～330页，北京，法律出版社，2000；陈刚：《证明责任法研究》，174～226页，北京，中国人民大学出版社，2000。

③ See Wright & Graham, *Federal Practice and Produce*: *Evidence*, West Publishing Co., 1996, p. 556.

④ 参见陈刚：《美国证明责任法理序说》，载陈光中、江伟主编：《诉讼法论丛》，第2卷，北京，法律出版社，1999。

⑤ 参见陈刚：《证明责任法研究》，208～210页，北京，中国人民大学出版社，2000。

需要倒置的要件事实，往往属于原告举证困难而被告容易举证的事实。就侵权案件来说，有将“侵权人有过错”、“具有相当专业性的因果关系”倒置给被告证伪，至于“侵权行为”、“损害后果”因较易证明，由受害人承担证明责任而不倒置给加害人。

总的说来，法律将某些要件事实的证明责任倒置给更有条件、更有能力收集证据的被告，并不强加于处于弱势的原告，正合法谚“法律不强人所难”的内涵和精神。事实上，证明责任倒置不仅考虑到“让较少有条件获取信息的当事人提供信息，既不经济，又不公平”[①]；而且考虑到保障弱者能够便利地寻求诉讼保护的机会，以维护其实体权益。

在现代社会中，单纯依靠一种标准来分配证明责任，已非合理妥当。因此，在证明责任分配的一般规则之下，还存在一些特殊规则。危险领域说、盖然性说等虽有一定的合理性，但其实际上是对法律规范要件分类说的变通。在我国，民事实体法日益精致化和体系化，民事诉讼将仍以“法律适用型”或“规范出发型”为主。因此，今后仍然以法律规范要件分类说为主，但需根据社会法律的发展适时作出变通的规定。[②]

三、证明责任的裁量

法官裁量“证明责任的分配”，是指法官在个案中裁量分配证明责任。对此，《证据规定》第 7 条规定：“在法律没有具体规定，依本规定及其他司法解释无法确定证明责任承担时，人民法院可以根据公平原则和诚实信用原则，综合当事人举证能力等因素确定举证责任的承担。”法官以自由裁量的方式决定证明责任分配的，实为法官进行发现法、创造法的活动或进行“形成法型”的诉讼。[③]

成文法明确规定证明责任的分配，便于适用，符合法律和诉讼安定性的要求，不过其缺点是难以适应社会法律的发展，也难以适应具体案件的正义和维护当事人双方之间的具体公平。法律有关证明责任分配的规则，若适用到具体案件中将严重背离诉讼公正性和妥当性要求的，则需要法官以自由裁量来矫正证明责任的具体分配。

在法律有关证明责任分配出现漏洞时，则需法官自由裁量证明责任的分配。对于需要民事诉讼保护、尚未纳入现行实体法权利体制中的“形成中的权利”，对此往往需要法官自由裁量证明责任的分配。法院有时需要依据行业惯例、地方习惯、经验法则和国际惯例作出判决，此际往往需要法官通过自由裁量来妥当分配证明责任。

法官应当合理分配证明责任。为此，第一，法官必须根据法律和诉讼的公正、效率诸价值和保护实体权益、解决实体纠纷等目的，以及诚实信用原则，确定证明责任的承担；第二，法官确定证明责任承担的，应当在判决中充分地说明理由；第三，对于法官滥用自由裁量权，不合理确定证明责任承担的，当事人有权提起上诉或申请再审。

---

① ［美］迈克尔·D·贝勒斯：《法律的原则》，张文显等译，67 页，北京，中国大百科全书出版社，1996。

② 参见张卫平：《诉讼构架与程式》，305 页，北京，清华大学出版社，2000；左卫民、陈刚：《民事诉讼证明责任的法理与反思》，载《清华法律评论》，第 1 辑，北京，清华大学出版社，1998。

③ 参见陈刚：《证明责任概念辨析》，载《现代法学》，1997 (2)。

第五节　我国现行法对证明责任分配的规定

下文阐释我国《侵权责任法》、《专利法》（2008 年修订）等对证明责任分配的规定。

在侵权案件中，归责原则决定了原告（受害人）和被告（加害人）如何承担证明责任。在一般侵权责任或过错责任中，其责任构成要件（或侵权请求权产生要件）、免责事由和减责事由、证明责任的分配和适用对象，均应遵循一般条款的规定。但是，过错推定和无过错责任因为属于特殊侵权责任，其构成要件（或侵权请求权产生要件）、免责事由和减责事由、证明责任的分配和适用对象，均由法律作出特别的明文规定。

一、一般过错责任与证明责任分配

一般侵权责任或过错责任中，主张责任与证明责任的分配通常是一致的：原告应当主张和证明过错责任构成要件事实或者侵权责任请求权产生要件事实，被告应当主张和证明抗辩事实。

一般侵权责任或过错责任的构成要件，即一般侵权损害赔偿请求权的产生要件，主要有：(1) 存在侵权行为。侵权行为违反法定义务、违反保护他人的法律或者故意违背善良风俗，具有违法性。(2) 存在损害后果。即受害人的人身或财产受到实际损害。(3) 存在因果关系。即侵权行为与损害后果之间具有因果关系。(4) 侵权人具有过错（故意或过失）。

不过，根据《侵权责任法》第 15 条的规定，(1) 对于请求承担停止侵害、排除妨碍、消除危险、恢复原状、赔礼道歉、消除影响、恢复名誉等责任的方式，无须“侵权人过错”这一要件。(2) 对于请求承担停止侵害、排除妨碍、消除危险等预防性责任的方式，无须“损害后果”或“实际损害”这一要件。比如，《侵权责任法》第 21 条规定：“侵权行为危及他人人身、财产安全的，被侵权人可以请求侵权人承担停止侵害、排除妨碍、消除危险等侵权责任。”适用此条，无须“侵权人具有过错”和“存在损害后果”这两个要件。

原告被侵权人向法院提起侵权案件，应当在诉讼中主张上述责任构成要件事实或侵权损害赔偿请求权产生要件事实；对此类（利己）要件事实，根据“谁主张谁证明”的一般规则，被侵权人应当按照举证时限的规定，向法院提供证据（本证）来证明；若在案件审理终结时（或法庭言词辩论终结时）达不到证明标准而致此类要件事实处于“真伪不明”状态，则此类要件事实因其真实性没有得到证明，法院无法支持被侵权人的诉讼请求，被侵权人因此败诉。

至于免责事由和减责事由，属于有利于被告侵权人的抗辩事实。在诉讼中，对于免责事由和减责事由，被告侵权人可以主张，一旦主张就得承担证明责任（属于证明责任正置）。必须注意的是，《侵权责任法》第三章规定的免责事由和减责事由主要是针对过错责任作出的规定，至于无过错责任，原则上不适用第三章的规定。

在因新产品制造方法发明专利引起的专利侵权诉讼中，其证明责任分配有特殊规定。根据《专利法》第61条第1款，被告（制造同样产品的单位或者个人）对“其产品制造方法不同于专利方法”承担证明责任，此为证明责任倒置。

《专利法》第62条规定：“在专利侵权纠纷中，被控侵权人有证据证明其实施的技术或者设计属于现有技术或者现有设计的，不构成侵犯专利权。”其中，“其实施的技术或者设计属于现有技术或者现有设计的”，属于有利于被告（被控侵权人）的抗辩事实，被告对此作出证明属于“证明责任的一般分配”，符合“谁主张谁证明”的一般规则。

二、过错推定责任与证明责任分配

（一）总述

“过错责任”为一般或通常侵权责任类型，而“过错推定责任”为特殊侵权责任类型，经法律明文规定方可适用。《侵权责任法》第6条第2款概括规定了“过错推定责任”，即“根据法律规定推定行为人有过错，行为人不能证明自己没有过错的，应当承担侵权责任”。此条款本身不是一个独立的责任规则，需要其他的法律规定来补充。此条款中的“法律规定”，既指《侵权责任法》规定适用过错推定责任的侵权行为类型，又指其他法律规定适用过错推定责任的侵权行为类型（比如《道路交通安全法》第76条第1款第2项的规定）。

《侵权责任法》中，适用过错推定责任的有：(1) 关于特殊主体的责任，包括监护人责任（第32条）、暂时丧失心智者损害责任（第33条第2款）、用人者责任（第34条、第35条）、无民事行为能力人在教育机构受到损害的责任（第38条）；(2) 医疗伦理损害责任（第55条、第62条）；(3) 动物园动物损害责任（第81条）；(4) 物件损害责任（第85条、第86条、第88～91条）。

过错推定责任实质上属于过错责任的范畴，两者构成要件相同，“侵权人具有过错”均属构成要件。与过错责任不同的是，过错推定责任中，对“侵权人具有过错”这一要件事实，被侵权人或原告不负证明责任，采用“过错推定”，即原告在证明存在“侵权行为、损害后果和因果关系”之后，就推定“侵权人具有过错”；对该推定，侵权人或被告有权运用证据予以推翻，若推翻（即“没有过错”）则侵权不成立，若没有推翻（即“有过错”）则侵权成立（此际，责任构成要件全部成立）。

（二）医疗损害责任与证明责任

根据《侵权责任法》第七章“医疗损害责任”的规定，医疗损害责任有以下几种情况：

1. 关于医疗技术损害责任（即一般医疗损害责任），《侵权责任法》第54条规定：“患者在诊疗活动中受到损害，医疗机构及其医务人员有过错的，由医疗机构承担赔偿责任。”据此，医疗技术损害责任属于“一般过错责任”，适用证明责任分配一般规则，即原告患者应当主张并证明“存在侵权行为、损害结果、因果关系和医疗过错”。

至于“医疗过错”，《侵权责任法》第57条规定的是专家的注意义务，即医务人员“在诊疗活动中未尽到与当时的医疗水平相应的诊疗义务”。为了合理减轻患者证明医疗过错的难度，

《侵权责任法》第58条规定了“推定”，即患者有损害，因下列情形之一的，推定医疗机构有过错：（1）违反法律、行政法规、规章以及其他有关诊疗规范的规定；（2）隐匿或者拒绝提供与纠纷有关的病历资料；（3）伪造、篡改或者销毁病历资料。① 患者证明上述任一情形的，则推定存在医疗过错。

《侵权责任法》第60条规定了医疗机构的免责事由。医疗机构证明这些免责事由（属于抗辩事实）是证明责任正置。

对于“一般医疗损害责任”的证明责任，《侵权责任法》与《证据规定》的规定有很大的不同。《证据规定》第4条第1款第8项规定：“因医疗行为引起的侵权诉讼，由医疗机构就医疗行为与损害结果之间不存在因果关系及不存在医疗过错承担举证责任。”

据此，原告患者只需证明“存在医疗行为和损害结果”，而将“因果关系”与“医疗过错”倒置给被告医疗机构证伪，即证明“不存在因果关系”和“不存在医疗过错”。诉讼中，应当首先由原告证明“存在医疗行为和损害结果”。然后，才由被告证伪“因果关系”和“医疗过错”。若被告未能证伪倒置的要件事实，则说明存在“因果关系”和“医疗过错”。此际，医疗侵权损害赔偿责任的构成要件全部成立。

《证据规定》将“因果关系”与“医疗过错”倒置给被告医疗机构来证伪，使医疗机构负担过重的证明责任，没有合理权衡医患之间的证明责任和权益关系。对此，《侵权责任法》作出了纠正。

2. 关于医疗伦理损害责任，《侵权责任法》第55条规定：“医务人员在诊疗活动中应当向患者说明病情和医疗措施。需要实施手术、特殊检查、特殊治疗的，医务人员应当及时向患者说明医疗风险、替代医疗方案等情况，并取得其书面同意；不宜向患者说明的，应当向患者的近亲属说明，并取得其书面同意。医务人员未尽到前款义务，造成患者损害的，医疗机构应当承担赔偿责任。”② 第62条规定：“医疗机构及其医务人员应当对患者的隐私保密。泄露患者隐私或者未经患者同意公开其病历资料，造成患者损害的，应当承担侵权责任。”

在此类责任中，“医疗伦理过错”被纳入责任构成要件，属于“过错推定责任”。原告患者应当证明医疗机构及其医务人员存在违法行为（违反法定的告知或保密义务等）、损害事实和因果关系。至于如何证明医疗伦理过错，原告患者只要证明医疗机构及其医务人员违反法定的说明义务或保密义务等医疗伦理义务，就可推定后者存在医疗伦理过错。

3. 关于医疗产品损害责任，《侵权责任法》第59条规定：因药品、消毒药剂、医疗器械的缺陷，或者输入不合格的血液造成患者损害的，患者可以向生产者或者血液提供机构请求赔偿，也可以向医疗机构请求赔偿。患者向医疗机构请求赔偿的，医疗机构赔偿后，有权向负有责任的生产者或者血液提供机构追偿。

---

① 诸多人士根据《侵权责任法》第54条和第58条，认为医疗损害责任通常情况下采用一般过错责任，少数情况下采用过错推定责任。但是，有学者认为，第58条规定的不是“推定”，而是认定过错的判断标准，医疗机构不得推翻。笔者认为，医疗损害责任为一般过错责任，至于《侵权责任法》第58条规定的并非“过错推定责任”，而是运用“推定”来证明医疗过错；事实上，患者证明医疗过错的途径或方式既包括证据证明，又包括推定、诉讼上自认等。

② 但是，因抢救生命垂危的患者等紧急情况，不能取得患者或者其近亲属意见的，经医疗机构负责人或者授权的负责人批准，可以立即实施相应的医疗措施（《侵权责任法》第56条）。

医疗产品损害责任具有产品责任性质，其责任的承担及证明责任的分配，与产品责任的承担及证明责任的分配是一致的，为“无过错责任”。

（三）物件损害责任与证明责任

根据《侵权责任法》第十一章“物件损害责任”的规定，物件损害责任采用“过错推定责任”。在物件损害责任中，受害人必须证明存在物件致害行为、损害事实和因果关系；之后，推定物件的所有人、管理人或者使用人（被告）有过错。

物件损害责任采用“过错推定责任”，旨在平衡双方当事人的权益，既便于受害人获得救济，又不使被告承担过重的责任。具体说，物件往往能够给行人造成损害，但并非高度危险，被告尽到足够注意的，就可以避免发生损害，所以不宜适用“无过错责任”；物件致害的原因多种多样，受害人往往难以证明被告有过错，所以不应适用“过错责任”。

《侵权责任法》第十一章中，比较特殊的是第87条规定的不明抛掷物或坠落物损害责任。该条规定：“从建筑物中抛掷物品或者从建筑物上坠落的物品造成他人损害，难以确定具体侵权人的，除能够证明自己不是侵权人的外，由可能加害的建筑物使用人给予补偿。”

不明抛掷物或坠落物损害责任的基础不是“共同危险”，因为共同危险要求每个行为人均实施了有危险性的行为，而不明抛掷物或坠落物损害责任中，并非所有人均实施了加害行为，通常只有其中一人实施了加害行为。在难以确定具体侵权人时，法律基于建筑物使用人对其房屋占有的事实，推定所有可能加害的建筑物使用人抛掷物品或从建筑物上坠落的物品造成受害人损害。可见，不明抛掷物或坠落物损害责任不属于“过错推定责任”。不明抛掷物或坠落物损害责任也不属于“公平责任”，因为公平责任要求加害人和受害人均无过错，而不明抛掷物或坠落物损害责任中，真正的加害人是有过错的。

不明抛掷物或坠落物损害责任是“补偿责任”，并采用“因果关系推定”。补偿责任不是赔偿责任，即责任人无须完全赔偿受害人的损失，由法官根据具体情况判决责任人给予适当补偿。至于“因果关系推定”，受害人应当证明存在从建筑物中抛掷物品或者物品从建筑物上坠落、损害的事实以及具体侵权人无法确定但有加害可能①，至于抛掷物品或物品坠落与损害事实之间的因果关系倒置给建筑物使用人证伪。

三、无过错责任与证明责任分配

（一）总述

无过错责任中，主张责任与证明责任通常是一致的。原告应当主张和证明存在侵权行为、损害后果和两者之间存在因果关系。被告应当主张和证明抗辩事实。不过，在法定的案件中，因果关系虽由原告主张但倒置给被告证伪。

---

① “加害可能”主要是根据建筑物与损害发生地的空间位置来确定。具体说：（1）距离，即建筑物与损害发生地的距离；（2）高度，即建筑物通常应当高于受害人；（3）角度，比如某业主的房屋在损害发生地的方向没有窗户或出口。

“无过错责任”为特殊侵权责任类型，体现了特殊的立法政策，所以法律有明文规定的方可适用。《侵权责任法》第7条概括规定了“无过错责任”，即“行为人损害他人民事权益，不论行为人有无过错，法律规定应当承担侵权责任的，依照其规定”。此条本身不是一个独立的责任规则，需要其他的法律规定来补充。《侵权责任法》规定了如下无过错责任类型：产品责任（有除外情况）（第五章）、机动车交通事故责任（有除外情况）（第六章）、环境污染责任（第八章）、高度危险责任（第九章）、饲养动物损害责任（第81条除外）（第十章）。

被侵权人依照法律规定，提起无过错责任诉讼的，应当主张无过错责任构成要件事实，即存在侵权行为、损害后果和因果关系。既然“侵权人过错”不属于责任构成要件，被侵权人就无须证明（以此减轻被侵权人的证明责任），也就不存在证明责任倒置的问题。同时，为合理减轻被侵权人的证明责任，在某些特殊侵权责任中，法律也会明文将“因果关系”倒置给侵权人来证伪（若证伪不了，则因果关系是真实的）。

至于“无过错责任”中的免责事由和减责事由，由侵权人主张并予以证明（属于证明责任正置）。《侵权责任法》第五章、第六章、第八章、第九章、第十章等对“无过错责任”的免责事由和减责事由作出了特别规定或严格限制，不适用第三章关于一般免责事由和减责事由等规定。必须明确，过错责任以侵权人无过错为免责或减责的依据或事由，但是无过错责任则不以侵权人无过错为免责或减责的依据或事由，而且原则上，被侵权人或第三人的“故意”在某些情况下只能是侵权人减责的依据或事由，被侵权人或第三人的“重大过失”才能减责（《侵权责任法》第73条除外）。

应当注意，不同归责原则决定了“侵权人过错”是否为证明责任倒置的事实。“过错推定责任”中，“侵权人过错”属于责任构成要件事实，由于采用“过错推定”（从而减轻了被侵权人的证明难度），侵权人可以通过证明“被侵权人或第三人有过错”来证明自己没有过错来推翻过错推定。但是，“无过错责任”中，由于“被侵权人或第三人有过错”属于侵权人的免责事由或减责事由而不属于责任构成要件事实，所以侵权人证明“被侵权人或第三人有过错”，属于证明责任正置，被侵权人并未因此减轻了证明难度。

（二）产品责任与证明责任

关于“产品责任”，《产品质量法》第41～43条与《侵权责任法》第41～43条的规定基本一致。

产品缺陷是指由于制造、设计中的原因或者警示说明不充分、未尽召回警示义务而导致产品存在的危及人身、财产安全的不合理危险。因缺陷产品产生侵权的，由缺陷产品的生产者或销售者承担责任。其责任方式主要有：(1) 排除妨碍、消除危险。因产品缺陷危及他人人身、财产安全的，被侵权人有权请求生产者、销售者承担排除此类危险的责任（《侵权责任法》第45条）。(2) 售后警示、召回责任（《侵权责任法》第46条）。(3) 损害赔偿。因产品存在缺陷造成他人损害的，生产者、销售者承担损害赔偿责任；明知产品存在缺陷仍然生产、销售，造成他人死亡或者健康严重损害的，受害人有权请求相应的惩罚性赔偿（《侵权责任法》第47条）。

就“缺陷产品损害赔偿责任”而言，得分如下两个层面来理解和适用：

第一个层面是：在对外关系上，“生产者与销售者”对受害人承担“无过错责任”①。申言之，为便于受害者获得赔偿和增加产品安全度，“无过错责任”适用于生产者和销售者的中间责任。因此，受害人应当主张并证明如下责任构成要件事实：存在产品缺陷、损害事实和因果关系。至于免责事由（《产品质量法》第41条第2款）②，由生产者承担证明责任，属于证明责任正置。

第二个层面是：确定生产者和销售者的中间责任之后，还得在生产者与销售者之间（内部关系）确定最终责任的承担者。具体说：（1）产品缺陷由生产者造成的，生产者承担最终责任，属于过错责任；（2）产品缺陷由销售者造成的，销售者承担最终责任，属于过错责任；（3）销售者不能指明缺陷产品的生产者也不能指明缺陷产品的供货者的，销售者被视为生产者而承担最终责任，属于无过错责任。③

至于产品运输者、仓储者等第三人的责任，根据《侵权责任法》第44条的规定，产品缺陷因运输者、仓储者等第三人④的过错造成的，首先由产品生产者、销售者承担侵权责任；生产者、销售者承担责任后，可依其与运输者、仓储者等第三人之间的合同向该第三人追偿，运输者、仓储者等第三人承担的是过错责任。

就“跟踪观察缺陷产品责任”而言，《侵权责任法》第46条规定：“产品投入流通后发现存在缺陷的，生产者、销售者应当及时采取警示、召回等补救措施。未及时采取补救措施或者补救措施不力造成损害的，应当承担侵权责任。”据此，受害人除了应当主张并证明“存在产品缺陷、损害事实和因果关系”责任构成要件事实之外，还得主张“生产者、销售者存在过错”。考虑到消费者与生产者、销售者之间的实力差异，以及生产者在跟踪观察义务履行中的积极作用，应当实行“过错推定责任”，即受害人可以通过证明产品投入流通后“未及时采取补救措施或者补救措施不力”来推定“生产者、销售者存在过错”⑤。

一般商品或服务有瑕疵的，由消费者承担有关瑕疵的证明责任。但是，出于对消费者的保护，对于耐用商品或装饰装修服务在特定时间内出现瑕疵的，由经营者承担有关瑕疵的证明责任。根据《消费者权益保护法》（2013年修正）第23条第3款：“经营者提供的机动车、计算机、电视机、电冰箱、空调器、洗衣机等耐用商品或者装饰装修等服务，消费者自接受商品或者服务之日起六个月内发现瑕疵，发生争议的，由经营者承担有关瑕疵的举证责任。”

（三）机动车交通事故责任与证明责任

《侵权责任法》第48条规定：“机动车发生交通事故造成损害的，依照道路交通安全法的有关规定承担赔偿责任。”根据《道路交通安全法》（2007年修订）第76条的规定，机动车交

---

① 高圣平：《产品责任归责原则研究》，载《法学杂志》，2010（6）。

② 《产品质量法》第41条第2款规定的生产者的免责事由有：（1）未将产品投入流通的；（2）产品投入流通时，引起损害的缺陷尚不存在的；（3）将产品投入流通时的科学技术水平尚不能发现缺陷的存在的。

③ 参见王利明主编：《中华人民共和国侵权责任法释义》，211～212页，北京，中国法制出版社，2010；杨立新：《侵权责任法》，449页，北京，法律出版社，2010。

④ 运输者、仓储者以外的第三人，比如产品的零部件提供者或者原材料提供者等。

⑤ 杨立新：《侵权责任法》，324页，北京，法律出版社，2010。

通事故责任及其证明责任分配主要有如下情形：

1. 机动车第三者责任强制保险责任。无论机动车交通事故责任人有无过错，保险公司均得（在机动车第三者责任强制保险责任限额范围内）承担赔偿责任，此为“无过错责任”。保险公司的免责事由是“受害人故意”碰撞机动车造成损害的。①

2. 保险公司在机动车第三者责任强制保险责任限额范围内赔偿以后，不足的部分则按照下述承担赔偿责任：

（1）“机动车之间”发生交通事故的，由有过错的一方承担赔偿责任；双方都有过错的，则按照各自过错的比例分担责任，即适用“过错责任原则”和“证明责任一般分配规则”。因为机动车之间具有相同的地位和能力，没有特殊保护的必要。

（2）“机动车与非机动车驾驶人、行人之间”发生交通事故的，分两种情况：

第一种情况是机动车一方造成非机动车驾驶人、行人损害的，实行“过错推定”。即非机动车驾驶人、行人（原告）证明了违法行为、损害事实和因果关系后，直接推定机动车一方（被告）有过错，将机动车一方过错倒置给机动车一方证伪。② 机动车一方的免责事由是非机动车驾驶人、行人“故意”碰撞机动车造成损害，减责事由是非机动车驾驶人、行人有过失。机动车一方证明其免责事由和减责事由，属于证明责任正置。

至于责任的承担，其一，非机动车驾驶人、行人没有过错的（既无故意又无过失），由机动车一方承担赔偿责任；其二，机动车一方有过错的，非机动车驾驶人、行人也有过错的（应为过失），机动车一方需证明该减责事由，则根据过错程度适当减轻机动车一方的赔偿责任；其三，机动车一方没有过错（既无故意又无过失），并证明自己没有过错的，则承担不超过10％的赔偿责任；其四，非机动车驾驶人、行人“故意”碰撞机动车造成自己损害的，机动车一方不承担赔偿责任。

第二种情况是非机动车驾驶人、行人“故意”碰撞机动车造成机动车一方损害的，实行“过错责任”。即机动车一方作为原告，请求非机动车驾驶人、行人承担责任，应当按照“过错责任”，主张责任构成要件事实，并予以证明。

（四）环境污染责任与证明责任

《侵权责任法》第65条规定：“因污染环境造成损害的，污染者应当承担侵权责任。”据此，环境污染侵权责任属于“无过错责任”③。《侵权责任法》第66条规定：“因污染环境发生纠纷，污染者应当就法律规定的不承担责任或者减轻责任的情形及其行为与损害之间不存在因果关系承担举证责任。”对于环境污染侵权诉讼证明责任的分配，《最高人民法院关于审理环境侵权责任纠纷案件适用法律若干问题的解释》（法释［2015］12号）（适用于环境私益诉讼和

---

① 参见《机动车交通事故责任强制保险条例》第21条第2款。

② 有学者认为，机动车一方承担的是“无过错责任”，不过法律采取限额赔偿方式以适当减轻机动车一方的赔偿负担（机动车一方需证明自己没有过错）。参见王利明主编：《中华人民共和国侵权责任法释义》，246～247页，北京，中国法制出版社，2010。

③ 《最高人民法院关于审理环境侵权责任纠纷案件适用法律若干问题的解释》第1条第1款规定：“因污染环境造成损害，不论污染者有无过错，污染者应当承担侵权责任。污染者以排污符合国家或者地方污染物排放标准为由主张不承担责任的，人民法院不予支持。”

环境公益诉讼，本书简称《环境侵权解释》）作出了具体规定。

根据以上规定，原告被侵权人应当主张污染环境行为（污染者排放了污染物）、损害后果和因果关系，除应当证明前两项要件事实外，还应当提供证据证明“污染者排放的污染物或者其次生污染物与损害之间具有关联性”（《环境侵权解释》第6条）。

其后，被告污染者应当证伪因果关系，若证伪不了则说明存在因果关系，此际环境污染侵权责任构成要件全部成立。被告污染者举证证明下列情形之一的，法院应当认定其污染行为与损害之间不存在因果关系：(1) 排放的污染物没有造成该损害可能的；(2) 排放的可造成该损害的污染物未到达该损害发生地的；(3) 该损害于排放污染物之前已发生的；(4) 其他可以认定污染行为与损害之间不存在因果关系的情形（《环境侵权解释》第7条）。

至于被告就“法律规定的不承担责任或者减轻责任的情形”（免责事由或减责事由）承担证明责任，属于证明责任正置。《环境侵权解释》第1条第2款规定：“污染者不承担责任或者减轻责任的情形，适用海洋环境保护法、水污染防治法、大气污染防治法等环境保护单行法的规定；相关环境保护单行法没有规定的，适用侵权责任法的规定。”

根据《民事诉讼法》第55条、《环境保护法》(2014年修订）第58条，环境保护公益组织提起环境公益诉讼的，起诉条件或受理条件还包括“有社会公共利益受到损害的初步证据”（《民诉法解释》第284条）。在上述规定的前提下，根据《民诉法解释》第96条、《最高人民法院关于审理环境民事公益诉讼案件适用法律若干问题的解释》（法释〔2015〕1号）第14条，对于审理环境民事公益诉讼案件需要的证据，法院认为必要的，应当调查收集，即适用职权探知主义。

《侵权责任法》第68条规定：“因第三人的过错污染环境造成损害的，被侵权人可以向污染者请求赔偿，也可以向第三人请求赔偿。污染者赔偿后，有权向第三人追偿。”此条对因第三人的过错污染环境造成损害的，采用不真正连带责任规则，不适用《侵权责任法》第28条的一般规定（即“损害是因第三人造成的，第三人应当承担侵权责任”）。在被侵权人以污染者为被告的诉讼中，污染者承担“无过错责任”①，被侵权人据此承担证明责任，并且“第三人的过错”不是污染者免责事由。污染者赔偿后，有权向第三人追偿，第三人承担最终责任。在被侵权人以第三人为被告的诉讼中，第三人承担过错责任，被侵权人据此承担证明责任。

（五）高度危险责任与证明责任

对于高度危险责任，《侵权责任法》规定为“无过错责任”②。据此，受害人仅须证明存在高度危险行为、损害事实和因果关系，无须证明加害人有过错。根据《侵权责任法》第九章“高度危险责任”的规定，“受害人故意”、“不可抗力”等为法定的免责事由，“受害人重大过

---

① 环境污染责任适用无过错责任，更有利于保护环境和民事权益。同时，在环境污染责任中，真正造成环境污染损害的是污染者。第三人的过错行为作用于污染者，使污染者的污染行为造成被侵权人的损害，使污染者的污染行为与被侵权人的损害之间存在较为直接的因果关系。参见杨立新：《侵权责任法》，498页，北京，法律出版社，2010。

② 《证据规定》第4条第1款第2项规定：高度危险作业致人损害的侵权诉讼，由加害人就受害人故意造成损害的事实承担举证责任。

失”（第 73 条[①]除外）仅是减责事由。加害人对其免责事由和减责事由承担证明责任，属于证明责任正置。

应当注意，《侵权责任法》第 37 条与第 76 条规定的侵权责任和证明责任是不同的。第 37 条规定的是“一般安全保障责任”，属于一般过错责任，所以受害人证明加害人“未尽到安全保障义务”，对受害人来说属于证明责任正置。第 76 条规定的是“高度危险区域的安全保障责任”，属于高度危险责任和无过错责任，所以受害人无须证明加害人“未尽到安全保障义务”；加害人通过证明“已经采取安全措施并尽到警示义务的”来减轻或不承担责任，对加害人来说属于证明责任正置。

（六）饲养动物损害责任与证明责任

《侵权责任法》第 78 条规定：“饲养的动物造成他人损害的，动物饲养人或者管理人应当承担侵权责任，但能够证明损害是因被侵权人故意或者重大过失造成的，可以不承担或者减轻责任。”此条规定的是一般“饲养动物损害责任”，通常为“无过错责任”。被告对免责事由和减责事由（被侵权人故意或者重大过失）的证明，属于证明责任正置。[②]

《侵权责任法》第 79 条规定：“违反管理规定，未对动物采取安全措施造成他人损害的，动物饲养人或者管理人应当承担侵权责任。”此条规定的是“未采取安全措施的饲养动物损害责任”，动物饲养人或者管理人承担的是“无过错责任”。至于被侵权人故意或者重大过失能否作为动物饲养人或管理人的免责事由或减责事由，笔者赞成否定说。此说认为，按照“明示其一，排斥其他”的解释规则，既然第 79 条没有规定免责事由或减责事由，就不能将被侵权人故意或者重大过失作为动物饲养人或者管理人的免责事由或减责事由。[③]

与《侵权责任法》第 79 条不同，第 80 条规定：“禁止饲养的烈性犬等危险动物造成他人损害的，动物饲养人或者管理人应当承担侵权责任。”“禁止饲养的烈性犬等危险动物”因具有高度危险性而被禁止饲养，此类危险动物饲养人或者管理人更应承担“无过错责任”，同时其责任不能被减轻或免除（被侵权人故意或者重大过失、不可抗力等也不能作为免责事由或减责事由）。[④]

《侵权责任法》第 82 条规定：“遗弃、逃逸的动物在遗弃、逃逸期间造成他人损害的，由原动物饲养人或者管理人承担侵权责任。”[⑤] 此条规定的也是“无过错责任”，同时原动物饲养

---

① 根据《侵权责任法》第 73 条的规定，从事高空、高压、地下挖掘活动或者使用高速轨道运输工具造成他人损害的，经营者应当承担侵权责任，但能够证明损害是因受害人故意或者不可抗力造成的，不承担责任；被侵权人对损害的发生有过失的，可以减轻经营者的责任。

② 《证据规定》第 4 条第 1 款第 5 项规定：饲养动物致人损害的侵权诉讼，由动物饲养人或者管理人就受害人有过错或者第三人有过错承担举证责任。此项规定的免责事由不同于《侵权责任法》第 78 条的规定，应以后者为准。

③ 肯定说从公平原则出发，认可上述免责事由或减责事由。参见王利明主编：《中华人民共和国侵权责任法释义》，411 页，北京，中国法制出版社，2010。

④ 有人认为，从公平原则出发，应当肯定上述免责事由或减责事由。参见王利明主编：《中华人民共和国侵权责任法释义》，413 页，北京，中国法制出版社，2010。

⑤ 驯养的野生动物回归自然后造成他人损害的，《侵权责任法》没有规定责任承担问题。有学者认为，应当区别对待，若驯养的野生动物没有回归野生状态的，则适用本条规定；若回归野生状态的，则原动物饲养人或者管理人不再承担责任，而按照《野生动物保护法》第 14 条，由当地政府给予补偿。参见杨立新：《侵权责任法》，558 页，北京，法律出版社，2010。

人或管理人的责任也不能被减轻或免除。

《侵权责任法》第 81 条规定："动物园的动物造成他人损害的，动物园应当承担侵权责任，但能够证明尽到管理职责的，不承担责任。"此条规定的是动物园承担"过错推定责任"①。原告证明存在动物加害行为（存在"动物危险"）、损害后果和因果关系之后，则推定动物园存在过错。若动物园能够证明自己尽到管理职责的则免责，并且被侵权人具有故意或者重大过失可作为动物园的免责事由或者减责事由。

《侵权责任法》第 83 条规定："因第三人的过错致使动物造成他人损害的，被侵权人可以向动物饲养人或者管理人请求赔偿，也可以向第三人请求赔偿。动物饲养人或者管理人赔偿后，有权向第三人追偿。"此条的规定与第 68 条的规定有着相通之处。第 83 条规定的是第三人过错造成饲养动物损害问题，采用不真正连带责任规则，不适用《侵权责任法》第 28 条的一般规定。在被侵权人以动物饲养人或者管理人为被告的诉讼中，动物饲养人或者管理人承担"无过错责任"，被侵权人据此承担证明责任；并且，"第三人的过错"不是动物饲养人或者管理人的免责事由。动物饲养人或者管理人赔偿后，有权向第三人追偿，第三人承担最终责任。在被侵权人以第三人为被告的诉讼中，第三人承担"过错责任"，被侵权人据此承担证明责任。

四、共同危险与证明责任分配

《侵权责任法》第 10 条规定：二人以上实施危及他人人身、财产安全的行为，其中一人或者数人的行为造成他人损害，能够确定具体侵权人的，由侵权人承担责任；不能确定具体侵权人的，行为人承担连带责任。

受害人就"共同危险"提起损害赔偿之诉，应当主张"共同危险"构成要件事实并予以证明。根据《侵权责任法》第 10 条等规定，共同危险责任除了具备损害后果之外，还得具备以下特殊构成要件：

1. 存在二人以上共同危险行为人。这一要件取决于"共同危险"制度的目的，即专门解决共同危险人的侵权责任问题。

2. 共同危险行为人的行为均有造成他人损害的危险性。共同危险行为可能是"作为"也可能是"不作为"。共同危险的成立基础不在于行为人主观上的共同性，而在于客观上的共同性——数人均实施危及他人人身、财产安全的行为，并且给他人人身、财产所带来的危险具有同质性。② 所谓"危及他人人身、财产安全的行为"，是指具有"高度的造成损害的可能性"的危险行为。至于是否具有"高度的造成损害的可能性"，由受害人来证明，并须在个案中具

---

① 动物园承担过错推定责任的原因，大概是：动物园是具有社会公共利益的、向社会公众开放的公园，所以要求动物园承担过重的责任（比如无过错责任）是不妥的，并且可能导致动物园提高收费标准而增加公众的经济负担。对此，有异议者认为，为维护社会公共利益而要求受害人承受过多，对受害人不甚公平。因此，有学者认为，对该条的适用范围应作目的性限缩解释，仅适用于国家动物园；至于私人动物园的动物致害，相应地适用《侵权责任法》第 78～80 条。参见王利明主编：《中华人民共和国侵权责任法释义》，393、415 页，北京，中国法制出版社，2010。

② 比如，在数人的行为中，有的行为仅对他人的财产安全产生危险，而有的行为却对他人的人身带来危险，则无法构成共同危险行为。参见王利明主编：《中华人民共和国侵权责任法释义》，54 页，北京，中国法制出版社，2010。

体判断。

3. 因果关系不明。“共同危险”制度通过解决因果关系不明给受害人带来的证明困难问题，便于受害人获得赔偿。根据《侵权责任法》第 10 条，所谓因果关系不明，实际上是指“不能确定具体侵权人”，即具体侵权人不明，亦即数人实施的危险行为中，肯定有一人或者数人的行为造成他人损害，但是不能确定是何人所为。

不过，根据《侵权责任法》第 10 条的规定，行为人证明其行为与损害结果之间不存在因果关系，并不能免责，而只有证明或确定具体侵权人的，才能免责。

一般侵权情形和特殊侵权情形中均可能出现两个以上加害人情况，所以共同危险行为可以存在于一般侵权情形和特殊侵权情形中。若共同危险行为存在于适用过错责任的侵权情形，则受害人应当证明行为人均有过错。① 若共同危险行为存在于适用过错推定或无过错责任的侵权情形，则受害人无须证明行为人有过错。

五、劳动纠纷与证明责任分配

在解决劳动纠纷的诉讼中，在证明责任方面，采行“谁主张谁证明”的一般规则，即当事人对自己提出的主张（即主张利己的案件事实），有责任提供证据来证明，否则承担不利的实体后果。

但是，根据《劳动争议调解仲裁法》第 6 条的规定，与争议事项有关的证据属于用人单位掌握管理的，用人单位应当提供；用人单位不提供的，应当承担不利后果。② 对此，该法第 39 条第 2 款规定，劳动者无法提供由用人单位掌握管理的与仲裁请求有关的证据，仲裁庭可以要求用人单位在指定期限内提供；用人单位在指定期限内不提供的，应当承担不利后果。

《最高人民法院关于审理劳动争议案件适用法律若干问题的解释》（法释［2001］14 号）第 13 条规定，因用人单位作出的开除、除名、辞退、解除劳动合同、减少劳动报酬、计算劳动者工作年限等决定而发生的劳动争议，用人单位负举证责任。

《最高人民法院关于审理劳动争议案件适用法律若干问题的解释（三）》（法释［2010］12 号）第 9 条规定，劳动者主张加班费的，应当就加班事实的存在承担举证责任。但劳动者有证据证明用人单位掌握加班事实存在的证据，用人单位不提供的，由用人单位承担不利后果。

延伸阅读文献

1. 肖建国．论民事举证责任分配的价值蕴涵．法律科学，2002（3）
2. 汤维建．论民事诉讼中的举证责任倒置．法律适用，2002（6）
3. 段文波．要件事实理论下的主张责任．法学评论，2006（5）

---

① 这种过错通常是“过失”，也可能是部分人有过失而其他人有故意。但是，共同危险行为人之间一定不能存在意思联络，即不是共同故意实施危险行为，否则构成共同加害行为。

② 《证据规定》第 75 条规定：“有证据证明一方当事人持有证据无正当理由拒不提供，如果对方当事人主张该证据的内容不利于证据持有人，可以推定该主张成立。”

4. 熊跃敏．法官职权调查证据的比较研究．比较法研究，2006（6）

5. 邵明．析法院职权探知主义．政法论坛，2009（6）

6. 邵明，欧元捷．论现代民事诉讼当事人的主张责任．武汉大学学报（哲社版），2015（2）

7. 陈刚．证明责任法研究．北京：中国人民大学出版社，2000

8. 李浩．民事证明责任研究．北京：法律出版社，2003

9. 叶自强．举证责任及其分配标准．北京：法律出版社，2005

10. 刘学在．民事诉讼辩论原则研究．武汉：武汉大学出版社，2007

11. 张卫平．民事诉讼：关键词展开．北京：中国人民大学出版社，2005

12. 毕玉谦．证明责任研究．北京：法律出版社，2008

13. 许可．民事审判方法——要件事实引论．北京：法律出版社，2009

14. 姜世明．举证责任与真实义务．台北：新学林出版股份有限公司，2006

15. ［德］汉斯・普维庭著，吴越译．现代证明责任问题．北京：法律出版社，2000

16. ［德］莱奥・罗森贝克著，庄敬华译．证明责任论．北京：中国法制出版社，2002

17. ［日］高桥宏志著，林剑锋译．民事诉讼法．北京：法律出版社，2003

问题与思考

1. 分析辩论主义与主张责任、证明责任之间的关系。

2. 我国辩论原则与大陆法系辩论主义的内容与区别。（2006 年华东政法大学考研试题）

3. 论民事诉讼中的举证责任。（2000 年中国人民大学考研试题）

4. 论我国诉讼证明责任的分配。（2008 年北京师范大学考研试题）

5. 简述民事举证责任倒置情形。（2004 年复旦大学考研试题、2005 年中国人民大学考研试题）

6. 比较行为证明责任与结果证明责任的适用条件。

7. 王某承包了 20 亩鱼塘。某日，王某发现鱼塘里的鱼大量死亡，王某认为鱼的死亡是因为附近的腾达化工厂排污引起，遂起诉腾达化工厂请求赔偿。腾达化工厂辩称，根本没有向王某的鱼塘进行排污。关于化工厂是否向鱼塘排污的事实举证责任，下列哪一选项是正确的？（2008 年司法考试卷三）（参考答案：A）

A. 根据“谁主张、谁举证”的原则，应当由主张存在污染事实的王某负举证责任

B. 根据“谁主张、谁举证”的原则，应当由主张自己没有排污行为的腾达化工厂负举证责任

C. 根据“举证责任倒置”的规则，应当由腾达化工厂负举证责任

D. 根据本证与反证的分类，应当由腾达化工厂负举证责任

8. 三个小孩在公路边玩耍，此时，一辆轿车急速驶过，三小孩捡起石子向轿车扔去，坐在后排座位的刘某被一石子击中。刘某将三小孩起诉至法院。关于本案举证责任分配，下列哪些选项是正确的？（2008 年司法考试卷三）（参考答案：ABC）

A. 刘某应对三被告向轿车投掷石子的事实承担举证责任

B. 刘某应对其所受到损失承担举证责任

C. 三被告应对投掷石子与刘某所受损害之间不存在因果关系承担举证责任

D. 三被告应对其主观没有过错承担举证责任

9.【基本案情】原告刘某与被告杨某某原系恋爱关系，2014 年 1 月 18 日刘某与杨某某就双方同居期间怀孕补偿事项签订一份协议，约定杨某某给付刘某 20 万元作为补偿，其中先给付 5 万元，剩余的 15 万元以借款形式出具欠条，并约定余款于 3 年内还清。2014 年 12 月杨某某给付刘某 5 000 元，后双方将 15 万元的借条更换为 14.5 万元的借条。2015 年 1 月 4 日杨某某向刘某支付剩余的 14.5 万元。现刘某诉至法院要求杨某某偿还借款 14.5 万元。杨某某称其将此款给付刘某后，刘某并未归还借条，刘某承认确实收到杨某某归还的协议中约定的 14.5 万元，但称已经将借条归还杨某某，本案中其所主张的 14.5 万元系上述协议约定以外的另一笔借款。

【审判情况】法院经审理认为，本案的待证事实为刘某所主张的借款是否为杨某某所称已经归还的款项。刘某向本院出具借条一张用以证明杨某某向其借款 14.5 万元的事实。杨某某则称刘某主张的该笔欠款系双方协议中约定欠款，且已经还清，只是借条未归还。为此杨某某向本院提交双方签订的协议、借条、证人证言等证据。刘某对自己提出的诉讼请求所依据的事实提供了证据证明，杨某某对反驳刘某诉讼请求所依据的事实亦提供了相关证据，且这些证据已经形成一个完整的证据链。双方均对待证事实进行了证明，使得待证事实处于真伪不明的状态。根据证明标准的要求，当待证事实真伪不明时由负有证明责任的当事人承担不利后果，即本案中原告刘某应当承担不能证明其所主张的 14.5 万元和杨某某已经归还的 14.5 万元不是同一笔款项的不利后果。故本院对刘某的诉讼请求不予支持。综上所述，依据《中华人民共和国民事诉讼法》第 64 条第 1 款、《最高人民法院关于民事诉讼证据的若干规定》第 2 条第 2 款之规定，判决驳回原告刘某的诉讼请求。

判决后，刘某提起上诉，二审法院维持了一审判决。

【争议】本案关于刘某与杨某某之间是否存在诉争的借贷关系，有两种截然不同的观点：第一种观点认为，刘某提供的借条能够有力地证明双方之间存在借贷关系，且该笔欠款仍未偿还，故应当判决杨某某偿还欠款。第二种观点认为，虽然刘某持有借条，但是杨某某也向法庭提供了证人、银行划款记录、报警记录等证据证明双方之间的借贷关系已经不存在，双方对于诉争事实的证明使得案件事实处于真伪不明状态，刘某应当承担举证不能的后果。[①]

法律问题：您的观点是什么？

① 案例来源：杜鹏：《待证事实真伪不明时哪方承担不利后果》，见 http：//bjgy.chinacourt.org/public/detail.php？id=83696。本书对该案例做了一些技术处理。

第九章

证明标准

本章概要

民事诉讼的证明标准，又称证明要求，是指证明主体运用证据证明待证事实时，至少应当达到的程度或要求。证明标准是对待证事实证明程度的“最低”要求，但并不排除实务中对待证事实作出更高程度的证明，因为尽量接近案件真相是诉讼所追求的一个重要理念。自由心证原则要求法官内心对于案件事实的真实性形成“确信”，即法官心证程度至少应当达到“证明标准”，才可判决承担举证责任的当事人胜诉。证明标准还因其内在的层次性而趋向多元化。我国民事诉讼以高度盖然性为证明标准的一般原则。对于欺诈、胁迫、恶意串通等特殊待证事实的证明，证明标准需提高至排除合理怀疑。而对于程序性事实的证明，则应适用低于高度盖然性的证明标准。

关键术语

证明标准　内心确信　高度盖然性　排除合理怀疑

第一节　证明标准的概念与功能

一、证明标准的概念

证明标准，又称证明要求，是指在诉讼证明活动中，对于当事人之间争议的事实，法官根据证明的情况对该待证事实作出肯定或否定性评价的最低要求。在诉讼中，当裁判者的证明评价达到证明标准时，待证事实就被认为已经得到证明，裁判者应以该事实为依据作出裁判。反之，如果裁判者的证明评价没有达到证明标准，那么待证事实就被认为没有得到证明或者处于真伪不明的状态，裁判者就不能以该事实为基础作出裁判。

证明标准与证明责任是既密切相关，又有本质区别的两个概念。证明责任所针对的问题是，在诉讼中，由谁来提供证据证明待证事实，在辩论终结时如果案件事实仍处于真伪不明状态时，应由谁来承担不利后果。而证明标准所针对的问题是，证明主体在运用证据证明待证事实时，事实裁判者的心证应当达到何种程度才能认定争议事实的成立或者不成立。由于适用客观证明责任规则的前提是法官用尽所有法律许可的手段，仍然不能形成对主张事实成立或不成立的心证，所以客观证明责任规则适用的概率与法官形成心证的难易程度直接相关。如果证明标准比较低，法官按照客观证明责任规则判案的情形就会少；反之，如果证明标准比较高，法官适用客观证明责任规则的概率也会提高。从性质上看，证明责任在相当程度上是一个实体法问题，而证明标准则是一个纯粹的程序法问题。没有证明责任，证明标准就会失去赖以存在的基础；而离开证明标准，证明责任的适用则会失去指引。“证明标准和证明责任本质上是一物两面的概念，它们是从不同角度就同一个诉讼现象进行考察所得出的不同概念。”[①] 可以说，证明责任是证明标准的基础，证明标准则使证明责任更加充实和具体，也更具可操作性。

证明标准主要具有以下几个方面的属性：

1. 主观性与客观性。非理性的神明裁判制度和僵化的法定证据制度都排斥裁判者对证据证明力的自主评价。在践行自由心证的诉讼制度中，证明标准才有其存在的基础。证明标准存在于事实裁判者的内心，是裁判者对证据证明待证事实程度的主观判断。人的活动往往带有价值取向性，容易受到各种情感的干扰。当由人来认识和把握证明标准，并对证据的证明力进行评价与判断时，难免会渗入各种主观因素。实践中，不同的人对同一证据证明力的不同态度也验证了证明标准的主观性特征。也正是因为证明标准的主观性，不同的事实认定者对于“排除合理怀疑”、“高度盖然性”、“优势证据”等证明标准在理解和运用时所掌握的尺度也有所不同。总之，当我们把证明标准界定为裁判者判断证据证明待证事实的程度时，证明标准也就理所当然地具有了主观性特点。

不过，承认证明标准的主观性并不意味着裁判者可以随心所欲地把握和运用证明标准。恰恰相反，在承认证明标准主观性的同时，还应当看到证明标准的客观性。证明标准所指向的认识并非纯粹的个人意见，而是包含了一定客观内容的主观认识。德国学者也认为，“证明永远不可能是法官（无任何客观标准）单纯的意见或者信仰”，法官心证的正确内容只能是法官有限制的主观的“视其为真”，是“思想、自然和经验的耦合”[②]。证明标准实际上是在长期的诉讼活动的累积中，逐渐形成的一个超越个别法官心证的普遍性标准。这个普遍性标准是审判实践经验的总结，反映了人们对诉讼活动证明规律的认识。证明标准一旦形成，在诉讼中便获得了生命，成为脱离每一个裁判者而独立存在，对裁判者和其他诉讼主体具有指导作用和约束力的客观规则。[③] 从证明标准可以作为一种相对独立的客观存在这一点来看，证明标准又是客观的。

2. 无形性与模糊性。作为一种衡量人们认识程度或状态的基准，证明标准虽然存在于诉讼之中，但却看不见、摸不着。证明标准是诉讼参与者内心的一种尺度，人们可以感知但却无法精确地说明。人们“对证明标准的种种表达描述都只能是一种形容甚或比喻”[④]。无形性特

---

① 江伟主编：《证据法学》，114～115页，北京，法律出版社，2004。

② ［德］汉斯·普维庭：《现代证明责任问题》，吴越译，94～95页，北京，法律出版社，2006。

③ 参见李浩：《民事证据立法前沿问题研究》，257～258页，北京，法律出版社，2007。

④ 王亚新：《对抗与判定》，214页，北京，清华大学出版社，2002。

点给我们认识证明标准带来了困难，但这并不意味着证明标准就不可认识。在证明标准问题上，人们完全可以借助其理性和经验来形成一种共通的理解或认识。

证明标准作为一种标准或尺度，并不具有很多人所期望的那种精确性。相反，证明标准总是比较模糊的。“排除合理怀疑”、“高度盖然性”、“优势证据”、“证据确实、充分”等标准无一不是模糊的。尽管有不少人试图对上述标准作进一步解释，但其解释本身又难以摆脱模糊性。证明标准的模糊性与其作为衡量尺度所理应具备的精确性显然是相悖的。证明标准的模糊性也像其无形性一样增加了我们的认识难度。不过，适当的模糊性对于证明标准来说也是必要的。我们不可能期望事实认定者在千差万别的个案当中运用一个或几个毫无差别的精确尺度来衡量不同证据的证明力。证明标准的模糊性是对事实裁判者进行证据评价时的自由的赋予，这也是自由心证本身的要求。

3. 下限性。证明标准的下限性是指证明标准是事实裁判者在对事实作出认定时的底线，只有越过了这条底线，事实裁判者才能认定相关事实是真实的，也才能将该特定事实作为裁判的基础。也就是说，证明标准是事实裁判者在认定事实时必须达到的最低的内心确信程度。如果没有达到证明标准，事实就会得不到确信或被归入真伪不明状态，当事人的事实主张也无法得到裁判者的支持。在证据法律制度中，证明标准实际上是一种事实认定方面的风险分担机制。事实裁判者依据其心证是否越过证明标准来认定某争议事实的成立或者不成立，其实就是按照理性和经验来判断争议事实在成立或者不成立哪个方面具有更大的可能性。显然，这种可能性与真正的事实本身存有差别。

4. 多元性与阶段性。证明标准的多元性一方面指刑事诉讼、民事诉讼和行政诉讼三大诉讼的证明标准是不同的；另一方面也指在同一种诉讼中，证明标准也会因证明对象的不同而有所区别。

民事诉讼被认为是借助国家的司法权来解决私人纠纷和保障私人权利，它不像刑事诉讼那样会给被告人的名誉、自由以至生命带来不可补救的损失。因此，不少国家立法为民事诉讼设定的证明标准都低于刑事诉讼的证明标准。例如，在英美法系国家，刑事诉讼的证明标准是“排除合理怀疑”，而民事诉讼的证明标准是“优势证据”，前者显然要比后者高出许多。在大陆法系国家，虽然名义上均以“高度盖然性”作为证明标准，但实际上刑事诉讼中盖然性的高度要比民事诉讼高。[①] 另外，在同一种诉讼中，证明标准与证明对象关系密切，不同的证明对象所要求的证明标准往往会有不同。例如，许多国家的证明标准会因为证明对象是程序问题还是实体问题，是主要事实还是间接事实而有所不同。

证明标准还具有阶段性特征，亦即在不同诉讼阶段，适用不同的证明标准。这一点在刑事诉讼中表现得最为明显。刑事诉讼可以分为立案侦查阶段、移送起诉阶段、提起公诉阶段、审判阶段，证明标准也相应地分为五级，它们分别是“合理犯罪嫌疑”、“确有证据的证明”、“优势概率的证明”、“明确证据的证明”、“排除合理怀疑的证明”[②]。证明标准的阶段性特点在民事诉讼中也有体现。例如在美国民事诉讼中，如果当事人要把某一事实引入诉讼时，只要有足够的证据使事实认定者认定该事实是真实的就够了。但当事人要想获得胜诉，就必须说服事实

① 参见李浩：《民事证据立法前沿问题研究》，268页，北京，法律出版社，2007。

② 何家弘：《论司法证明的目的和标准》，载《法学研究》，2002（6）。

认定者，使其相信事实真实的可能性大于不可能性。显然，此时的证明标准要高于把事实引入诉讼时的证明标准。

二、证明标准的功能

证明标准对于证据的收集、提供以及审查和判断都有非常重要的意义。在诉讼程序中，证明标准发挥着多重功能：

1. 证明标准具有指引诉讼行为的功能。证明标准使裁判的可操作性更强。有了证明标准，裁判者就可以按照证明标准的要求去认定争议事实的存在与否。对于当事人而言，明确了证明标准，也就明确了行动的目标。当事人可以依据证明标准对自己行为的法律后果提前作出预判。如果提出事实主张的一方当事人已经提供了一些证据，但是还没有达到使裁判者的心证越过证明标准的程度，那么该方当事人基于利益衡量就会去进一步举证。对方当事人为维护其利益，也会根据证明标准来提出证据，展开反证，努力使裁判者的心证降到真伪不明的状态。正是在证明标准的指引下，双方当事人攻击和防御才更有针对性，诉讼程序也更加充实。

2. 证明标准具有约束事实裁判者的功能。事实裁判者对证据证明力的自由评价和判断是相对的，它受到内在和外在多种因素的制约。证明标准其实也是防止事实裁判者滥用权力的一种约束机制。有了证明标准，事实裁判者就不能因为争议事实真伪不明而迟迟不作裁判。证明标准本身是证据证明待证事实程度的一个尺度，如果事实裁判者对争议事实存在与否的内心确信没有超过证明标准，那么裁判者就不能以该事实为基础去作出裁判。在不同的诉讼以及诉讼的不同阶段，证明标准都与其他相关制度相互配合，共同发挥着约束事实裁判者的作用。

3. 证明标准具有调节诉讼的功能。证明标准是和败诉风险联系在一起的。一般来说，证明标准越高，负有证明责任的一方当事人败诉的风险就越大；相反，证明标准越低，当事人败诉的风险就越小。过高的证明标准会使当事人顾忌败诉风险而不敢提起诉讼，过低的证明标准则会诱使当事人滥诉。因此，合理确定证明标准对于调节进入诉讼的案件数量会发挥重要作用。同时，证明标准也与诉讼成本密切相关。较高的证明标准往往要求在诉讼证明中投入更多的时间，消耗更多的人力和物力资源。合理确定证明标准有助于调节诉讼中的投入产出关系。此外，从诉讼结构本身来看，证明标准对于调节当事人和法院之间的作用分担，尤其是在加重或减轻证明负担以及分配证明责任方面意义重大。

第二节　两大法系证明标准

与证据法上的许多其他相关制度一样，证明标准也是一种舶来品。学习和比较两大法系代表性国家的证明标准制度，对于改革和完善我国的证明标准制度具有很好的借鉴意义。

一、英美法系国家的证明标准

英美法系国家的证明标准与其独特的陪审制度有很大关系。尽管陪审团审判在当今英美法系国家已经式微，但由陪审团审判所确立的程序格局和证据制度却并未被颠覆。詹姆斯·塞耶（James Thayer）认为，普通法系事实认定制度首先也最主要是陪审团制度的产物。[①] 由于是由非专业人员担任案件事实的裁定者，英美法系国家在法官指示陪审团认定事实方面设定了复杂的证据规则，这其中自然包括证明标准规则。英美法系国家的证明标准是多元的。在英美法系国家，其证明责任（burden of proof）可以分为提供证据责任（burden of production）和说服责任（burden of persuasion）两个方面，与此相应，这两个方面的证明标准也各有不同。另外，英美法系国家还根据案件性质以及证明对象的不同来设定不同的证明标准。多元的证明标准使得事实裁判者能够更精确地界定证据所证明的事实在哪一层次。证明标准和其他许多证据制度一样，都以对事实认定者的不信任为前提，都发挥着制约事实认定者的功能。

在英美法系国家，民事案件就是刑事案件之外的所有案件。民事案件中的证明标准与提供证据责任和说服责任密切相关。与提供证据责任相关的证明标准是“充分性”，与说服责任相关的证明标准是“优势证据”（preponderance of evidence）或“盖然性权衡”（balance of probabilities）。英美证据法的注释者、教科书的作者或法官们一般在讲到证明标准时，通常暗指说服责任方面的证明标准。[②]

“与说服责任是在所有证据都被出示，事实裁判者需要作出决定时方才出场不同，提供证据责任与程序紧密相关，在证据第一次出现时就需亮相”[③]。提供证据责任的主要目的是确保在案件中存在需要由事实裁判者解决的争点。对于诉讼中的每项争点，当事人都要提供相关的证据，否则就会导致对方当事人在特定争点上胜诉。当事人为了避免法院作出不利于己的即决判决或指示判决，就必须尽其所能去提供证据。与提供证据责任相关的证明标准也就是解除这种责任所需达到的范围或程度，它是事实裁判者对证据的确定性的衡量标尺。在一方当事人对一个争点承担着提供证据的责任时，他必须提供多少证据才能解除这一责任，这一问题的答案会因案件性质以及具体案情的不同而有所不同。一般说来，与这种证明责任相关的证明标准是“充分性”，即当事人所提供的证据应达到使理性的人认为争点能够成立的程度。提供证据责任方面的证明标准，使得法院在作出即决判决和指示判决时有了比较明确的审查标准。

在说服责任方面，英美法系国家大多数民事案件所适用的证明标准是“优势证据”或“优势盖然性”。“优势证据”和“优势盖然性”的实质含义并无太大区别。“优势证据”并不表示证据的多寡或证人的数量，它强调证据的使人信服的力量（convincing force）。“优势证据”的基本要求是，“某事实的发生较其不发生更有可能”（more likely than not）。在美国，“优势证据”通常被界定为“其真实性超过50%的几率”。优势证据规则的前提是假定对等的原告和被告大致应当有数量相等的错误。原告必须证明每一项必要的事实诉求达到了“优势证据”标

---

① 参见［美］米尔建·R·达马斯卡：《漂移的证据法》，李学军等译，2页，北京，中国政法大学出版社，2003。

② See David Field and Fiona Raitt, *The Law of Evidence in Scotland*, W. Green/Sweet & Maxwell, 1996, p. 38.

③ Stephen C. Yeazell, *Civil procedure*, Aspen Law & Business, 2000, p. 719.

准，被告也必须按照同样的标准进行积极抗辩。[①] 在美国法的理论中，支持以“优势证据”作为证明标准的理由在于，该标准优于其他任何标准，能将错误判决的总体成本降至最低。[②]

对于“优势盖然性”，英美学者中有用百分比和重量比较来解释。即将证据的“证明力”比喻为秤盘或者砝码，由事实认定者对当事人双方证据的总量进行权衡和评估。若在重量上证明责任承担者的本证重于对方当事人的反证，或用百分比表达即双方当事人的证据总量形成了51%（或更高）对49%（或更低）的关系或状态，则证明责任承担者的证明达到了“优势盖然性”，其证明责任得以解除。若双方当事人提供的证据在重量上相等或者反证的分量更重，则证明责任承担者的证明没有达到“优势盖然性”，则承担败诉后果。

英国丹宁勋爵在 Miller v. Minister of Pensions（1947）KB 一案的判决中，曾如此描述证明标准：“（民事诉讼）盖然性的优势标准业已得到了很好的解决。它必须是一个合理程度盖然性，但是没有刑事案件所要求的程度高。如果证据处于这种状况，裁判者可以说，我认为这更有可能（more probable than not），证明责任即可解除。但是，如果两种可能性是相等的，证明责任就没有解除。”

在美国，有许多司法辖区要求对一些特殊的民事案件在说服责任方面实行更高的证明标准，即当事人要用“清晰且令人信服的证据”（clear and convincing evidence）来支持其主张。“清晰且令人信服的证据”标准介于“排除合理怀疑”和“优势证据”之间，可以理解为“某事实的发生较其不发生有更高的可能性”（much more likely than not）。适用这种特殊说服标准的案件有：（1）指控欺诈和不适当影响；（2）确立遗嘱的口头契约诉讼和确定遗嘱条件的诉讼；（3）有关口头契约特别履行的诉讼；（4）要求搁置、改革和修改书面交易的诉讼或以欺诈、误解或无行为能力为由的公共行为；（5）各种类型的主张和抗辩，当认为有欺诈特殊危害时或者当法院认为应依据政策理由驳回特殊类型的请求时，州与州之间的规定是不同的。[③]

二、大陆法系国家的证明标准

在大陆法系国家和地区，与英美法系的证明标准比较接近的概念是“证明度”。不过，证明度的含义要比证明标准宽泛，它在大部分情况下指的都是法定的不变的证明基准，但有时也被用来表示可以上升或下降的法官心证程度。[④] 相对于英美法系，大陆法系国家的立法及学理对证明标准的兴趣要低许多。大陆法系国家的证明标准制度与其自由心证制度有很密切的联系。19 世纪以前，欧洲大陆的人们认为当时的法官不值得信任，因而强调用形式的法定证据原则来制约法官在审判时的裁量行为。到了 19 世纪下半期，过分拘泥于形式的法定证据原则被逐渐放弃。人们在全面改革诉讼结构的前提下有条件地放松了对法官审查证据的制约。与此

① 参见［美］罗纳德·J·艾伦、理查德·B·库恩斯、埃莉诺·斯威夫特：《证据法》，3 版，张保生等译，806～807 页，北京，高等教育出版社，2006。

② 参见黄国昌：《民事诉讼理论之新开展》，87 页，北京，北京大学出版社，2008。

③ 参见［美］约翰·W·斯特龙主编：《麦考密克论证据》，汤维建等译，658 页，北京，中国政法大学出版社，2004。

④ 参见王亚新：《对抗与判定》，2 版，163～165 页，北京，清华大学出版社，2010。

同时，在提高法官的素质，创造能够进行公正审判的制度方面也不断进行摸索。自由心证主义开始逐步代替法定证据制度。①

自由心证主义要求法官在进行事实认定时，要以审理中所体现的全部证据资料为基础，不受证据方法的限定和证明力法定规则等的制约，通过自由的判断形成心证。与法定证据制度相比，自由心证主义在事实认定方面给予了法官更高的信任。出于对法官内心确信的重视，大陆法系国家诉讼法中对证明标准往往没有规定或者只作原则性规定。人们对大陆法系国家证明标准的理解和掌握，也往往需要通过判例和学说来进行。从总体上看，大陆法系国家的证明标准并不因民事案件、刑事案件或公法案件而有所不同。在所有的诉讼中，大陆法系国家都要求证明标准应达到“内心确信”或者“高度盖然性”，即在一般日常经验法则中已无怀疑且接近于真实的盖然性。

在民事诉讼方面，大陆法系国家如德国、日本、法国等国原则性的证明标准为“内心确信”或“高度盖然性”。“内心确信”和“高度盖然性”虽然都可以用来指称大陆法系国家的民事证明标准，但两者在理论上的立足点却有一定的差异。“内心确信”强调的是需要对事实作出认定的法官本人在对证据证明待证事实方面的心证形成情况；而“高度盖然性”所强调的是，在承认人的认识能力具有有限性的前提下，法官依据现有的证据信息能够准确认定案件事实的可能性非常大。“高度盖然性”与法官的“内心确信”在一般情况下应当是一致的。但由于法官“内心确信”的主观色彩更为浓厚，所以也不排除在某些情况下会出现对某事实的认定已达到“高度盖然性”的要求，而法官的“内心确信”却尚未形成的情形。在具体的制度选择上，大陆法系不同国家对“内心确信”和“高度盖然性”各有偏重。

德国和法国在民事诉讼制度上选择“内心确信”作为证明标准。德国民事诉讼法上的证明标准曾在“主观确信”与“高度盖然性”之间有过摇摆。在德国帝国法院时代，最初曾以主观确信为心证形成的一般基础，高度盖然性仅适用于因果关系的确定。但到了20世纪30、40年代，由于受到刑事判例的影响，帝国最高法院的民事判例将高度盖然性证明标准拓展适用于一般事实的确定。到了联邦法院时代，联邦最高法院的民事判例又逐渐舍弃了高度盖然性标准，并再次确立了以法官本人的内心确信为核心的民事证明标准。②“内心确信”指的是法官本人在对本案证据进行自由评价的过程中，已在主观上对案件事实形成了确定性认识。法官形成内心确信的事实就是裁判的基础事实，尽管它与真正的事实本身可能并不一致。法国民事诉讼上所要求的证明标准与刑事诉讼法中的证明标准是一样的，都要求原告或控诉方必须在实质上使审判者相信其所主张的事实是真实的。

日本民事诉讼法上并没有严格区分“内心确信”与“高度盖然性”。在其判例和学说当中，二者在很多时候是并列的。在日本民事诉讼中，法定的证明标准有两种：针对作为裁判基础的有关案件事实，日本的判例和学说将其证明标准描述为“高度逼近真实的盖然性”；对于那些为使诉讼快速进行等目的而允许法官比较容易地暂且认定要证事实为真的程序性或附带性事项，如要求阅览法庭记录的第三者与案件有利害关系的要件、证人拒绝作证的理由等，在日本法律有明确规定时，其证明标准需达到法官能够疏明——亦即法官根据有限的证据可以大致推

---

① 参见［日］谷口安平：《程序的正义与诉讼》增补本，王亚新、刘荣军译，290页，北京，中国政法大学出版社，2002。

② 参见吴杰：《民事诉讼证明标准理论研究》，29～33页，北京，法律出版社，2007。

断要证事实为真——的程度。[①]

对比两大法系在民事诉讼方面的证明标准，大陆法系的“内心确信”或“高度盖然性”显然要比英美法系的“优势证据”要求更高。美国学者克莱蒙特（Clermont）教授与谢尔文（Sherwin）教授认为，大陆法系诉讼制度之所以将一个高标准的、如同刑事案件中的证明标准适用于民事案件之中，既有历史的原因，也有现代的动机。从历史角度考察，法国大革命在简化大陆法系证据法的过程中隐藏了证明标准问题，而同时发展的英美法系的陪审制则要求法官表明其所适用的证明标准。从现代的动机来看，大陆法系之所以压迫贬抑事实认定的盖然性本质而维持一个高标准的证明标准，真正目的在于提高其司法裁判外观上的正当合法性。[②]

针对某些特殊类型的民事案件，大陆法系国家采用降低证明标准的方式来使法官更容易作出事实认定。在德国，发挥降低证明标准机能的是表见证明。表见证明主要适用于一些特殊类型的案件，如火灾或爆炸事故案件、交通事故案件、医师过失案件等。在这些案件中，有的是因果关系比较复杂，难以用自然科学手段进行充分地验证，有的是当事人的主观过失难以判断。为了减小法官在事实认定时的困难，避免在真伪不明的疑难案件中动辄适用证明责任裁判案件，德国民事诉讼法从案件的事实关系入手，借助经验法则来缓解压力。在这些特殊类型案件中，如果一方当事人的事实主张能使法官依某种经验法则获得对其有利的心证，那么对方当事人就有义务提出反证来对此加以推翻。如果对方当事人不能提供反证，法官就会作出不利于其的事实认定。在日本民事诉讼中，与德国的表见证明比较相似的是大致推定，这种机制也能起到降低证明标准的作用。日本的大致推定也是主要适用于过失或因果关系难以判断的案件。在比较典型的医疗事故案件中，由于涉及医学技术等专业问题，让患者来举证证明医生的过失显然是非常困难的。在诉讼中，如果作为原告的患者一方提出医生存有过失，那么对此更有能力证明的医生一方就应提出反证进行防御。表见证明和大致推定都是建立在经验法则的基础上，通过降低证明标准和反证提出义务来克服真伪不明的难题。

需要说明的是，在大陆法系，民事诉讼证明标准也存在多元化。比如，在民事诉讼领域，德国分为完全证明和释明。完全证明又分为严格证明与自由证明。上文所说的高度盖然性标准其实主要适用于完全证明。而释明基本上不采用该标准，因为释明是法官根据证据和其他情况可以大致推定某项事实存在的一种证明，适用于法律所明定的程序性事项或其他事项，例如回避事由、财产保全理由等。释明标准之所以低于完全证明，主要目的是避免诉讼不必要的迟延。

第三节　我国证明标准

一、我国诉讼法上的证明标准

虽然我国《民事诉讼法》、《刑事诉讼法》和《行政诉讼法》分别在2012年和2014年作了

---

① 参见王亚新：《对抗与判定》，2版，164页，北京，清华大学出版社，2010。

② 参见黄国昌：《民事诉讼理论之新开展》，95～114页，北京，北京大学出版社，2008。

较大修改并已付诸实施，但三部诉讼法典仍旧没有直接明确证明标准。不过，从相关法律规定可以推论，我国三大诉讼法在审判方面所隐含的证明标准均为“案件事实清楚，证据确实、充分”。诉讼法学界过去的通说认为，我国证明标准的最大特点是一元化。结合三大诉讼法的具体规定来看，这种观点仍未完全过时。这与国外尤其是英美法系国家证明标准的多元化特点有着明显不同。

《刑事诉讼法》第 53 条规定：“对一切案件的判处都要重证据，重调查研究，不轻信口供。只有被告人供述，没有其他证据的，不能认定被告人有罪和处以刑罚；没有被告人供述，证据确实、充分的，可以认定被告人有罪和处以刑罚。证据确实、充分，应当符合以下条件：（一）定罪量刑的事实都有证据证明；（二）据以定案的证据均经法定程序查证属实；（三）综合全案证据，对所认定事实已排除合理怀疑。”同时，《刑事诉讼法》第 195 条规定：“在被告人最后陈述后，审判长宣布休庭，合议庭进行评议，根据已经查明的事实、证据和有关的法律规定，分别作出以下判决：（一）案件事实清楚，证据确实、充分，依据法律认定被告人有罪的，应当作出有罪判决；（二）依据法律认定被告人无罪的，应当作出无罪判决；（三）证据不足，不能认定被告人有罪的，应当作出证据不足、指控的犯罪不能成立的无罪判决。”从上述规定来看，“事实清楚，证据确实、充分”和“排除合理怀疑”是法院在刑事诉讼中认定事实的基本要求。

就证明标准问题而言，2012 年修改后的《民事诉讼法》仍沿用旧制，并无实质更新。

《民事诉讼法》第 64 条第 3 款规定：“人民法院应当按照法定程序，全面地、客观地审查核实证据。”第 170 条规定：“第二审人民法院对上诉案件，经过审理，按照下列情形，分别处理：（一）原判决、裁定认定事实清楚，适用法律正确的，以判决、裁定方式驳回上诉，维持原判决、裁定；（二）原判决、裁定认定事实错误或者适用法律错误的，以判决、裁定方式依法改判、撤销或者变更；（三）原判决认定基本事实不清的，裁定撤销原判决，发回原审人民法院重审，或者查清事实后改判；……”另外，根据《民事诉讼法》第 200 条第 2 项和第 208 条的规定，“原判决、裁定认定的基本事实缺乏证据证明”是当事人申请再审和检察院提起抗诉的法定情形之一。从上述条文中可以推知，人民法院在审理民事案件时，其对案件事实的认定应符合“事实清楚”的要求。但对于事实认定至少应达到何种程度才能算是事实清楚，《民事诉讼法》并没有给出明确答案。

《行政诉讼法》第 89 条规定：“人民法院审理上诉案件，按照下列情形，分别处理：（一）原判决、裁定认定事实清楚，适用法律、法规正确的，判决或者裁定驳回上诉，维持原判决、裁定；（二）原判决、裁定认定事实错误或者适用法律、法规错误的，依法改判、撤销或者变更；（三）原判决认定基本事实不清、证据不足的，发回原审人民法院重审，或者查清事实后改判；……”从该条规定来看，事实清楚、证据充足也是法院在行政诉讼中认定事实的基本要求。

如前所述，我国《民事诉讼法》并未明确规定证明标准，但存在隐含证明标准的条文。从条文规定看，我国民事诉讼证明标准与刑事诉讼以及行政诉讼的证明标准基本相同，均为“案件事实清楚，证据确实、充分”。我国之所以采取一元化的证明标准，很重要的一个原因在于，三大诉讼法受到苏联诉讼理论的影响，均以马克思辩证唯物主义认识论为其理论基础。马克思辩证唯物主义认识论认为，存在是第一性的，意识是第二性的，存在决定意识。人类具有认识客观世界的能力。通过实践，人的认识既可以能动地反映客体，也可以能动地改造客体。受这种认识论的影响，我国三大诉讼法都很重视通过司法人员的能动努力来查明案件事实。在理念上，也有不少人认为案件发生后必然会留下这样或那样的证据材料，只要依法正确收集和审查判断证据，就完全有可能对案件事实作出符合客观实际的认定。因此，案件事实清楚，证据确实、充分应当成为司法的一个基本要求。

二、我国证明标准的改革与完善

（一）我国证明标准制度面临的挑战

近些年来，我国一元化的证明标准在司法实践和证据学理中均受到了较大挑战。这些挑战主要集中于两个方面：一是“客观真实说”是否能够作为我国证明标准的理论基础；二是我国的证明标准是否应当走向多元化以及如何走向多元化。

1. “客观真实说”与“法律真实说”

针对前述我国证明标准的认识论基础，不少人将其界定为“客观真实说”并对之展开批判。学者们对传统的“客观真实说”的批判主要集中在以下几个方面：

首先，传统的“客观真实说”对辩证唯物主义认识论理解不足，只片面地强调了认识论的唯物论，即反映论和可知论，却忽略了认识论的辩证法，曲解了绝对真理与相对真理的辩证关系。[①] 辩证唯物主义认识论认为认识是一个无限发展的过程，人对事物的终极认识有无限接近客观真理的可能性。恩格斯在《反杜林论》中曾经精辟地指出：“一方面，人的思维的性质必然被看做是绝对的，另一方面，人的思维又是在完全有限地思维着的个人中实现的。这个矛盾只有在无限的前进过程中，在至少对我们来说实际上是无止境的人类世代更迭中才能得到解决。从这个意义来说，人的思维是至上的，同样又是不至上的，它的认识能力是无限的，同样又是有限的。按它的本性、使命、可能和历史的终极目的来说，是至上的和无限的；按它的个别实现情况和每次的现实来说，又是不至上的和有限的。”[②] 传统的“客观真实说”忽视了人的认识的有限性，这是一个比较严重的理论缺陷。

其次，“客观真实说”把认识论上的抽象原则简单套用到了司法过程中，忽视了司法过程自身的规律。司法证明既是一种认识活动，也是一种诉讼行为。司法证明既要遵循认识规律，同时也要遵循诉讼规律。在诉讼中，裁判者对历史事实的认识与科学研究和实验不同，它是不可检验和重复的，它必须接受程序法律和证据规则的调整和制约，必须符合程序正义。从司法自身考察，很多因素都会影响到事实认定者对既往事实的认识：（1）司法证明主体自身的局限性会影响到事实认定。在诉讼中，负有提供证据责任的当事人出于趋利避害的本能，在提供证据或陈述案情时往往只提供对己有利的材料或者只陈述对己有利的事实。而对于那些不利于自己的证据材料，他们有时会去刻意隐瞒甚至销毁。证人在感知能力、记忆能力以及表达能力方面的缺陷也会影响其证言的可信度。负有事实认定责任的法官和陪审员也是人，他们在认定事

① 参见卞建林、郭志媛：《论诉讼证明的相对性》，载《中国法学》，2001（2）。

② 《马克思恩格斯选集》，3版，第3卷，463页，北京，人民出版社，2012。

实时也会受到个人情绪的影响。不同的人在知识、阅历等方面的差异也会导致他们对同一事实作出不同认定。(2)司法证明对象的独特性也会增加司法证明的难度。司法证明的对象是一种历史事实，由于时间的不可逆性，这种过往事实难以重现。人们往往只能根据有限的证据资料，借助人的有限理性去推断这种历史事实可能是怎么回事。(3)司法证明的过程会受到诸多诉讼规则的约束，从而限制司法证明的效果。在诉讼中，基于相关利益考虑，有不少规则会限制司法证明的效果。例如，在民事诉讼中，由于奉行辩论原则，当事人在事实主张和证据提供方面享有支配权。如果当事人没有主张事实或者提出证据，法官也不能主动为之，这势必会影响法官对案件事实的认识。又如，诉讼中的大量证据规则，如传闻证据规则、非法证据排除规则、证人的拒绝作证特权等等，都会使一些可能有助于查明案件事实的证据材料被排除在诉讼程序之外，这显然也会影响到事实认定者对案件事实的认识。(4)在诉讼中，事实认定者对案件事实的认识还受到司法资源有限性的制约。裁判者必须在相对有限的时间内，用尽可能小的代价去认定事实和解决纠纷。为了发挥司法资源的最大效用，诉讼实践中往往不会为了查明某一个案件事实的全貌而不计成本地投入各种人力和物力资源。

再次，"客观真实说"只是一种司法理想，从司法实践来看，"案件事实清楚，证据确实、充分"的要求过于原则和笼统，显得不切实际并缺乏可操作性。客观真实难以为司法人员办案提供可靠的检测尺度。不同的人对于什么是案件事实清楚，证据确实、充分也有不同的理解，在司法实践中因此导致的同案不同判现象也比较多。

在批判"客观真实说"的同时，"法律真实说"成为一种比较具有代表性的主张。"法律真实说"所主张的"法律真实"，是指法律性与真实性的整合，即法院判决所依据的案件事实应当符合实体法和程序法的有关规定，并且应当达到从法律的角度可以认为是真实的程度。"法律真实说"的理论和实践依据主要是：其一，作为裁判依据的事实是在诉讼程序中形成的，事实形成的过程自始至终受法律的支配。因此，裁判上认定的事实就是法律上认为真实的事实。其二，从诉讼实际过程看，二审或再审中法院衡量原审判决认定事实是否正确，并非看认定的事实与诉讼前实际发生的事实是否一致（因为无法做这种直观的比较），而是看是否有相应的证据证明。其三，法律指示审判人员对事实作出某种认定，但有时并不关心当事人之间的真实状况。其四，尽管从总体上说，裁判中认定的事实与实际发生的事实是一致的，但并不能完全等同于实际发生的事实。①

对于诉讼证明来说，达到"客观真实"是其理想，也是诉讼证明尽可能遵行的理念，但是诉讼证明不能为实现真实而不计成本，这就需要谋求"真实与效率"之间的均衡。不过，我们也必须认识到，在统计意义上，"法律真实"在多数情况下若不能与"客观真实"基本一致，判决所依据的"法律真实"标准就会失去正当性，司法过程因此就会变质。② 事实上，诉讼原则、证据规则、证明规则和证明程序，均是围绕着使"裁判事实"尽可能地接近"客观真实"来设立的。笔者认为，尽管"法律真实说"对传统的"客观真实说"作出了强有力的批判，但"法律真实说"本身并不是一种成熟的理论，并且该理论在司法实践中还有很大的误导倾向。一方面，不同的人对什么是"法律真实"以及"法律真实"与裁判基础事实的客观性之间的关

---

① 参见李浩：《民事证明责任研究》，248～249页，北京，法律出版社，2003。

② 参见张志铭：《裁判中的事实认知》，载王敏远编：《公法》，第4卷，北京，法律出版社，2003。

系还有不同的认识，用这种尚存争议的理论来指导司法实践显然是不妥当的。另一方面，“法律真实说”还容易使人产生案件事实尚未完全查清，法官却已作出裁判的印象。这显然不足以保障裁判的正当性。相比之下，传统的“客观真实说”经适当修正，还有存在的价值。修正的“客观真实说”应当具有三个方面的内涵：首先，法官对案件的认识必须以案件事实为基础，而不可主观臆断；其次，在终极的意义上，承认案件事实是可以认识的，诉讼制度应以发现案件事实为基本目标；最后，在具体诉讼过程中，遵循法定程度得出的符合法定证明标准的事实，应当作为法官裁判的基础事实。[①] 修正的“客观真实说”在理论体系上坚持了完整的辩证唯物主义认识论，更能保障判决的正当性，也更适合作为我国证明标准制度的理论基础。

笔者认为，在坚持修正的“客观真实说”的理论基础上，我国民事诉讼上的证明标准应以借鉴大陆法系的“内心确信”为主要发展方向，同时适度借鉴英美法系盖然性理论中的合理因素。换言之，我国民事诉讼上的证明标准也应像刑事诉讼那样，选择主观与客观相结合的表述方式。之所以选择“内心确信”作为我国民事诉讼证明标准，原因在于，首先，我国民事诉讼并没有奉行英美法系上的陪审制，而是实行职业法官制。承认证据评价与事实认定的主观性、内在性，更符合职业法官制自身的要求。而且，“内心确信”这种表述也更能激励职业法官深入调查证据，尽量接近案件真相。其次，我国民事诉讼更接近大陆法系传统，在“内心确信”证明标准之下，法官对事实的认定是确定无疑的，这也与“以事实为基础，以法律为准绳”的思维方式更加吻合。再次，选择“内心确信”证明标准，还可以辅助、配合和强化法院裁判的正当性。[②]

同时，我们还应承认诉讼证明的盖然性，借鉴两大法系尤其是英美法系的盖然性理论。所谓盖然性（probability），就是指某个事物存在或者发生与否的可能性。英美法系与大陆法系有不同的法律发展史，其对盖然性的理论研究和实践探索长期以来就没有停止过。英美法系之所以将盖然性作为其证明标准理论中的核心概念，就是因为事实认定者由于受证据信息不完全等种种局限，他们只能对过去发生的事实形成一种盖然性认识，而不可能形成完全的确信。承认诉讼证明的盖然性也符合司法规律，并非毫无科学根据。“人类历史不断发展和进化，就是一个不断地运用盖然性判断规则从证据得出推论的过程，今天人类社会的进步和发展已经充分验证了采用盖然性之规则进行判断与事实本身真实与虚假之间有一定的必然联系。”[③]近年来，盖然性受到数学和统计学上概率理论的影响越来越大。在英美国家，依据待证事实发生概率的高低来调整证明标准的做法也日益受到重视。在英美证据法上，根据常识、生活经验和统计结果，对于发生的可能性或盖然性高的事实，主张该事实的当事人的证明标准可以适当降低。[④] 可以说，英美法系关于盖然性的理论和实践为我国提供了丰富的借鉴。把盖然性理论引入我国的证明标准理论体系，与修正的“客观真实说”并不冲突，因为承认诉讼证明的盖然性并没有放弃对案件真实的追求，并没有降低对证据的质和量的要求。在我国诉讼中引入盖然性理论，不仅有利于增强证明标准的可操作性，也有利于彰显法官在证据评价和事实认定中的客观性。

---

① 参见江伟、吴泽勇：《证据法若干基本问题的法哲学分析》，载《中国法学》，2002（1）。

② 参见吴泽勇：《中国法上的民事诉讼证明标准》，载《清华法学》，2013（1）。

③ 吴杰：《民事诉讼证明标准理论研究》，60页，北京，法律出版社，2007。

④ 参见邵明：《正当程序中的实现真实——民事诉讼证明法理之现代阐释》，81页，北京，法律出版社，2009。

2. 证明标准的多元化

究竟是选择一元化的证明标准还是选择多元化的证明标准？对该问题，可供我们借鉴的大陆法系和英美法系作了不同的选择。大陆法系国家和地区出于对其独特诉讼构造正当性的维护考虑，多倾向于选择前者，而英美法系国家则普遍选择后者。大陆法系的证明标准从表面上看虽然是一元的，都是法官的内心确信，但从实质上看，大陆法系在某些方面的证明标准其实也是多元的。德国的表见证明和日本的大致推定都能产生降低某些特殊案件的证明标准的机能，这些特殊民事案件的证明标准与一般民事案件的证明标准是不一样的。另外，大陆法系国家针对待证事实性质的不同分别采用证明和释明的做法，其实也是选择了两种不同的证明标准。

在我国，有不少学者以国外的多元证明标准为依据，认为我国也应当实行证明标准的多元化。近年来，随着支持证明标准多元化的人越来越多，这种观点渐成通说。主张我国应当实行证明标准多元化的理论依据主要在于：

首先，刑事诉讼、民事诉讼和行政诉讼在诉讼性质上的重大差别，在客观上要求实行不同的证明标准。刑事诉讼涉及被告人的声誉、人身自由以及生命等基本人身权利，一旦发生错误，往往难以补救。由于刑事案件的特殊性，学者们普遍认为刑事审判中的证明标准应是最高的。民事诉讼解决的主要是私人之间的人身或财产权益纠纷，错误的民事案件相对于错误的刑事案件更能得到补救。因此，民事案件的证明标准应低于刑事案件的证明标准。行政诉讼既不像刑事诉讼那样会限制被告人的人身自由或剥夺其生命，也不像民事诉讼那样主要解决私人之间的权益纠纷，因此，有学者主张行政诉讼的证明标准应介于刑事诉讼证明标准和民事诉讼证明标准之间。①

其次，不同证明主体在证据收集方面的能力差异也要求实行不同的证明标准。在刑事诉讼和行政诉讼中，公安机关、检察机关以及行政主体在调查收集证据方面拥有先进的仪器设备和技术手段，证据收集能力更强。与此相适应，刑事案件、行政案件中的证明标准一般应高于民事案件中的证明标准。

再次，不同类型的诉讼对案件事实的不同要求也有必要采用不同的证明标准。刑事诉讼和行政诉讼因为更多地牵涉到人权和国家社会公共利益，它们对案件事实的要求往往比较高。而民事诉讼是为解决私人权益纠纷而设，在有些情况下只要能妥善解决纠纷，事实不必完全查清也是可以接受的。在刑事诉讼中，为了保护被告人的基本人权，需要坚持无罪推定，如果只有被告人的供述而没有其他证据，那么就不能认定被告人有罪。在民事诉讼中，如果不涉及国家利益和社会公共利益，法院是可以接受当事人的自认的。

此外，三大诉讼法在诉讼目的、诉讼结构、证明对象、能否进行事实推定、诉权保障与防止滥诉等多方面的差异也都会对证明标准产生不同的要求。司法实践中，也有一些法院在认定事实时已经开始对刑事案件和民事案件采用不同的证明标准。

需要指出的是，证明标准的多元化不仅意味着不同类型的诉讼应持不同的证明标准，其还意味着在同一诉讼类型下，对不同对象所应采用的证明标准亦应不同。例如，在刑事诉讼领域，有学者主张，加重处罚的事实应适用较高的证明标准，而对减轻被告人刑罚的事实可以采

---

① 参见高家伟：《行政诉讼证据的理论与实践》，172 页，北京，工商出版社，1998。

用相对宽松的证明标准。[①] 此外，我国大多数学者还主张改变《刑事诉讼法》对移送审查起诉、提起公诉和作出有罪判决三种情形不加区别地适用证据确实、充分的规定，而应按照诉讼阶段的不同，设置层次性的证明标准。在行政诉讼方面，由于行政案件涉及面广，种类多样，所以有学者主张行政诉讼的证明标准应因所涉具体行政行为性质的不同而不同。[②] 另外，也有学者主张行政诉讼的证明标准应与行政程序证明标准存在对应关系，应根据行政案件所涉及的权益大小和所适用的程序繁简，设置多元性的行政诉讼证明标准。[③]

在民事诉讼领域，学者们围绕证明标准的多元化亦展开了积极探讨。主流的观点认为，在民事诉讼中，针对不同的对象，基于不同的价值追求，亦应采用不同的证明标准。如前所述，在民事诉讼中，需要提供证据加以证明的对象不仅包括实体性事项，也包括程序性事项，二者的证明标准并不相同。对于前者，适用高度盖然性证明标准；而对于后者，其证明标准只要达到“大致如此”或“可能如此”的疏明（或释明）标准即可。有学者主张，高度盖然性证明标准适用于普通类型民事案件。对于涉及身份关系的家事案件等特殊类型的案件，出于维护社会伦理等基本价值的需要，应当适用更高程度的证明标准。[④] 也有学者主张，应在考虑案件性质、重要性、发生概率以及证明的难易度等因素的基础上，针对不同案件或实行高度盖然性证明标准，或实行盖然性占优证明标准。[⑤] 另外，对于一些比较特殊的或者罕见的案件，为避免机械适用证明标准所带来的实质不公，还有必要适当提高或者降低证明标准，这显然也会导致民事诉讼证明标准的多元化。

（二）我国司法解释中的证明标准

上述有关证明标准的理论争鸣和实践探索，虽未根本改变全国人大常委会主导的三大诉讼法的相关内容，但却在最高人民法院操刀的司法解释中引起了明显变化。

在刑事诉讼方面，最高人民法院 2012 年发布的《关于适用〈中华人民共和国刑事诉讼法〉的解释》第 64 条第 2 款明确规定：“认定被告人有罪和对被告人从重处罚，应当适用证据确实、充分的证明标准。”针对如何审查证据真实性问题，该司法解释第 104 条第 3 款规定：“证据之间具有内在联系，共同指向同一待证事实，不存在无法排除的矛盾和无法解释的疑问的，才能作为定案的根据。”对于运用间接证据认定案件事实时的证明标准，该司法解释第 105 条规定：“没有直接证据，但间接证据同时符合下列条件的，可以认定被告人有罪：（一）证据已经查证属实；（二）证据之间相互印证，不存在无法排除的矛盾和无法解释的疑问；（三）全案证据已经形成完整的证明体系；（四）根据证据认定案件事实足以排除合理怀疑，结论具有唯一性；（五）运用证据进行的推理符合逻辑和经验。”上述立法及相关司法解释，吸纳了我国近年来关于刑事证明标准的相关研究和改革的成果，将刑事审判上定罪以及量刑的证明标准，明

---

① 参见杨宇冠：《论死刑案件证明标准之完善——新〈刑事诉讼法〉实施问题思考》，载《清华法学》，2012（3）。

② 参见马怀德、刘东亮：《行政诉讼证据问题研究》，载何家弘主编：《证据学论坛》，第 4 卷，北京，中国检察出版社，2002。

③ 参见吕立秋：《行政诉讼证据责任》，132～134 页，北京，中国政法大学出版社，2001。

④ 参见江伟、肖建国主编：《民事诉讼法》，7 版，211 页，北京，中国人民大学出版社，2015。

⑤ 参见郝振江：《论民事诉讼证明标准》，载《河南大学学报（社会科学版）》，2001（3）。

确表述为“案件事实清楚，证据确实、充分”。同时，“排除合理怀疑”也已成为解释这一标准的权威用语。“案件事实清楚，证据确实、充分”的证明标准与“排除合理怀疑”的证明标准在实质上是一致的，前者是从正面来说明证明的状态，而后者则是从反面来说明证明的状态的。[①] 另外，“案件事实清楚，证据确实、充分”侧重从客观上描述证明标准，而“排除合理怀疑”则是以裁判者的主观心理状态来描述证明标准。可以说，正面与反面相结合、客观与主观相结合已成为我国刑事诉讼证明标准表述的明显特征。

在民事诉讼方面，《证据规定》第73条第1款规定：“双方当事人对同一事实分别举出相反的证据，但都没有足够的依据否定对方证据的，人民法院应当结合案件情况，判断一方提供证据的证明力是否明显大于另一方提供证据的证明力，并对证明力较大的证据予以确认。”该司法解释与我国《民事诉讼法》中的事实清楚，证据确实、充分显然不同。对此，学界主流观点认为，这是将盖然性占优势的认识手段运用于民事审判。在证据对待证事实的证明无法达到确实充分的情况下，如果一方当事人提出的证据已经证明该事实发生具有高度的盖然性，人民法院即可以对该事实予以确认。因此，高度盖然性已成为我国民事诉讼中原则性的证明标准。[②] 然而，也有学者认为，《证据规定》第73条第1款规定很难说是证明标准规范，因为从文义上看，该款规范的是证据的取舍，而不是待证事实的证明。另外，即使可以把该款理解为我国民事诉讼已经确立了高度盖然性证明标准，这里的“高度盖然性”也不同于大陆法系民事诉讼中的证明标准。因为在德国民事诉讼学理上，“高度盖然性”虽然也被用于表述证明标准，但德国法采用的是“内心确信”的证明标准，“高度盖然性”只是达成“内心确信”的辅助工具。而且，在论及证明标准时，只谈“高度盖然性”而不谈“内心确信”在大陆法系是比较罕见的。[③]

另外，对于《证据规定》第73条第1款中所表述的证明案件事实所应达到的程度，学界及审判实务中均出现了分歧。多数学者及最高人民法院均将该条内容解释为高度盖然性证明标准，但也有部分学者主张该条内容为优势证据证明标准的规定。审判实践中，也不乏将该条解释为优势证据标准并在裁判文书中论述的例子。[④] 从这一点来看，《证据规定》第73条第1款对证明标准的规定还不够清晰。

《民诉法解释》第108条则将高度盖然性明确树立为民事诉讼证明标准的一般性原则，并从本证和反证相互比较的角度设立了该证明标准的操作规则。该条规定：“对负有举证证明责任的当事人提供的证据，人民法院经审查并结合相关事实，确信待证事实的存在具有高度可能性的，应当认定该事实存在。对一方当事人为反驳负有举证证明责任的当事人所主张事实而提供的证据，人民法院经审查并结合相关事实，认为待证事实真伪不明的，应当认定该事实不存在。法律对于待证事实所应达到的证明标准另有规定的，从其规定。”该条规定一方面要求法院“确信”，另一方面又提出“高度可能性”，这说明《民诉法解释》也选择了主观和客观相结

---

① 参见樊崇义主编：《证据法学》，3版，313～314页，北京，法律出版社，2003。

② 参见黄松有：《民事诉讼证据司法解释的理解与适用》，351～354页，北京，中国法制出版社，2002；李浩：《证明标准新探》，载《中国法学》，2002（4）。

③ 参见吴泽勇：《中国法上的民事诉讼证明标准》，载《清华法学》，2013（1）。

④ 参见沈德咏主编：《最高人民法院民事诉讼法司法解释理解与适用》上，359页，北京，人民法院出版社，2015。

合的证明标准表述方式。

我们需结合本证和反证来理解和适用《民诉法解释》第108条。在诉讼证明过程中，对特定待证事实负举证责任的一方当事人所提出的证据为本证，而对该待证事实不负举证责任的另一方当事人对本证进行反驳时所提出的证据为反证。负有举证责任的当事人为避免败诉等不利后果，须积极提供证据，使法官就该待证事实的存在形成确信。此时，法官的内心确信应当满足证明评价的最低要求，即法定的证明标准。从《民诉法解释》第108条第1款规定来看，这一证明标准为高度盖然性，即从事物发展的高度概率角度来看，待证事实的存在相较于不存在具有高度的可能性。如果负有举证责任的一方当事人通过其本证使法官获得的心证能够越过前述证明标准，形成确信，那么，不负举证责任的对方当事人为避免败诉，则有必要及时提出反证，以动摇法官业已形成的确信。此时，提出反证的当事人所进行的反驳应达到使法官认为待证事实真伪不明的程度。这便是《民诉法解释》第108条第2款的要求。很显然，这一证明要求要低于前述高度盖然性证明标准。而如果提出反证的当事人反驳成功，那么负有举证责任的当事人为获得胜诉，则有必要进一步提出新的本证，此次证明仍须越过前述高度盖然性的证明标准，才能使法官就待证事实的存在形成确信。如果法官再次形成确信，那么对方当事人就有必要提出新的反证再次加以反驳，此时的反驳仍应达到使法官认为待证事实真伪不明的程度。随着双方当事人之间攻击防御的不断展开，法官的心证在经历了不断地起伏波动之后，在诉讼的最终阶段终于趋于稳定。如果法官最终就待证事实的不存在形成确信，那么法院应直接判决负有举证责任的当事人败诉；如果法官最终对待证事实的存在形成确信，那么法官应判令负有举证责任的一方当事人胜诉；而如果在诉讼的最后阶段待证事实的存在与否仍真伪不明，那么法官应适用客观的证明责任规则，判决负有证明责任的一方当事人败诉。需要指出的是，《民诉法解释》第108条虽将高度盖然性确立为民事诉讼证明标准的一般性原则，但这只是对法官内心确信的最低限度的要求。法官在对证据的审查核实中，应尽可能追求更高程度的证明标准，并力求达到证据确实、充分。如果在尽最大努力调查取证后，现有证据仍不足以达到确实、充分的程度，才可依据高度盖然性标准对待证事实存在与否作出判断。换言之，在民事诉讼中，高度盖然性证明标准应当只是在特殊情况下加以适用，而不能成为认定案件事实的普遍性标准。法官对案件客观真实的发现才是民事诉讼永恒的目标。《民诉法解释》第108条第3款为证明标准适用的弹性规定，其用意在于为法律的特别规定预留空间。

证明标准的多元化也得到了《民诉法解释》的有力支持。在《民诉法解释》中，高度盖然性虽是民事诉讼的一般性证明标准，但却不是唯一性证明标准。《民诉法解释》第109条还提高了特殊情形下的证明标准。该条规定："当事人对欺诈、胁迫、恶意串通事实的证明，以及对口头遗嘱或者赠与事实的证明，人民法院确信该待证事实存在的可能性能够排除合理怀疑的，应当认定该事实存在。"从该条规定来看，对欺诈、胁迫、恶意串通等特殊待证事实的证明，证明标准须提高至排除合理怀疑。而对于排除合理怀疑，学界一般认为该标准仅仅低于认识论上的绝对确定。这个证明标准要比前述第108条所规定的高度盖然性证明标准要求更高。前述两大法系的证明标准均在实质上奉行层次性的多元化标准。《民诉法解释》显然借鉴了两大法系的做法，也开始在坚持证明标准内在层次性的基础上推行多元化的证明标准。在高度盖然性一般原则上提高证明标准，也是回应我国实体法相关要求的需要。在实体法上使用"足以"、"显失公平"表述的，均显示立法者有对此类待证事实提高证明标准的意图。例如，《侵权责任法》第 11 条规定："二人以上分别实施侵权行为造成同一损害，每个人的侵权行为都足以造成全部损害的，行为人承担连带责任。"在符合该条规定条件的情况下，对于认定单个侵权人的侵权行为是否足以造成全部损害这一待证事实时，就应适用排除合理怀疑的证明标准。

另外，《民诉法解释》虽未规定降低证明标准，但这并不意味着民事诉讼证明标准不可以降低。对于程序性事实的证明，从民事诉讼法的表述上，一般也可以推导出降低证明标准的结论。例如依据《民事诉讼法》第 44 条的规定，审判人员"与本案当事人、诉讼代理人有其他关系，可能影响对本案公正审理的"，应当自行回避。这里的"可能"一词，便意味着对相关事实的证明，应当适用低于高度盖然性的证明标准，而采用释明标准。①

延伸阅读文献

1. 李浩．证明标准新探．中国法学，2002（4）

2. 张卫平．证明标准建构的乌托邦．法学研究，2003（4）

3. 何家弘．司法证明标准与乌托邦．法学研究，2004（6）

4. 张继成．诉讼证明标准的科学重构．中国社会科学，2005（5）

5. 张建伟．证明标准研究中的模糊视阈．政法论坛，2005（6）

6. 王亚新．社会变革中的民事诉讼．北京：中国法制出版社，2001

7. 吴杰．民事诉讼证明标准理论研究．北京：法律出版社，2007

8. 何家弘主编．证据法学研究．北京：中国人民大学出版社，2007

9. 邵明．正当程序中的实现真实——民事诉讼证明法理之现代阐释．北京：法律出版社，2009

10. 吴泽勇．中国法上的民事诉讼证明标准．清华法学，2013（1）

11. 吴泽勇．"正义标尺"还是"乌托邦"——比较视野中的民事诉讼证明标准．法学家，2014（3）

问题与思考

1. 评价最高人民法院《关于民事诉讼证据的若干规定》关于证明标准的规定。（2005 年北京大学考博试题）

2. 2014 年 8 月 20 日，张某在乘公交车时遇到公交司机康某和醉酒的杜某发生口角，张某应康某的请求前去解劝。在劝阻中，张某不小心推了杜某一下，不料杜某当场仰面倒地。现场围观的群众立即报警。警察赶来调查情况时，杜某说自己没事，并离开了现场。8 月 22 日，杜某感觉头部不适到医院就诊。8 月 29 日，杜某病情加重，并于 9 月 1 日凌晨因抢救无效死亡。

① 参见沈德咏主编：《最高人民法院民事诉讼法司法解释理解与适用》上，361～362 页，北京，人民法院出版社，2015。

经司法鉴定，杜某因严重颅脑损伤，并伴有其他症状而导致死亡。随后，张某被当地公安机关羁押，并被检察院以过失致人死亡罪提起公诉。与此同时，杜某家属也提起了附带民事诉讼，要求张某赔偿损失。在审理该案时，法院认为根据案发时的客观情况，张某不可能预见到杜某会在 10 日后死亡。因此，杜某的死亡是意外事件，张某不负刑事责任。在该案民事部分的处理上，法院认为张某在劝架时将杜某推倒在地的行为与杜某的死亡有因果关系，张某的行为已经构成侵权，因此判决张某向杜某家属赔偿 4 万元。请思考：

（1）本案中，刑事部分的判决是张某不负刑事责任，但民事部分的判决却是张某要对杜某的死亡承担侵权责任，为什么同一事实在刑事和民事诉讼中的认定会不一致？

（2）在该案的民事部分，法院在认定事实时应持什么样的证明标准？

（3）从立法角度考虑，在设定证明标准时有哪些因素值得考虑？

第十章

证明程序

本章概要

广义的（严格）证明程序大体包括：收集证据、交换证据与整理争点；当事人双方质证与辩论；法官判断证据与认定事实。狭义的（严格）证明程序，即“证据调查程序”，包括：提供证据、交换证据；当事人质证；法官判断证据（审核认定证据）。提供、交换证据和整理争点主要是在审前准备阶段；当事人质证主要是在法庭审理阶段（法庭调查阶段），当事人质证的同时对案件事实的真伪进行辩论（法庭辩论阶段），与此同时法院判断证据和认定事实；在案件审理终结阶段，法院根据本案全部证据的调查结果和案件事实的辩论结果，最终确认案件事实之真伪，在此基础上法官适用实体法规范对诉讼标的和诉讼请求作出判决。

关键术语

收集证据　交换证据　证据保全　举证时限　质证　判断证据

第一节　收集与交换证据

一、收集证据

（一）收集证据的概念

民事诉讼中的收集证据是指当事人或人民法院依法获取证据材料的诉讼活动。证据的收集是证明程序的起点，在证据制度中占有重要地位。因为收集证据是查明案件事实的基础，只有收集到与案件相关的各种证据材料，才能够确保准确认定事实，正确适用法律，依法解决民事纠纷，保护当事人的合法权益。为当事人收集证据提供程序保障是完善我国证据制度的重要课题。

（二）收集证据的两种模式

在民事诉讼中，通过设定相应的程序规范，确保从相对方当事人或第三人手中收集到相关证据，成为实质性保障当事人证明权的重要前提。当然，范围过宽的证据收集也会给当事人带来过重的负担，同时还存在证据收集的必要性与证据持有人因收集证据而带来不利益的平衡问题。因此，如何设置证据收集程序，在保障当事人证明权的同时又能避免过重的证据收集的负担，成为现代各国民事诉讼的共同课题。

关于证据的收集主要有两种模式：

一种是当事人主导的证据收集模式，它以美国的证据开示为典型。在美国，证据开示程序的运作以当事人主导为特征，除身体和精神状况的检查必须经法院的许可外，证据开示无须法院介入，由当事人直接向相对方提出开示的要求或自动向相对方开示。只有在发生争议时，经一方当事人申请，法院才介入证据开示过程中。与此相应，证明责任由反对证据收集的一方承担，其必须说服法院相信所寻求的资料与诉讼标的不存在可信的联系或有其他可以拒绝提供的正当理由。① 这种当事人主导的证据开示程序，一方面，使当事人收集裁判所必要的信息变得更加容易了；另一方面，由于过于浪费时间与金钱，资力匮乏的当事人不得不关闭通过诉讼解决纠纷与保护权利之门，接近证据的容易反倒造成了接近裁判的困难。② 因此，自 20 世纪 80 年代以来，美国通过修改联邦民事诉讼规则，加强了法院对证据开示程序的管理，但当事人主导这一特征并未改变。

另一种证据收集模式为法院调查取证的模式。在大陆法系各国的民事诉讼中，当事人除将自己所持有的证据向法院自行提出，请求法院审查之外，要想获得有利于己的证据，必须向法院提出申请，经审查由法院依职权调查取证。法院通过强制证人出庭作证、委托国家机构或公共团体送交文书、向对方当事人或第三人发出文书提出命令等方式帮助当事人取得证据。因此，在大陆法系国家，所谓证据收集中的当事人提出原则，是指当事人对能够证明自己主张的证据的收集与提出享有支配权。当事人就要不要提出自己所掌握的证据，或是否采取措施去收集在他人控制之下的证据有权作出决定。只要当事人不主动采取行动，证据就不能作为认识案情事实的手段而出现在诉讼中。但当事人收集证据并非直接要求证据持有人提供③，而是向法院提出申请，由法院通过法定程序要求证据持有人提交。在大陆法系，法院依据当事人申请收集证据与对证据的审查核实有时融为一体，而没有阶段性，如对证人证言的收集与对争议标的物的勘验等。在前述情形下，程序上要求法院均应通知双方当事人到场。总之，几乎所有的证据收集程序都要经由法院，法院控制着双方当事人的证据收集活动。不过，大陆法系这一证据收集程序的职权运作模式已经开始松动。日本新民事诉讼法中的当事人照会制度，开创了非经法院而在当事人之间直接收集证据的先河。④

---

① 参见崔婕：《证据收集制度》，载《现代法学》，2002（3）。

② 参见［日］小林秀之：《新证据法》，102 页，东京，弘文堂，1998。

③ 当然，这并不排除当事人直接向证据持有人收集证据。这种做法在日本还受到鼓励。

④ 日本民事诉讼法中的当事人照会制度，是指在起诉前或起诉后，当事人可以向对方当事人发出书面照会，要求对方当事人在一定期间内对自己准备主张或举证时所必需的事项作出书面的回答。通过这一制度，当事人不仅享有相互要求对方开示其所持有信息的权能，对方当事人也负有必须对此诚实回答的义务。参见［日］新堂幸司：《新民事诉讼法》，林剑锋译，407 页，北京，法律出版社，2008。

（三）我国收集证据的规定

根据《民事诉讼法》以及《民诉法解释》等司法解释的规定，关于收集或提供证据，其主要情形是：(1) 在辩论主义诉讼程序中，当事人负责收集和提出证据，并表明要证明的事实；确因正当理由不能自行收集的证据，当事人可以申请法院调查收集。(2) 涉及公共利益的案件事实等，采职权探知主义，法院依职权主动收集证据（无须当事人申请）。

1. 当事人自行收集证据

根据《民事诉讼法》第49条、第61条的规定，在我国，当事人及其诉讼代理人有收集证据的权利，是收集证据的主体。当事人及其诉讼代理人在收集证据时，应当遵守法定程序，不得以严重侵犯他人合法权益、违反法律禁止性规定或者严重违背公序良俗的方法收集证据。

从法律责任的角度来看，可将诉讼当事人的证明活动或行为界定为责任，例如提供证据的责任。同时，我们也应当从法律权利的角度来看待当事人的证明活动或行为，实际上当事人的证明行为也是一种权利行为，任何一个国家的法律都保护当事人有提供证据证明待证事实真相的权利。[①] 所以，原则上法律不得随意限制当事人的证明权。根据“公正诉讼”或“武器平等”原则，当事人拥有平等的证明权或攻击防御方法。

当事人的证明权体现为有权向法院提出证据来证实利已的案件实体事实，这也是民事诉讼当事人所享有的一项基本诉讼权利，当事人对自己提出的事实主张都有权利加以证明。但是，与“证明责任”不同，当事人的“证明权”不涉及证明不能的后果应由谁来承担的问题，而是关于当事人在诉讼中对案件事实证明行为的自由支配性的问题，无论法律上是否预设当事人承担证明责任，原告和被告都享有证明权。

以往我国民事诉讼法及相关司法解释虽然规定当事人有收集证据的权利，但对当事人收集证据的权利缺乏程序保障，既未规定收集证据的方法，也未规定收集证据的程序，更缺乏在证据持有人拒绝提供证据时的制裁手段。因此，正如有学者所言，在我国，长期以来当事人调查收集证据的权利是一项缺乏程序保障的抽象性权利，是一种权利的招牌。[②] 不过这种状况在《证据规定》及《民诉法解释》中得到一定程度的改善，但距离为当事人收集证据提供充分的程序保障还有不小的差距。

2. 当事人申请人民法院调查收集证据

在当事人因客观原因不能自行收集证据的情况下，可以向法院提出调查取证的申请。申请法院调查收集证据，既是当事人的一项诉讼权利，也是当事人提供证据的一种方式。《证据规定》第51条第2款规定：人民法院依照当事人申请调查收集的证据，作为提出申请的一方当事人提供的证据。根据《民诉法解释》第94条和第95条的规定，申请法院调查收集证据应当符合以下条件：

(1) 实质要件。主要有：其一，当事人及其诉讼代理人因客观原因不能自行收集的证据。其情形主要有：证据由国家有关部门保存，当事人及其诉讼代理人无权查阅调取的；涉及国家

---

① 参见邵明：《正当程序中的实现真实——民事诉讼证明法理之现代阐释》，115页，北京，法律出版社，2009。

② 参见汤维建：《论美国民事诉讼中的证据调查与证据交换》，载王利明等主编：《中国民事证据的立法研究与应用》，1108页，北京，人民法院出版社，2000。

秘密、商业秘密或者个人隐私的；当事人及其诉讼代理人因客观原因不能自行收集的其他证据。其二，当事人申请调查收集的证据，与待证事实具有关联性、对证明待证事实具有意义或者其他有调查收集必要的。

(2) 形式要件。其一，应当提交书面申请。申请书中应当载明被调查人的姓名或者单位名称、住所等基本情况、所要调查收集的证据的内容、需要由人民法院调查收集证据的原因及其要证明的事实。其二，在举证期限届满前提出书面申请。

对当事人的申请，人民法院应当进行审查。符合条件，申请被准许的，人民法院即应按照有关调查的规定对相关证据进行调查和收集；人民法院对当事人及其诉讼代理人的申请不予准许的，应当向当事人或其诉讼代理人送达通知书。

向人民法院申请调查收集证据是当事人的一项重要权利，为此，《证据规定》还设置了人民法院驳回当事人申请时对当事人提供救济的程序。当事人及其诉讼代理人可以在收到驳回申请的通知书的次日起 3 日内向受理申请的人民法院书面申请复议一次。人民法院应当在收到复议申请之日起 5 日内作出答复。

由于现行民事诉讼法并没有为当事人自行收集证据提供程序保障，如果不能得到证据持有人的同意，当事人就收集不到相关的证据，由此，当事人申请法院调查收集证据就变得尤为重要。如果当事人的申请符合法定条件，人民法院就不能拒绝调查取证，而且，对于当事人不能自行收集证据材料中的客观原因应作扩大解释，即应包括证据持有人拒绝提供证据的情形。[①]

3. 人民法院依职权调查收集证据

《民事诉讼法》第 64 条规定，人民法院认为审理案件需要的证据，人民法院应当调查收集。通常情况下，证据应当由当事人收集并向法院提出，如果当事人因客观原因无法自行收集也可以向法院提出申请，由法院调查收集。只有在特殊情况下，人民法院才能在当事人提出的证据范围之外，依职权主动调查收集证据。

根据《民诉法解释》第 96 条的规定，《民事诉讼法》第 64 条第 2 款规定的“人民法院认为审理案件需要的证据”，是指以下情形：(1) 涉及可能损害国家利益、社会公共利益的；(2) 涉及身份关系的；(3) 涉及公益诉讼的；(4) 当事人有恶意串通损害他人合法权益可能的；(5) 涉及依职权追加当事人、中止诉讼、终结诉讼、回避等程序性事项。对此，请详见本书第八章第一节中“二、职权探知主义”部分。

人民法院无论是依当事人申请调查收集证据，还是依职权调查收集证据，都应当遵守法定的程序：首先，调查收集证据应当由 2 人以上共同进行。其次，调查材料应由调查人、被调查人、记录人签名、捺印或者盖章。调查人员调查收集的证据也得遵循证据规则，比如关联性规则、非法证据排除规则、最佳证据规则等。

二、证据保全

(一) 证据保全的概念和种类

《民事诉讼法》第 81 条规定：“在证据可能灭失或者以后难以取得的情况下，当事人可以

---

① 《民诉法解释》第 112 条第 1 款对此作出了如下规定：“书证在对方当事人控制之下的，承担举证证明责任的当事人可以在举证期限届满前书面申请人民法院责令对方当事人提交。”

在诉讼过程中向人民法院申请保全证据，人民法院也可以主动采取保全措施。因情况紧急，在证据可能灭失或者以后难以取得的情况下，利害关系人可以在提起诉讼或者申请仲裁前向证据所在地、被申请人住所地或者对案件有管辖权的人民法院申请保全证据。证据保全的其他程序，参照适用本法第九章保全的有关规定。"

广义的证据保全，包括民事诉讼证据保全和仲裁证据保全，法院采取的证据保全和公证机构采取的证据保全等。[①] 根据我国《民事诉讼法》第 81 条的规定，证据保全是指在证据可能灭失或以后难以取得的情况下，人民法院根据当事人、利害关系人的申请或依职权采取一定措施，对证据加以固定的制度。证据保全是特殊情况下法院调查取证的方法，目的是防止证据灭失或以后失去取证机会，以利于法院查明案件事实，及时有效地维护当事人的合法权益。

根据证据保全的时间不同，可以将证据保全分为诉讼中的证据保全与诉前证据保全两类。诉讼中的证据保全，是在诉讼进行过程中，人民法院所采取的证据保全措施和制度。在诉讼中，人民法院采取证据保全措施的前提是证据有可能灭失或者以后难以取得。前者如证人可能因病死亡；书证可能被销毁；物证可能会腐烂。后者如证人可能要出国，将来获取证人证言的成本过高或者难度增大。为了及时收集证据材料，需要对之采取措施，加以固定和保护。诉讼中的证据保全通常由当事人及其诉讼代理人向人民法院申请，如果情况紧急，人民法院也可以主动采取保全措施。

诉前证据保全，是指在起诉之前，因证据有可能灭失或以后难以取得，根据利害关系人的申请，人民法院对有关证据所采取的提取、固定或封存的措施。《民事诉讼法》第 81 条第 2 款规定：因情况紧急，在证据可能灭失或者以后难以取得的情况下，利害关系人可以在提起诉讼或者申请仲裁前向人民法院申请保全证据。

其他法律中也不乏诉前证据保全的规定，如《海事诉讼特别程序法》第 63 条规定：当事人在起诉前申请海事证据保全，应当向被保全的证据所在地海事法院提出。《专利法》第 67 条规定：为了制止专利侵权行为，在证据可能灭失或者以后难以取得的情况下，专利权人或者利害关系人可以在起诉前向人民法院申请保全证据。人民法院采取保全措施，可以责令申请人提供担保；申请人不提供担保的，驳回申请。人民法院应当自接受申请之时起 48 小时内作出裁定；裁定采取保全措施的，应当立即执行。申请人自人民法院采取保全措施之日起 15 日内不起诉的，人民法院应当解除该措施。

（二）证据保全的要件

当事人申请证据保全，应当具备以下要件：

1. 请求保全的证据与待证事实具有关联性。在大陆法系，就"待证事实"和"请求保全的证据"均须同时具备"重要性"和"具体性"；而在英美法系，证据的关联性是指某项证据对案件中的某个实质性争议问题具有证明性，即证据的实质性加上证明性等于关联性。

---

① 我国《公证法》第 11 条规定：根据自然人、法人或者其他组织的申请，依照法定程序对民事诉讼证据提供公证的方式予以保全。对于公证保全的证据，法院可以直接用来认定事实，但有相反证据足以推翻的除外。更广义的证据保全，还包括其他国家机关在其职责范围内所采取的保全证据，比如公安部《道路交通事故处理程序规定》（2008 年）第 25 条第 1 款规定：痕迹或者证据可能因时间、地点、气象等原因导致灭失的，交通警察应当及时固定、提取或者保全。

2. 证据可能灭失或者以后难以取得，其原因可能是主观方面的，如当事人或被申请人及其他人可能或正在实施毁灭证据等妨害证明的行为；也可能是客观方面的，如证人生命垂危、证据可能变质或消失等。

3. 管辖合法。在诉讼中，当事人申请保全证据的，应向受诉法院提出申请。诉前申请证据保全的，申请人应当按照级别管辖的规定①，向被保全证据所在地、被申请人住所地或者对案件有管辖权的人民法院提出。

4. 符合法定期限。在诉讼中，当事人申请证据保全的，可以在举证期限届满前提出（《民诉法解释》第 98 条）。

5. 递交申请书。申请书应当包括以下内容：申请保全证据的种类和内容；申请保全的证据与案件事实之间的关系；申请保全证据的理由。

证据保全申请费及其他实际产生的费用，按照《诉讼费用交纳办法》交纳和负担。我们认为，无正当理由不予交纳的，按照撤回申请处理。申请人可将申请费列入诉讼请求或仲裁请求。申请人撤回保全申请的，申请人负担申请费，但应减半收取。

在审理过程中，对于公益案件或者有关公益的案件事实，受诉法院依职权采取证据保全措施的，仅须符合上述第一和第二个要件即可。

（三）证据保全的程序与方法

有关证据保全的程序，《民事诉讼法》第 81 条和《民诉法解释》第 98 条作出了规定，没有规定的参照适用《民事诉讼法》第九章保全的有关规定。

1. 申请或职权采取。当事人申请证据保全的，应当向法院提交申请书。除当事人申请外，人民法院在诉讼中认为确有必要的，依职权主动采取证据保全措施。但是，诉前证据保全只能由利害关系人申请。

2. 审查和担保。人民法院在接到当事人的保全申请后，必须在 48 小时内作出裁定。符合证据保全条件的，作出准予证据保全的裁定书；认为不符合证据保全条件的，裁定驳回申请。尤其是对于诉前保全证据的申请，只有情况紧急时，才能被允许。

证据保全可能对他人造成损失的，人民法院应当责令申请人提供相应的担保（以此保证受害人获得赔偿）。

当事人、利害关系人对保全裁定不服的，可以自收到裁定书之日起 5 日内向作出裁定的法院立案机构申请复议。法院应当在收到复议申请后 10 日内审查。裁定正确的，驳回当事人的申请；裁定不当的，变更或者撤销原裁定。

3. 方法。人民法院对证据采取保全措施时，应当根据各类证据的不同特点而采取相应的证据保全方法。对证人证言的保全，一般采取制作笔录或录音、录像的方法；对物证的保全，可以采取勘验、鉴定、拍照、录像、保存原物等方法；对书证的保全，通常采取复制、拍照等方法。总之，应当采取妥当的方法保全证据，以求客观地反映案件的真实情况。

---

① 比如，《最高人民法院关于审理商标案件有关管辖和法律适用范围问题的解释》（法释［2002］1 号）第 1 条和第 2 条规定：申请诉前证据保全的，由中级以上人民法院管辖，高级人民法院也可在较大城市确定 1～2 个基层人民法院管辖。

法院进行证据保全时，可以要求当事人、利害关系人到场。当事人、利害关系人没有到场的，不影响证据保全措施的进行。当事人、利害关系人应在证据保全笔录或查封扣押的清单上签名或者盖章。拒绝签名、盖章的，人民法院应当在笔录或清单上注明。

（四）证据保全的解除和赔偿

采取保全措施后，有下列情形之一的，法院应当裁定解除保全：（1）保全错误的（不符合保全条件的）；（2）申请人撤回保全申请的；（3）申请人的起诉或者仲裁申请被驳回的；（4）诉前保全的，申请人在法院采取保全措施后 30 日内不依法提起诉讼或者申请仲裁的；（5）法院认为应当解除保全的其他情形。

法院裁定采取保全措施后，除作出保全裁定的法院自行解除或者其上级法院决定解除外，在保全期限内，任何单位不得解除保全措施。

证据保全可能对他人造成损失的，受害人有权获得赔偿。因损失赔偿发生纠纷的，可通过诉讼等方式解决。被申请人或案外人可在本案诉讼程序中请求诉讼抵销或提起损害赔偿之诉，也可在本案诉讼程序之外提起损害赔偿之诉。《最高人民法院民事案件案由规定》（法发[2011] 41 号）中有："因申请诉前证据保全损害责任纠纷"、"因申请诉中证据保全损害责任纠纷"的案由。

当事人申请诉前保全后没有在法定期间起诉或者申请仲裁，给被申请人、利害关系人造成损失引起的诉讼，由采取保全措施的法院管辖；当事人申请诉前保全后在法定期间内起诉或者申请仲裁，被申请人、利害关系人因保全受到损失提起的诉讼，由受理起诉的法院或者采取保全措施的法院管辖。

三、举证期限

（一）举证期限的含义

举证期限，也称举证时限，即要求当事人向法院提供证据所应遵守的期间限制。在诉讼中，当事人对自己提出的主张应当及时提供证据，当事人无正当理由超过举证期限所提供的证据，可能面临着将不被采纳的风险，即该证据失效。从权利的角度来说，证据失效就是丧失证明权或丧失举证权，即丧失提出该证据的权利，属于失权（效）的范畴。法院若以这种证据为根据作出判决，则构成上诉的理由。

从内涵上来说，举证期限制度应包括以下内容：（1）举证期限所针对的主体是民事诉讼中的当事人。举证期限制度与"当事人主义"诉讼模式联系紧密。"当事人主义"下的举证期限制度让当事人承担不按期举证的不利法律后果具有了可能性和正当性。（2）举证期限制度所规制的，不仅是当事人提出己方所持有的证据材料的行为，还应包括当事人向法院申请由其调查证据或申请命令对方当事人提出证据的行为。（3）举证的期限或者由法律加以明文规定，或者是法官对当事人课以在一定时间内举证的义务，在期间上都有着相对的确定性。（4）举证期限制度与一定的法律后果相联系。①

① 参见江伟主编：《民事诉讼法学关键问题》，238 页，北京，中国人民大学出版社，2010。

举证期限制度是证据适时提出主义的主要内容，是实现集中审理的制度保障。实现集中审理所必备的条件之一是，在正式法庭审理之时就做好准备，即充分提出证据与交换证据、明确案件的争点。合理的举证期限促使当事人尽快举证，但又不至于不当限制当事人举证。

《民事诉讼法》第 65 条规定："当事人对自己提出的主张应当及时提供证据。人民法院根据当事人的主张和案件审理情况，确定当事人应当提供的证据及其期限。当事人在该期限内提供证据确有困难的，可以向人民法院申请延长期限，人民法院根据当事人的申请适当延长。当事人逾期提供证据的，人民法院应当责令其说明理由；拒不说明理由或者理由不成立的，人民法院根据不同情形可以不予采纳该证据，或者采纳该证据但予以训诫、罚款。"

以往我国民事诉讼法并未就当事人提交证据设定严格的期限，实践中当事人起诉后至最终的法庭辩论终结前可以随时提出证据。长期以来我国民事诉讼实行的这种"证据随时提出主义"导致开庭次数增加，拖延了案件的审理期限，造成诉讼效率的下降和诉讼成本的增加，同时也破坏了当事人之间的平等对抗关系，损害了民事诉讼程序的安定性。为解决上述问题，《证据规定》设置了举证期限制度，不仅为当事人向人民法院提供证据设定了期限，也规定了逾期举证的法律后果。现行《民事诉讼法》正式确立了举证期限制度，《民诉法解释》又进一步细化了举证期限规则。举证期限制度的设立，标志着我国民事诉讼从"证据随时提出主义"向"证据适时提出主义"转变。

（二）举证期限的确定

关于举证期限的确定，《民诉法解释》第 99 条设置了两种方式：

1. 由当事人协商，并经法院准许（第 1 款）。允许当事人协商确定举证期限，是尊重当事人的程序主体地位，满足当事人程序选择权的体现。对于当事人协商一致确定的举证期限，人民法院原则上应当认可，除非该期限过长而可能导致诉讼的严重拖延。

2. 人民法院指定（第 2 款）。人民法院应当在审理前的准备阶段确定当事人的举证期限，第一审普通程序案件不得少于 15 日，当事人提供新的证据的第二审案件不得少于 10 日；前述规定的举证期限届满后，当事人对已经提供的证据，申请提供反驳证据或者对证据来源、形式等方面的瑕疵进行补正的，法院可以酌情再次确定举证期限，该期限不受前述期限的限制。

适用简易程序案件的举证期限由人民法院确定，也可以由当事人协商一致并经人民法院准许，但不得超过 15 日（当事人双方均表示不需要举证期限、答辩期间的，人民法院可以立即开庭审理或者确定开庭日期）（《民诉法解释》第 266 条）。

小额诉讼案件的举证期限由人民法院确定，也可以由当事人协商一致并经人民法院准许，但一般不超过 7 日（当事人到庭后表示不需要举证期限和答辩期间的，人民法院可立即开庭审理）（《民诉法解释》第 277 条）。

（三）举证期限的延长和例外

1. 举证期限的延长

如果当事人确有困难，难以在举证时限内提交证据，《民诉法解释》第 100 条对此作出了变通性规定，即当事人在举证期限内提交证据材料确有困难的，应当在举证期限届满前以书面方式向人民法院申请延长举证期限。

申请理由成立的，人民法院应当准许，适当延长举证期限，并通知其他当事人，延长的举证期限适用于其他当事人。申请的理由不成立的，人民法院不予准许，并通知申请人。

2. 举证期限的例外

证明职权探知主义的适用事项和职权调查事项的证据，为维护公益，通常不适用“举证期限”或“证据失效”制度。

同时，举证期限和证据失效也存在一些合理例外，根据《民事诉讼法》第 65 条、《民诉法解释》第 101 条和第 102 条，主要有：

（1）当事人因客观原因未在举证期限内提出的证据，视为未逾期（允许提出）。“客观原因”包括：《民诉法解释》第 94 条规定的情形，当事人在一审举证期限届满前申请法院调查取证未获准许；当事人在一审举证期限届满后或庭审结束后，发现新的证据等。

《民事诉讼法》第 200 条第 1 项规定，有新的证据，足以推翻原判决、裁定的，为再审理由之一。再审申请人证明其提交的“新的证据”符合下列情形之一的，可以认定逾期提供证据的理由成立：在原审庭审结束前已经存在，因客观原因于庭审结束后才发现的；在原审庭审结束前已经发现，但因客观原因无法取得或者在规定的期限内不能提供的；在原审庭审结束后形成，无法据此另行提起诉讼的。再审申请人提交的证据在原审中已经提供，原审人民法院未组织质证且未作为裁判根据的，视为逾期提供证据的理由成立（《民诉法解释》第 388 条）。

（2）对方当事人对逾期提供证据未提出异议的，视为未逾期（允许提出）。

（3）当事人因故意或重大过失逾期提供的证据，法院不予采纳，但是该证据与案件基本事实有关的，法院应当采纳（并依照《民事诉讼法》第 65 条、第 115 条第 1 款予以训诫、罚款）。

（4）当事人非因故意或重大过失逾期提供的证据，法院应当采纳（并对当事人予以训诫）。

当事人逾期提供证据的，法院应当责令其说明理由，必要时可以要求其提供相应的证据。拒不说明理由或者理由不成立的，人民法院根据不同情形可以不予采纳该证据，或者采纳该证据但予以训诫、罚款。

当事人一方要求另一方赔偿因逾期提供证据致使其增加的交通、住宿、就餐、误工、证人出庭作证等必要费用的，法院可予支持。

四、证据交换和庭前会议

（一）证据交换的概念和作用

我国民事诉讼中的证据交换，是指开庭审理之前，在人民法院审判人员的主持下，双方当事人相互交换所持有的证据的诉讼活动。证据交换是审理前准备的核心内容。

审前证据交换制度具有以下作用：

1. 促进案件的集中审理。证据交换的对象不仅是双方当事人所持有的证据，同时也是各自主张和抗辩的交换。通过证据交换，固定证据，明确争议的焦点，使开庭审理能够围绕已确定的争议焦点与证据展开辩论，促进庭审的集中和有序进行。

2. 防止诉讼突袭，确保程序公正。证据交换使当事人能够彼此了解对方所持有的证据，有利于当事人审前为有针对性的抗辩做准备，防止庭审中的证据突袭，是当事人平等原则的体现，有利于程序公正。

3. 有助于当事人合意解决纠纷。在人民法院主持下的证据交换过程，也是人民法院与当事人双方了解案情的过程。通过证据交换，在案件的争点与证据基本明确以后，诉讼的胜负已大致可以预料，当事人往往会斟酌实体利益与程序利益的大小轻重，权衡判决与和解的利弊得失，而选择合意的方式解决纠纷。这也充分体现出证据交换对于促进纠纷合意解决的重要作用。

在审理前准备阶段进行证据交换，有以下优势：第一，庭审前证据交换不属于正式的开庭，因而其程序相对简化，有的诉讼制度比如公开审判就可以不再适用；第二，可以采用多样化的方法来进行；第三，可以在相对和平的氛围中进行，削弱了对抗性，更容易促成当事人之间的和解。但是，应当明确的是，庭审前证据交换的性质并没有因此改变，它仍然属于实体审理的一个有机组成部分，它和庭审程序中对证据的质证连为一体。总之，将证据交换放在庭审前进行，其本质是为了简化程序而进行的庭审程序的前移。①

不过，由于证据交换采用非公开的方式进行，因而与正式的开庭审理相比，法官的职权应受到一定程度的限制，如不能对有异议的证据进行质证，更不能对最终的实体问题作出判断等。

（二）证据交换的具体内容

根据《民诉法解释》第224条、第225条的规定，需要开庭审理的案件，人民法院可以在答辩期届满后，通过组织证据交换、召集庭前会议等方式，作好审理前的准备。

关于证据交换的具体程序，《证据规定》作了如下安排：

1. 证据交换的适用范围。根据《证据规定》，以下两类情况适用证据交换：（1）证据较多或者复杂疑难的案件。人民法院对于证据较多或者复杂疑难的案件，应当组织当事人在答辩期满后、开庭审理前交换证据。（2）当事人申请证据交换。当事人申请证据交换的，人民法院可以组织当事人在开庭审理前交换证据。对于不属于证据较多或者复杂疑难的案件，当事人申请交换证据的，人民法院应当允许。

原则上，双方当事人应当将本案证据资料进行交换。但是，有关豁免权的证言，包含国家秘密、个人隐私和商业秘密等内容的证据，虽应提交法院，但可以不交换，若是本案主要或唯一证据而必须交换的，则应让对方当事人承担保密义务。

2. 证据交换的时间。证据交换的时间可以由当事人协商确定，也可以由人民法院指定。当事人协商确定证据交换时间的，须经人民法院认可。通常来说，证据交换的时间应当在答辩期满后、开庭审理前。由于证据交换与举证时限紧密相连，证据交换时间应当受举证期间的限制，即应当在举证期间届满后才能进行证据交换。当事人申请延期举证，经人民法院准许的，证据交换的时间也应相应顺延。

3. 证据交换的方式。根据《证据规定》，证据交换以"当面交换"为原则，组织双方当事人及其诉讼代理人到庭交换证据。至于当事人、证人在外地或国外等原因而不能当面交换证据的，只得

---

① 参见汤维建：《民事诉讼中证据交换制度的确立和完善》，载《法律科学》，2004（1）。

书面交换证据。对于书证交换，外地当事人可以采取邮寄的方式进行；但对于实物证据、需要与原件核对的证据、不能复制的证据等证据的交换，则要求双方当事人必须到庭交换。[①]

4. 证据交换的程序。按照《证据规定》的要求，证据交换应当在审判人员的主持下进行。通常情况下，主持证据交换的应当是审理案件的合议庭成员。

在证据交换的过程中，审判人员不对当事人提出的证据进行质证，但可以就证据的来源等问题询问当事人，对不是原件的复印件以及不是原物的视听资料等证据，可以要求与原物、原件核对。审判人员对当事人无异议的事实、证据应当记录在卷；对有异议的证据，按照需要证明的事实分类记录在卷，并记载异议的理由。

通过证据交换，确定双方当事人争议的主要问题。法院对当事人无争议的事实和证据应当记录在卷并经当事人及其代理人签字或盖章，在以后的开庭审理时宣读和认定，不再进行质证。

5. 证据交换的次数。根据《证据规定》，当事人收到对方交换的证据后提出反驳并提出新证据的，人民法院应当通知当事人在指定的时间进行交换。证据交换一般不超过两次。但重大、疑难和案情特别复杂的案件，人民法院认为确有必要再次进行证据交换的除外。

（三）庭前会议

证据交换和庭前会议的主要目的是整理争点，为开庭审理顺利快速进行做好准备。《民诉法解释》第224条至第226条对庭前会议作出了规定。

人民法院可以在答辩期届满后，召集庭前会议。根据案件具体情况，庭前会议可以包括下列内容：

（1）明确原告的诉讼请求和被告的答辩意见；（2）审查处理当事人增加、变更诉讼请求的申请和提出的反诉，以及第三人提出的与本案有关的诉讼请求；（3）根据当事人的申请决定调查收集证据，委托鉴定，要求当事人提供证据，进行勘验，进行证据保全；（4）组织交换证据；（5）归纳争议焦点；（6）进行调解。

法院应当根据当事人的诉讼请求、答辩意见以及证据交换的情况，归纳争议焦点，并就归纳的争议焦点征求当事人的意见。

当事人在审理前准备阶段（包括证据交换、庭前会议等）认可的证据，经审判人员在庭审中说明后，视为质证过的证据。

第二节　当事人质证

一、质证的概念和意义

质证是证明程序的重要内容，也是法庭审理的关键环节。我国《民事诉讼法》第68条规

---

① 参见最高人民法院民事审判第一庭：《民事诉讼证据司法解释的理解与适用》，219页，北京，中国法制出版社，2002。

定，证据应当在法庭上出示，并由当事人互相质证。未经质证的证据，不能作为认定案件事实的依据，若法院采用未经质证的证据，则构成上诉和再审的理由。

普通程序中，开庭审理主要由以下具体程序和阶段构成：开庭准备、审理开始、法庭调查、法庭辩论和合议庭评议。

“开庭审理或法庭审理”——应当围绕当事人争议的事实、证据和法律适用等焦点问题进行（《民诉法解释》第228条）①，具体包括：(1) 对证据资格之有无、证明力之大小、证据是否充分，当事人进行质证，法官作出判断；(2) 对案件事实是否真实，当事人进行证明和辩论，法官作出认定；(3) 对诉讼请求有无事实支持，当事人进行辩论，法官根据实体法规范对诉讼请求是否合法作出判决。

法庭调查中，法院根据案件具体情况并征得当事人同意，可以将法庭调查和法庭辩论合并进行（《民诉法解释》第230条）。法庭调查结束前，法官应当归纳本案的争点，并征求当事人的意见。之后，法官宣布法庭调查结束。法庭辩论是在法庭调查的基础上，针对本案的争点，双方当事人及其诉讼代理人之间进行阐释、展开辩驳。当事人质证辩论的同时，法官判断证据认定事实，逐渐形成心证。法庭辩论终结，应当依法作出判决。

所谓质证，是指在法庭审理过程中，双方当事人在法官的主持下就法庭上所出示的证据材料是否具有证据能力和证明力大小进行说明、质疑与辩驳。质证的目的是当事人通过说明、辩解己方证据和质疑、驳斥对方证据的方式，影响法官对证据材料的审查判断，以使法官形成有利于己的心证。在民事诉讼中，当事人的质证具有以下意义：

1. 质证是程序公正的必然要求。保障当事人有充分的机会并富有意义地参与到法庭裁判的制作过程，并能以自己的行为对裁判结果的形成发挥积极、有效的影响和作用是程序公正的内在要求。在诉讼中，当事人通过对证据的关联性、真实性、合法性的相互质辩，为法院判断证据是否具有证据能力及证明力提供了依据，使裁判中的事实认定建立在当事人质证的基础上，确保当事人真正参与到程序中来，体现了程序公正的基本要求。

2. 质证是法院认定案件事实的必要手段。根据民事诉讼法的规定，证据应当在法庭上出示，并经双方当事人质证后，才能作为认定案件事实的依据。这是质证制度具有重要的诉讼价值的法律依据。依此规定，当事人的质证是法院审查核实证据的必经程序，通过质证对法官的内心确信产生影响，有助于法官准确认定案件事实。

3. 质证是当事人程序主体地位的重要体现。质证制度的确立是我国民事审判方式改革的成果之一。以往无论是法律规定还是审判实践，一个显著的特点是过于强调审判过程中的职权主义，法官不仅包揽证据的调查收集，对证据的审查核实也完全由法官主导，未能发挥当事人的作用，法庭审判在一定程度上流于形式。民事审判方式改革通过确立当事人之间的质证制度，意图改变过去职权主义的庭审模式，充分发挥当事人在庭审中的积极性，体现当事人的程序主体地位。

质证作为诉讼当事人的一项重要权利，是当事人在审判中实现诉讼主张并维护其实体权利

---

① 《民诉法解释》第229条规定：当事人在庭审中对其在审理前的准备阶段认可的事实和证据提出不同意见的，法院应当责令其说明理由。必要时，可以责令其提供相应证据。法院应当结合当事人的诉讼能力、证据和案件的具体情况进行审查。理由成立的，可以列入争议焦点进行审理。

而采取的必要手段。2001 年的《证据规定》就质证中的有关操作性问题作出进一步细化，为质证提供了法定程序的保障，标志着我国民事诉讼当事人质证制度取得重大进展。

二、质证的一般原则

质证是民事诉讼开庭审理的重要环节，也是衡量庭审质量的重要指标。为保障质证合法、有序、高效地进行，人民法院主持下的当事人质证应当遵守以下原则：

1. 公开原则。根据《民事诉讼法》第 134 条的规定，人民法院审理民事案件，以公开审理为原则，以不公开审理为例外。质证作为开庭审理的重要环节，也应当遵守公开审理的规定，即原则上应当公开进行，允许群众旁听，允许新闻记者采访报道。不公开质证的情形包括以下几种：

（1）不公开审理的案件质证不得公开。依照法律规定，涉及国家秘密、个人隐私的案件一律不公开审理；离婚案件、涉及商业秘密的案件，当事人申请不公开审理的，可以不公开审理。对于上述不公开审理的案件，当事人的质证不公开。

（2）不得公开质证的证据。根据《民诉法解释》第 103 条第 3 款的规定和《证据规定》第 48 条的规定，涉及国家秘密、商业秘密和个人隐私或者法律规定应当保密的证据，不得公开质证。前述应当保密的证据如果属于不公开审理的案件，质证当然不能公开。但属于公开审理的案件中，也存在涉及国家秘密、商业秘密和个人隐私等证据的可能，人民法院对这些证据的质证，也应不公开进行。

此外，应当提及的是，《证据规定》第 55 条第 2 款允许证人在人民法院组织双方当事人交换证据时出席陈述证言。证人在证据交换时出席的，视为出庭作证。由于证据交换通常不公开，这就意味着对在证据交换时出席作证的证人的质证以不公开的方式进行。这一对证人作证时间的变通规定，是为了缓解审判实践中证人不愿在公开的法庭上作证的现实困难。从鼓励证人作证的角度看，这一规定有其可行性和必要性。但以不公开的方式对证人进行质证，毕竟与审判公开的要求有一定的距离，不利于对当事人的程序保障。因此，在证据交换中对证人进行质证的，人民法院事先应征得双方当事人的同意。

2. 直接原则。直接审理是开庭审理所应遵循的基本原则。直接审理原则有两方面的含义：一是“在场原则”，即法庭审理时，法官、当事人和其他诉讼参与人必须出席参加庭审活动；二是“直接采证原则”，即从事法庭审判的法官必须亲自直接从事法庭调查和采纳证据，直接接触和审查证据，证据只有经过法官以直接采证方式获得，才能作为定案的根据。① 当事人的质证作为庭审活动的核心内容，应当贯彻直接审理原则。《证据规定》要求证据应当在法庭上出示；证人、鉴定人等应当出庭接受当事人的质询等均是直接原则的具体体现。

3. 言词原则。言词审理，也称口头审理，是相对于书面审理而言的，是指法院进行的证据调查程序和双方当事人的辩论程序必须以口头方式进行，否则不得作为判决的基础。言词审理原则要求赋予双方当事人以言词辩论方式对证据进行质证的机会才能作为定案的根据；法庭

---

① 参见陈瑞华：《刑事审判原理论》，183 页，北京，北京大学出版社，1997。

只有以口头、直接的方式对案件进行调查和辩论，所作出的裁判才具有法律上的效力。言词审理的意义在于任何一方当事人都有与对方在法庭上质证、反驳的机会，这能够促使法官避免预断与偏见，平等对待各方当事人，从而有助于法官查明事实，作出公正的裁判。

三、质证的构成要素

质证程序的构成要素包括：质证的主体，即谁来质证；质证的客体，即对哪些证据材料进行质证；质证的内容，即针对什么进行质证。以下分别阐释：

（一）质证的主体

作为质证活动的实施者，质证主体是指在质证程序中有权向法庭出示证据，对证据予以说明、质辩的主体。质证是诉讼双方当事人反驳和攻击对方证据的重要手段。明确质证的主体，对于准确把握质证的性质和正确认识质证的作用具有重要的意义。

在民事诉讼中，质证的主体是双方当事人，审理案件的法官不能成为质证的主体。这是因为：第一，质证主体为当事人有明确的立法根据。我国《民事诉讼法》第68条规定，证据应当在法庭上出示，并由当事人进行质证。第二，当事人与案件的审理结果有直接的利害关系，具有质证的内在动因。第三，质证主体与举证主体具有一致性。在民事诉讼中，当事人是承担证明责任的主体，证据主要由当事人收集并向法院提供，这就决定了质证应当在当事人之间进行，而不应当在当事人与法官之间进行。

质证的主体还应包括代理人。从民事诉讼法律关系的主体要素角度来看，当事人是真正的诉讼主体。但我们不应忽视现代民事诉讼制度都允许当事人委托代理人（此外还有法定代理人）。这种诉讼代理制度为代理人进入质证主体行列提供了法律依据。所以，代理人也是质证主体一说并无不当。当然，在当事人与其代理人之间也有一个名分的区别问题，那就是：当事人是质证的实在主体，代理人是质证的辅助主体。代理人的介入，本质上是辅助、帮助当事人进行质证活动的，是当事人质证能力的弥补。司法实践中不少法官往往以各种借口剥夺当事人在质证问题上求助于代理人的权利，限制代理人在质证问题上对当事人提供帮助，这无疑是错误的。①

在质证过程中，法官的主要职责是组织和保障质证的公正和有序进行。虽然法官在当事人质证时也可以对证人、鉴定人等提出问题，但这是审查证据的需要，是法官行使审判权的表现。总之，法官是审查证据的主体，是判断和采用证据的主体，不是质证的主体。如果允许法官作为质证的主体，势必影响其公正形象，有违法官中立的要求。

（二）质证的客体

质证的客体，又称质证的对象，是指在质证程序中双方当事人出示的、互相进行质疑和辩驳的证据材料的范围。

根据法律和司法解释的规定，证据应当在法庭上出示，由当事人质证。未经质证的证

---

① 参见江伟主编：《民事诉讼法学关键问题》，244页，北京，中国人民大学出版社，2010。

据，不能作为认定案件事实的根据。因此，证据在客体范围上具有广泛性的特点，原则上各种证据材料都应当在法庭上经过当事人的质证才能作为认定案件事实的根据。这里的各种证据，是指民事诉讼法所规定的各种类型的证据，其中既包括言词证据，也包括实物证据。那种认为只有言词证据才能作为质证对象的观点是不正确的。从证据材料的提供主体上看，在民事诉讼中，质证的客体既包括双方当事人提供的证据材料，也包括人民法院调查收集的证据材料。

当事人是收集和提供证据的主体，诉讼中成为质证客体的证据材料主要是由当事人提供。凡是当事人向人民法院提供的证据材料，通常都应经过质证，才能作为定案的根据。除当事人收集的证据材料外，人民法院依职权调查收集的证据材料也应成为质证的客体。虽然法院的中立地位有助于保证其所调查收集的证据的可靠性，但是由于各种主客观因素的影响，法院调查收集证据的可采性仍得不到百分之百的保证。如果不让当事人对法院调查收集的证据进行质证，实际上就剥夺了当事人对这部分证据的质证权，法院依职权调查收集证据最终将会演变成法官的自我取证、自我评价、自我裁断，不利于法院查清案件事实。所以，法院自行调查收集的证据也应当经过当事人的质证，特别是要接受该证据可能对其不利的一方当事人的质证，才能作为定案的根据。

对于质证的客体范围，需要注意的是：（1）对于当事人双方均已认可的证据无须质证。《证据规定》第 47 条第 2 款规定："当事人在证据交换过程中认可并记录在卷的证据，经审判人员在庭审中说明后，可以作为认定案件事实的依据。"当事人在证据交换过程中已经认可的证据，表明当事人双方对该证据的证据效力没有异议，当然无须在庭审中质证。对此，《民诉法解释》也规定，当事人在审理前的准备阶段认可的证据，经审判人员在庭审中说明后，视为质证过的证据。（2）涉及国家秘密、商业秘密、个人隐私或者法律规定应当保密的证据，不得在开庭时公开质证。以此要求，上述涉及保密的证据应当以不公开的方式质证。但如果上述证据不宜让对方当事人知晓具体内容，法官可以决定不再进行质证，自行审查后直接认定。

（三）质证的内容

质证的内容是指质证主体对证据材料进行质证时所涉及的范围。质证程序的设置，其直接目的在于就证据的关联性、真实性和合法性等提出质疑和辩驳，从而最终确认证据的证据能力及证明力，这就决定了质证程序的内容。《民诉法解释》第 104 条第 1 款规定：人民法院应当组织当事人围绕证据的真实性、合法性以及与待证事实的关联性进行质证，并针对证据有无证明力和证明力大小进行说明和辩论。

当事人提交法庭的资料能否被法官采用为裁判证据，就是看其有无证据资格和证明力的大小强弱。因此，这两个基本问题就成了质证的主要内容。证据资格，即证据能力，是证据材料成为裁判证据的法律资格或要件。证据材料只有具备证据资格，才有必要对其证明力的大小进行质辩。因此，确认证据材料是否具有证据资格是质证的首要任务。对证据资格进行质证，主要涉及证据的关联性、真实性和合法性。同时，质证的内容还包括证明力之大小。在此阶段，则要确定某项证据是否是本证、原始证据、直接证据或是否经过公证等。

四、质证的方式

在我国，质证构成了开庭审理的核心环节，开庭审理的法庭调查阶段主要通过质证来完成。当事人质证的具体方式和具体程序取决于证据的种类。对“实物证据”与“言词证据”，其质证和判断的方式和程序有所不同；对书证、物证、视听资料等实物证据，各自质证和判断的具体方式和具体程序也有所不同；对证人证言、鉴定意见、当事人陈述等言词证据，各自质证和判断的具体方式和具体程序也有所不同。

（一）实物证据的质证方式

对实物证据进行质证和作出判断，其具体方式可以是：通过辨认、鉴定、勘验等来辩驳其证据能力之有无和证明力之大小。同时，对实物证据进行质证和判断，还可以通过对其制作者、保管者、提取者、收集者的询问，来辩驳其证据能力之有无和证明力之大小。

比如，对于书证的形式证明力，公文书可通过制作单位来查验；私文书可采用核对笔迹或印迹来质疑真伪，核对笔迹或印迹可采用辨认、鉴定、勘验等方法。对于书证的实质证明力，可从记载的思想内容上，来考察其是否具有关联性、真实性。

再如，视听资料应当在法庭上播放，接受当事人的质证和法院的审核。提出视听资料的当事人，应当对视听资料的来源、制作手段、制作技术、制作设备等从真实性、科学性和合法性上作出证明。科学鉴定是审查判断视听资料的一种极为重要的方法。

对实物证据而言，当事人提供和法院采用均须遵行“最佳证据规则”，并且还得权衡本证与反证证明力之大小，所以应当合理运用辨认、鉴定、勘验等方式来确定是否为原始证据或派生证据。

有时还使用“推定”来调查实物证据，比如“私文书证经本人或其代理人签名、盖章或按指印的则推定为真正”，“公文书推定为真正”，“正常业务中制作的电子证据的证明力通常大于为诉讼目的制作的电子证据”等，但应允许当事人提出异议并予以推翻。

（二）言词证据的质证方式

1. 两种典型模式

对证人和鉴定人的质询或询问的方式大体上有两种：法官询问和交叉询问。一般说来，大陆法系多采用法官询问式，英美法系则采用交叉询问式。

所谓“交叉询问制”，是指在法庭审理程序中，对证人的质证通过“主询问—反询问—再主询问—再反询问”的方式进行。“交叉询问制”是对抗制诉讼理论在审判程序中的体现和要求，它强调当事人在法庭审判中的主导地位，证据的出示与质辩是当事人的责任，法官或陪审团只负责听审各方当事人提出的证据，并以一种超然的方式作出最终的裁决。在英美法系国家，许多人相信，与法院起支配作用的庭审过程相比，对抗制的调查和提证更可能使陪审团裁决与事实真相一致。①

---

① 参见［美］罗纳德·J·艾伦、理查德·B·库恩斯、埃莉诺·斯威夫特：《证据法》，3版，张保生等译，100页，北京，高等教育出版社，2006。

与英美法系民事诉讼强调当事人的主导作用不同，在大陆法系国家，则强调法官在法庭审理中的主导作用。在法庭审理程序中，法官主持并主导证据调查，对证人的询问也以法官询问为主，当事人的质证仅具有辅助的性质。偏爱大陆法系法官主导审判程序的人多认为，由超然的裁判庭来控制审判，会减少证据的滥用和人为操作，从而增加作出与事实真相一致判决的机会。

"交叉询问制"与"法官询问制"长期以来被作为两大法系民事诉讼重大差异的典型表征。实际上，这两种庭审方式也可以相互融合。日本民事诉讼的庭审方式即是这两种模式有机融合的结果。根据《日本民事诉讼法》第202条第1、2项的规定，证人询问按申请询问的当事人、其他当事人、审判长的顺序进行。当法院认为适当时，在听取当事人意见后可更改顺序。由此可见，日本采取了"交叉询问"与"法官询问"相结合的方式对证人进行质证。通常当事人交叉询问在先，法官询问在后，但法官也可以在征求当事人意见后改为法官询问在先，当事人交叉询问在后。

无论是"交叉询问制"，还是"法官询问制"，都有其各自的优势，同时也存在不足，本身并无优劣之分。一国民事诉讼庭审方式的选择，是该国的诉讼理念、法律传统、诉讼体制等因素综合作用的结果。如果不考虑制度因素的差异，而仅仅对某种庭审方式进行全方位的移植，必然难以取得成功，即便改变立法，最终也不会被审判实践所接受。

2. 我国的选择

我国传统的审判方式具有浓重的职权主义色彩，法官主导法庭调查，控制着证据的提出和证据的审查核实，没有为当事人质证留下空间，当事人的程序主体地位得不到体现。审判方式改革强调弱化法院的职权，强化当事人在民事诉讼中的地位和作用，体现在法庭审理程序中，就是赋予当事人质证的权利。当事人不仅主导证据的提出，也通过质证为法院对证据的审查核实提供重要的依据。在庭审中，当事人质证环节的加入必然改变以往的法官询问制的庭审模式。

从《证据规定》有关当事人质证方式，尤其是对证人证言的质证规定来看，似乎采用了法官询问和当事人交叉询问相结合的方式。《证据规定》第51条规定，质证时按原告、被告、第三人的顺序出示证据，并在当事人之间进行质证；第58条规定，审判人员和当事人可以对证人进行询问；第60条规定，经法庭许可，当事人可以向证人发问。至于到底是以法官询问为主，还是以当事人交叉询问为主，二者顺序如何安排，《证据规定》并未给出清晰的答案，还需要审判实践的探索。

有学者主张，在具体的个案审理中，法官可以综合当事人的辩论能力决定对证人的询问方式。具体而言，如当事人双方都具备辩论能力，则可以采取交叉询问为主，辅以法官询问；如当事人一方辩论能力明显不足，法官应当确保双方当事人询问的机会，同时通过法官释明或法官询问来维护双方当事人之间质证的均衡和程序的公平；如双方当事人辩论能力都较差，无法进行交叉询问，则以法官询问为主，当事人也可发问。[①] 对此观点我们表示赞同。不过还应当在立法中明确二者的具体顺序，毕竟程序法定是民事诉讼的基本要求。我们建议可以借鉴《日本民事诉讼法》的相关规定，即证人询问按申请询问的当事人、其他当事人、审判长的顺序进行。当法院认为适当时，在听取当事人意见后可更改顺序。

有学者认为，法官询问式实际上更多的是法官审查和判断证据。在法官询问式中，应当保

① 参见王亚新：《民事诉讼中质证的几个问题》，载《法律适用》，2004(3)。

证当事人充分质证的机会，否则就偏离了质证的目的和质证的主体要求。若从当事人质证的角度来说，交叉询问式更能体现质证的目的和主体要求。①

3. 对言词证据质证的具体规则

（1）对证人证言的质证

按照我国《民事诉讼法》和《证据规定》的要求，凡是知道案件情况的单位和个人，都有义务出庭作证。不能正确表达意志的人，不能作为证人。待证事实与其年龄、智力状况或者精神健康状况相适应的无民事行为能力人和限制民事行为能力人，可以作为证人。

证人应当出庭作证，接受当事人的质询。出庭作证是证人的义务。如果证人仅提供书面证言而不能当庭接受当事人的质证，将会影响质证的质量，进而对认定案件事实带来不良影响，因此，从制度设计上应当鼓励证人出庭作证。但有下列特殊情况，证人确有困难不能出庭的，经人民法院许可，可以提交书面证言：一是年迈体弱或者行动不便无法出庭的；二是特殊岗位确实无法离开的；三是路途特别遥远，交通不便难以出庭的；四是因自然灾害等不可抗力的原因无法出庭的；五是其他无法出庭的特殊情况。对于证人确有困难不能出庭的，还可以通过提交视听资料或采用双向视听传输技术手段作证。② 此外，证人在人民法院组织双方当事人交换证据时出席陈述证言的，可视为出庭作证。

出庭作证的证人应当客观陈述其亲身感知的事实。证人为聋哑人的，可以其他表达方式作证。证人作证时，不得使用猜测、推断或者评论性的语言。证人不得旁听法庭审理；询问证人，应当个别进行，其他证人不得在场。人民法院认为有必要的，可以让证人对质。对证人进行质证时，可以围绕证人资格、证人与当事人及其代理人是否有利害关系、证人感知案件事实的客观环境、证言内容是否真实、证言与待证事实的关联度等进行质证。

（2）对鉴定意见的质证

《证据规定》第59条规定："鉴定人应当出庭接受当事人质询。鉴定人确因特殊原因无法出庭的，经人民法院准许，可以书面答复当事人的质询。"鉴定意见是民事诉讼中一种重要的证据形式，对鉴定意见的质证对于认定案件事实意义重大。当事人对鉴定意见提出质疑和意见，鉴定人必须答复。除提供书面鉴定意见外，鉴定人还应出庭接受当事人的质询。对出庭的鉴定人的质证，可以从鉴定人的资格、鉴定的依据材料、鉴定过程、鉴定意见等方面进行质证。

（三）专家辅助人辅助质证

专家辅助人，也称为诉讼辅助人，是指在科学、技术以及其他专业知识方面具有特殊的专门知识或经验的人，根据当事人委托并经人民法院准许，出庭辅助当事人对争议的案件事实所涉及的专门性问题进行说明、发表专业意见和评论的人。

为维护当事人的诉讼权利，帮助法庭准确认定事实，《证据规定》创设了专家辅助人制度。《证据规定》第61条对专家辅助人制度作出规定：当事人可以向人民法院申请由一至二名具有

---

① 参见邵明：《正当程序中的实现真实——民事诉讼证明法理之现代阐释》，415页，北京，法律出版社，2009。

② 参见最高人民法院民事审判第一庭：《民事诉讼证据司法解释的理解与适用》，279页，北京，中国法制出版社，2002。

专门知识的人员出庭就案件的专门性问题进行说明。人民法院准许其申请的，有关费用由提出申请的当事人负担。

《民诉法解释》更进一步明确了专家辅助人的性质、任务及其所提供意见的效力。该解释第 122 条与第 123 条规定：当事人可以在举证期限届满前申请一至二名具有专门知识的人出庭，代表当事人对鉴定意见进行质证，或者对案件事实所涉及的专业问题提出意见。具有专门知识的人在法庭上就专业问题提出的意见，视为当事人的陈述。审判人员和当事人可以对出庭的具有专门知识的人员进行询问。经法庭准许，可以由当事人各自申请的具有专门知识的人员就有关案件中的问题进行对质。具有专门知识的人不得参与专业问题之外的法庭审理活动。

根据《证据规定》及《民诉法解释》的上述规定，可以描绘出专家辅助人制度的大致样貌：专家辅助人出庭由当事人提出申请，人民法院应就当事人的申请进行审查，认为确有必要，可以准许其所委托的专家辅助人出庭。专家辅助人出庭质证的目的，在于帮助当事人就案件的专门性问题进行解释说明，以影响法院形成有利于己的心证。在质证程序中，专家辅助人可以进行如下诉讼行为：一是辅助一方当事人阐释和说明案件中所涉及的专门性问题。二是质证的对象有鉴定意见的，帮助当事人对鉴定人进行询问。三是就专门性问题与对方当事人委托的专家辅助人进行对质。对于诉讼中的专门问题及专家辅助人的解释说明，法官和双方当事人可以询问专家辅助人。四是专家辅助人的意见相当于当事人陈述。引入专家辅助人制度，能够弥补当事人和法官专业知识的欠缺与不足，为法院公正裁判和维护当事人的合法权益创造条件。

五、质证的程序

我国《民事诉讼法》第 68 条虽然规定证据应当在法庭上出示，并由当事人互相质证，但并未就当事人质证的程序作出明确的规定。对此，《证据规定》第 51 条规定，质证应当按照下列顺序进行：(1) 原告出示证据，被告、第三人与原告进行质证；(2) 被告出示证据，原告、第三人与被告进行质证；(3) 第三人出示证据，原告、被告与第三人进行质证。第一轮质证结束后，法官应当询问当事人有无补充意见；若有则继续质证，若无法官应当按照原告、被告、第三人的先后顺序，征询各方最后意见。之后，法官宣布法庭质证终结。法院应当当庭将质证的主要过程和具体内容记入审理笔录。

质证时还需注意以下问题：(1) 人民法院依照当事人申请调查收集的证据，作为提出申请的一方当事人提供的证据，由该方当事人在庭审中出示，并由当事人互相质证。(2) 人民法院依照职权调查收集的证据应当在庭审时出示，听取当事人意见，并可就调查收集证据的情况予以说明。(3) 案件有两个以上独立的诉讼请求的，当事人可以逐个出示证据进行质证。

质证在法官的主持下进行，法官通过行使诉讼指挥权以保障质证程序公正、有序地进行。在质证过程中，法官基于审查核实证据的需要，可以对证人、鉴定人等进行询问，对提供物证、书证等实物证据的当事人进行询问。此外，当事人提供的证据在内容和形式上存有瑕疵，或当事人因为疏忽、误解而认为没有提供证据的必要时，法官应当行使释明权，要求当事人修正瑕疵或补充证据。通过法官的释明以维持双方当事人实质上的平等，并尽可能发现案件真实，保障实体公正。

第三节　法官审核认定证据

一、审核认定证据的概念和意义

（一）审核认定证据的概念

法官审核认定证据，可称审查判断证据（我国实务中常称法官认证），是指审判人员依照法定程序对法庭审理中出示的证据材料的关联性、真实性、合法性进行考查、分析和辨别，判断、确认证据能力和证明力，以决定能否成为定案根据的诉讼活动。

现代诉讼奉行证据裁判原则，案件事实的认定需以证据为根据。审核认定证据是人民法院认定案件事实的必要手段和必经阶段。对证据的审核认定，可以从以下几个方面加以理解：

1. 审核认定证据包括对证据的审核与对证据的认定两个方面。审核证据是认定证据的前提和基础，认定证据是审核证据的目的和归宿。

2. 审核认定证据的主体是审理案件的审判人员。审判人员对证据的审核认定是其行使审判权的重要内容和有机组成部分。审核认定证据的过程就是审判人员对证据进行选择与取舍，并判断其证据能力和证明力的过程，从而为最终认定案件事实服务。

3. 审核认定证据的对象是当事人自行收集并向法院提出的证据材料以及人民法院依当事人申请或依职权调查收集的证据材料。审核认定证据的对象不包括案件事实。虽然案件事实也需要审核认定，但是它与对证据的审核认定不可混淆，法官不能用认定案件事实的活动笼统地代替对案件中各种证据的认定活动，认定证据应该在程序和方法上具有相对的独立性。①

4. 审核认定证据的目的在于通过确定证据材料是否具有证据能力以及证明力大小，以查明事实真相，认定案件事实，为人民法院作出正确的裁判奠定基础。

5. 审核认定证据的活动是审判人员的一种思维活动，是审判人员运用逻辑思维方法，通过科学的分析、鉴别和判断而完成的。审判人员对证据的审查核实可以采用多种方法，其中通过当事人对证据材料的质证是审判人员审核认定证据的重要方法。

（二）审核认定证据的意义

审核认定证据，是诉讼证明活动的关键环节，就法院在民事诉讼中的活动而言，对证据的审核认定无疑是其中的重心。法院对证据的审核认定具有如下重要意义：

1. 通过审核认定证据，有利于对各种证据材料进行鉴别，判断证据的关联性、真实性、和合法性等，以确认证据材料的证据能力与证明力。

2. 通过审核认定证据，有利于准确查明案件的真实情况，为法院正确认定事实提供准确的依据，从而使法院作出正确的裁判，维护当事人的合法权益。

---

① 参见何家弘：《证据的审查与认定原理论纲》，载《法学家》，2008（3）。

二、审核认定证据的基本原则

(一) 审核认定证据的两种模式

在诉讼中，法官对自己未曾经历的过去事实存在与否进行判断的过程，实际上就是对各种证据资料的证据价值进行审核、选择、取舍，进而基于各种证据价值高的证据资料来推定过去事实关系的过程。① 法官在对争议的事实存在与否形成心证的过程中，对证据资料的价值判断及依据证据资料推定事实的形成心证的方法存在两种不同的原则，一种为法定证据主义，一种为自由心证主义。

1. 法定证据主义

所谓法定证据主义，是指法律根据证据的不同形式，预先规定了各种证据的证明力和判断证据的规则。法官必须依据法律的规定认定证据的证明力并进而认定案件事实。从成熟的法定证据制度来看，其具体内容有：

(1) 各种证据的证明力及证据的收集和判断，均由法律预先明确规定，法官不得自由裁量。法官在纠问式诉讼中的形象是立法者所设计和建造的机器操作者，法官如同按照数学公式进行演算一样，被动而机械地根据证据规则来计算证据的证明力，并据此认定案件事实。

(2) 证据的形式化。根据表现形式，证据被划分为完全证据和不完全证据。“完全证据”是法律规定能够完全证明主要事实的证据。“被告人的自白”是典型的完全证据。“不完全证据”包括折半证据、四分之一证据等，其证明力不足以证明主要事实，多个不完全证据的证明力相当于一个完全证据，比如2个折半证据的证明力等于1个完全证据的证明力。

(3) 证据的等级性。证据的等级性常常体现为根据提供证据者的政治地位、社会等级确定其提供的证据的证明力。比如，在中世纪欧洲，认为在证明力方面，贵族证言高于平民证言、教士证言高于俗人证言、男子证言高于女子证言等。

(4)“刑讯拷问”是获取证据的合法方式。在中世纪，调查收集证据的手段贫乏，物证和书证还没有成为认定事实的主要手段，而“被告人的自白”(即“口供”) 成为当时诉讼裁判正当性的主要来源，所以被确认为“完全证据”且为“证据之王”。

法定证据主义能够保障不同的法官在相同情况下形成同样的心证，当法官素质不高时，法定证据主义具有遏制法官司法独断专横的效果。但是，以极为有限的且形式化的法定证据规则来判断纷繁复杂、不断变化的案件事实，既不现实也不科学。因此，在近代诉讼法中，对证据的审核认定以及案件事实的认定均确立了以全面信任法官能力与素质为前提的自由心证主义。

2. 自由心证主义

所谓自由心证主义，是指证据的取舍及证明力的大小及其如何认定与运用，法律不作预先规定，而由法官针对具体案情，根据经验法则、逻辑规则和良知理性，形成内心确信，从而对证据价值作出判断并据此认定案件事实。

自由心证主义是大陆法系各国民事诉讼法明确规定的法官审查判断证据和认定案件事实的基本方法。尽管大陆法系各国对自由心证具体内容的描述有所差异，但至少有两点是一致的：

---

① 参见［日］新堂幸司：《新民事诉讼法》，林剑锋译，385页，北京，法律出版社，2008。

一是在事实认定时，心证形成的基础资料包含在诉讼中向法院提供的所有资料，包括证据调查的结果与辩论的全宗旨；二是对证据价值的评价法律不作规定，而是交给审理案件的法官自由作出判断。一般说来，自由心证包括：选择证据方法的自由；认定证据能力的自由；证明力评价及选择经验法则的自由；等等。

与法定证据主义相比，自由心证主义否定了法定证据主义下的形式主义，把法官从法定证据的束缚中解放出来，赋予了法官对事实认定的自由裁量权，使法官能够根据理性和良知来判断证据，认定事实，从而根据案件的实际情况作出裁判。但传统自由心证对法官在证据价值与事实认定上的判断权几乎没有任何约束，法官自由裁量权过大，且法官心证具有秘密性的特征，容易造成司法擅断。对此，自 20 世纪 30 年代以后，各国对传统自由心证进行了现代改造。

现代自由心证主义克服了传统自由心证擅断的弊端，既强调法官的自由判断，也强调法官应遵守法律的规定以及判决结果和理由的公开性，是法官在遵守法律规定的前提下，依据良知和理性行使自由裁量权，从而形成法官内心确信的过程。总之，在平衡调动裁判者认识能动性、促进案件事实发现和抑制裁判者的随意性、实现裁判结果的正当性方面，自由心证主义是到目前为止的最好的证据评价制度。

（二）我国审核认定证据的基本原则

《民事诉讼法》确立了人民法院应当依照法定程序，全面地、客观地审查核实证据的原则，但并未规定法官对证据审查判断所应遵循的基本原则。《民诉法解释》第 105 条规定：“人民法院应当依照法定程序，全面、客观地审核证据，依照法律规定，运用逻辑推理和日常生活经验法则，对证据有无证明力和证明力大小进行判断，并公开判断的理由和结果。”该规定确立了法官根据法律规定以及良知理性、经验法则和逻辑推理审查判断证据的基本原则，简称依法独立审查判断证据原则。这一原则具有如下几方面的具体要求：

1. 依照法定程序审核认定证据

对证据的审查判断是诉讼证明的重要环节，是认定案件事实的前提和基础。法律对审查判断证据的程序有明确规定的，必须严格依照法定程序进行。任何违反法定程序审核认定证据的行为，均可能因程序违法而影响最终裁判的效力。例如，当事人双方对证据材料的质证是法官审查判断证据的重要方法。我国民事诉讼法及相关司法解释明确规定，证据应当在法庭上出示，并由当事人互相质证。未经质证的证据，不能作为认定案件事实的依据。法官如果将自己调查取证的证据未经庭审质证就加以认定，并作为定案的根据，则违反了法定程序，应判定无效。

2. 全面、客观审核证据

审判人员对证据的审查判断，应坚持全面客观原则。所谓全面，是指对与待证事实有关的所有证据材料都要审查核实，不得偏听偏信或者任意取舍；所谓客观，是指法官应当保持中立立场，避免在审查证据时先入为主，主观片面，从而保障公正地判断证据，准确认定案件事实。

3. 运用逻辑推理和经验法则形成内心确信

审判人员通过审查判断证据认定案件事实，应根据自己独立形成的内心确信。但内心确信的形成并非毫无根据、主观臆断，而是要运用逻辑推理，遵循经验法则作出判断，从而使对证据的评价和事实认定具有说服力，能够获得普通人的认同。逻辑推理及日常生活经验是对法官的法律思维能力和经验法则的认知提出的要求。这个要求可以简单地概括为“理性”。法官应当是一个理性人，通晓法律思维逻辑的一般规律，对于日常生活经验事实了如指掌，否则不足以肩负裁判事实和适用法律的使命。

在事实认定和法律适用的过程中，逻辑推理作用突出，主要表现在两个方面：其一，逻辑是法律推理的认识工具，遵循一定的逻辑路线，有助于法律推理迅速高效地完成认定事实和适用法律的任务。其二，逻辑是公正司法的程序保障。逻辑规则要求法官确定、一贯地适用法律。虽然它不能保证结论的正确，但能够保证法律推理过程的正确性。为了保证内心确信的科学性、合理性，进行推理时必须保证前提的正确和推理符合逻辑规则。

经验法则是法官对证据与事实形成内心确信过程中的又一重要依据。经验法则作为普遍知识而为公众普遍认同，无须借助任何证据予以证明，也无须法律予以规定。经验法则的主要作用在于，利用经验法则进行有效的事实推定；对证据进行合理的评价；对法律概念、法律行为的解释；运用经验法则判断当事人对案件主要事实的证明是否达到证明标准；运用经验法则对裁判理由予以说明。需要注意的是，对于需要借助于特殊的知识和经验才能认识的专门经验和知识，不宜直接运用，仍须通过证明程序予以证明，以确保其客观真实。

4. 依据法律规定审核认定证据

依据自由心证原则审核认定证据与案件事实，主要由法官通过对经验法则的自由选择与适用而形成内心确信，法律预先并不对证据价值作出规定，但也并不排除例外情形下法律也会就证据能力与证明力作出规定。如果法律对审核认定证据有相应的规定，法官也应遵守法律的规定。在我国，虽然赋予法官运用逻辑推理和经验法则审核认定证据的权力，但同时也对证据能力与某些情形下证据的证明力的认定作出了明确规定。法官在审核认定证据时，应当按照法定的证据规则对证据的证据能力与证明力作出判断。例如，《证据规定》中有关最佳证据规则、补强证据规则的规定等，就成为法官审查判断证据的又一重要依据。

法律对有关证据能力与证明力等证据规则的规定，究其实质，它们是对人类一般的、合理的、普遍的经验的一种总结，可以说是对经验法则的一种法定化形式。依据法定的证据规则审核认定证据，既是对法官自由判断证据的补充，也是特定情况下防止法官内心确信可能产生误认的需要，更是对自由心证的保障和制约。

5. 公开审核认定证据的结果和理由

心证公开是现代自由心证与传统自由心证的本质区别，也是司法民主与公正的体现。心证的公开包括心证过程的公开与心证结果的公开，而公开审核认定证据的结果和理由是心证结果公开的具体表现和基本要求。公开审核认定证据的结果和理由不仅是审查判断证据科学性和合理性的程序保障，也是对裁判发挥监督作用和启动必要救济程序的重要前提。

就审核认定证据的规律而言，法律虽然无法直接约束法官的内心判断过程，却可以要求法官在认定事实之后将其判断的根据和理由进行充分的说明。而当法官的心证理由被公开之后，法官对证明力思考判断的结果就能够充分地说服当事人。因此，公开审核认定证据的结果不仅有利于提高法官的逻辑推理水平，有助于案件的公正审理，同时也会更有利于加强对法官的监督，确保司法民主与公正。公开审核认定证据的结果和理由要求法官在判决书中必须详细记载对证据认定或排除的理由，对事实认定的推理过程，以完整地对当事人的主张和举证作出回答，从而切实保障当事人参加程序的权利，确保司法公正。

现代自由心证主义既强调审判人员审查判断证据应当遵循法定程序，依据法律规定，也强调审判人员应当遵循法官职业道德，运用逻辑推理和日常生活经验对证据进行独立判断，并公开判断的理由和结果。

三、审核认定证据的过程

法官对证据的审核认定，从认识过程来看包括两个不同的环节和阶段，即对单一证据的审核认定和对案件的全部证据进行综合审核认定。每个环节审核认定证据的内容有所差异，所使用的方法也有区别，具体如下：

（一）对单一证据的审核认定

无论一个案件涉及多少证据材料，人民法院都要逐一审查和判断。对单一证据的审核认定主要围绕证据的真实性、合法性以及关联性进行，以确定证据材料是否具有证据资格，是否真实，是否具有证明力及证明力的大小。

1. 审核认定证据的关联性

诉讼中提交到法庭的证据材料只有与案件的待证事实存在关联性，表明证据具有证明力，才能被法院采纳，否则不能作为定案证据。在诉讼活动中，证据与待证事实的关联性要求证据必须在逻辑上与待证事实之间具有证明关系。

审查判断证据的关联性，一般应从以下几方面进行：（1）判断证据与案件事实之间有无客观联系。（2）判断证据与案件事实之间联系的形式和性质。例如，因果联系与非因果联系，必然联系与偶然联系，内在联系与外在联系，直接联系与间接联系等。（3）判断证据与案件事实之间联系的确定性程度。

2. 审核认定证据的真实性

对证据的真实性进行审查是使证据成为定案根据的必经环节。我国《民事诉讼法》规定，证据必须经过查证属实，才能作为定案的根据。如果人民法院经过审查发现证据材料不具有真实性，就不会采信该证据，也就不能把它作为定案的根据。对证据真实性的审查，主要从以下几个方面进行：

（1）审查证据来源的可靠性。所谓证据来源，即证据是如何形成的，或者是由谁提供的。证据来源不同，其真实可靠性就会有所差异。分析证据来源的可靠性，就是要分析证据在形成过程中是否受到外界因素的影响及其影响的程度；分析证据提供者有无影响证据内容可信度的因素。[①] 对于证据的来源，一般可从以下几方面入手：其一，证据是否为原件、原物，复印件、复制品与原件、原物是否相符；其二，证据提供人的身份与动机；其三，证据提供人的能力与知识；其四，证据形成的原因和发现证据时的客观环境；其五，调查收集证据的方式、方法是否正确等。

---

① 参见何家弘：《证据的审查与认定原理论纲》，载《法学家》，2008（3）。

(2) 审查证据内容的可信度。证据内容，即证据所反映的案件事实情况。审判人员审查判断证据内容的真实性应考察证据内容的可能性、证据内容的一致性、证据内容的合理性以及证据内容的详细性。

3. 审核认定证据的合法性

诉讼中的证据材料必须具有合法性，即必须符合法律规定的形式和要求。如果证据材料不具有合法性，则丧失了证据资格，不能被采纳为诉讼证据。因此，审核认定证据的合法性，成为审核认定证据的重要内容。

对证据合法性的审查判断主要包括：(1) 审查判断证据是否具备法定的形式；(2) 审查判断证据的来源是否合法；(3) 审查判断收集证据的手段和程序是否合法；(4) 审查判断证据的运用是否合法。

(二) 对全部证据的综合审核认定

对全部证据的综合审核认定，是指在对证据材料逐一审查核实的基础上，就全案证据进行总体分析与鉴别，判断各个证据与待证事实的关联程度，以及各个单一证据相互之间的协调一致性，以对证据整体的综合证明力进行认定，进而最终确认案件事实。

审判人员对案件的全部证据，应当从各证据与案件事实的关联程度、各证据之间的联系等方面进行综合审查判断。据此，对案件的全部证据进行综合审核认定可从以下几个方面进行：

1. 对各个证据与案件事实之间的关联程度进行比较、审查与判断。尽管要求当事人所提供的每一个证据材料都要与案件事实具有关联性，否则将被排除在诉讼之外，但各个证据与案件事实的关联程度存在差异，证明力大小有别。对全案证据的综合审查判断首先就要对各个证据与案件事实之间的关联程度进行比较分析，进而对不同证据的证明力作出判断。一般来说，直接证据的证明力高于间接证据，原始证据的证明力高于传来证据。在当事人双方就同一事实分别举出若干相反证据时，对其与案件事实之间的关联程度的比较就成为审查判断的重要内容，尤其是在根据高度盖然性的证明标准，确定双方的证据优势时，这种关联程度的比较分析更具有重要作用。

2. 审查判断各个证据之间的联系。从证据之间的联系中审查判断证据，才能鉴别真伪，确定证据的证明力。一个证据同其他证据进行比较分析，看其相互之间是否存在矛盾，能否互相印证，对案件事实的证明是否协调一致。如果所有的证据协调一致指向同一事实，可以认定该证据为真。如果证据相互之间存在矛盾，则可以通过分析判断矛盾形成的原因，来判断证据事实的真伪，从而最大限度地接近客观真实。

四、审核认定证据的具体方法

要正确地对证据进行审核认定，必须掌握和运用科学合理的方法。根据司法实践经验，审核认定证据通常采用以下几种方法：

(一) 甄别法

甄别法，是指根据客观事物发生、发展及变化的一般规律和常识辨别证据的真伪及其与案件事实是否存在关联。甄别法主要用于对单一证据的审查判断。甄别法是审查判断证据最常用的方法，也往往是最先使用的方法，它可以对证据进行初次筛选，为进一步的审查判断打下基础。

（二）对比法

所谓对比法，是指法官在对涉及两个或两个以上的具有可比性的证据进行审查判断时，根据事物的本质特征或内在属性的同一性原理对证据进行相互比较，查明证据与证据之间有无矛盾，从而确认证据是否真实、有无证明力以及证明力大小。一般来说，经过比较，证据所反映的内容基本一致，没有矛盾，就说明证据真实可靠；反之，则说明其中一个或几个证据还存在问题或矛盾，应当予以排除或者进一步采取措施查证核实。在采用对比法判断证据时，应注意各个证据所证明的对象必须是同一事实，即具有可比性。如果用来对比的证据之间不具有可比性，则不能进行对比，否则就会得出错误的结论。

（三）印证法

印证法，是指将若干个证据所分别证明的同一案件的若干事实联系起来进行考察，以判明它们之间是否互相呼应、协调一致的方法。印证法与对比法不同，它不要求证明对象同一，而只要求证据与待证事实之间存在客观联系，因而在司法实践中普遍使用，特别是在查明间接证据的真伪时，更要注意采用印证法进行审查判断。

（四）辨认法

辨认法，是指在法官主持下，由当事人、证人对与案件有关的物证、书证、场所或人身等进行识别和确认的方法。辨认法在刑事侦查中应用广泛。

（五）鉴定法

鉴定法，是指法官对涉及专门知识的有关专门问题，通过指定或聘请鉴定人进行鉴定或要求重新鉴定、补充鉴定予以查明的方法。凡涉及必须查明的专门性问题，一般均需通过鉴定来解决。在民事诉讼中，鉴定法得到了广泛的运用。

（六）对质法

对质法，是指法官为了确认某一事实的真实性，依法组织了解该事实的两个或两个以上的人，就有关事实情况进行相互质询和诘问以判明真伪的方法。使用对质法的前提条件是双方对同一案件事实的陈述之间出现尖锐矛盾而使法官难以确认其真假。对质应当在个别询问的基础上进行。常见的对质主要有证人之间的对质、专家辅助人之间的对质等。《证据规定》第 58 条规定，人民法院认为有必要的，可以让证人进行对质。

（七）质证法

质证法，是指审判人员在法庭审理程序中组织双方当事人对证据材料互相进行质辩的方法。当事人双方对证据材料的质证是法官审查判断证据的基本方法。我国民事诉讼法及相关司法解释明确规定，证据应当在法庭上出示，并由当事人互相质证。未经质证的证据，不能作为认定案件事实的依据。

（八）实验法

实验法，又称验证法，是指为了审查判断某一现象在一定的时间内或情况下能否发生，而依法将该现象发生的过程加以重演或再现的方法。实验法主要用于查验当事人陈述或证人证言的内容。

（九）综合审查

案件事实的认定，往往是综合运用各种审查判断方法的结果。在综合审查判断证据的过程中，形式逻辑的运用具有特殊的地位和作用。审查判断证据时应当遵守同一律、矛盾律和排中律等逻辑思维规律。应用逻辑思维审查判断证据的方法主要有归纳与演绎、分析与综合、排除法、反证法等。

延伸阅读文献

1. 陈桂明，张锋．民事举证时限制度初探．政法论坛，1998（3）
2. 毕玉谦．试论民事诉讼上的主询问规则．法律适用，1999（12）
3. 王亚新．民事诉讼准备程序研究．中外法学，2000（2）
4. 叶自强．关于民事诉讼举证期限问题的探讨．河北法学，2000（6）
5. 张卫平．交叉询问制：魅力与异境的尴尬．中外法学，2001（3）
6. 毕玉谦．证据保全程序问题研究．北京科技大学学报（社会科学版），2001（2）
7. 崔婕．证据收集制度．现代法学，2002（3）
8. 常怡，王健．举证时限制度的实证分析．西南政法大学学报，2003（6）
9. 王亚新．民事诉讼中质证的几个问题．法律适用，2004（3）
10. 熊跃敏．大陆法系民事诉讼中的证据收集制度论析．甘肃政法学院学报，2004（4）
11. 何家弘．证据的审查与认定原理论纲．法学家，2008（3）
12. 邵明．正当程序中的实现真实——民事诉讼证明法理之现代阐释．北京：法律出版社，2009
13. ［日］新堂幸司著，林剑锋译．新民事诉讼法．北京：法律出版社，2008

问题与思考

1. 简要说明民事诉讼中的举证时限制度。（2006 年南京师范大学考研复试题）
2. 简述质证在我国民事诉讼中的作用。（2006 年中国政法大学考研复试题）
3. 试述民事诉讼证据的收集与保全。（2004 年中国人民大学考研试题）
4. 简述人民法院审核认定证据应遵循的基本原则。

5. 在民事诉讼普通程序中，根据有关司法解释，关于举证期限，下列哪一选项是正确的？（2007 年司法考试卷三）（参考答案：D）

A. 举证期限只能由法院指定

B. 举证期限可以由当事人协商确定，不需法院认可

C. 当事人在举证期限内提交证据确有困难的，可以在举证期限届满之后申请延长

D. 法院指定的举证期限不得少于 30 日

6. 关于举证时限和证据交换的表述，下列哪一选项是正确的？（2009 年司法考试卷三）（参考答案：A）

A. 证据交换可以依当事人的申请而进行，也可以由法院依职权决定而实施

B. 民事诉讼案件在开庭审理前，法院必须组织进行证据交换

C. 当事人在举证期限内提交证据确有困难的，可以在举证期限届满之后申请延长，但只能申请延长一次

D. 当事人在举证期限内未向法院提交证据材料的，在法庭审理过程中无权再提交证据

7. 关于民事诉讼中的证据收集，下列哪些选项是正确的？（2008 年司法考试卷三）（参考答案：ABD）

A. 在王某诉齐某合同纠纷一案中，该合同可能存在损害第三人利益的事实，在此情况下法院可以主动收集证据

B. 在胡某诉黄某侵权一案中，因客观原因胡某未能提供一项关键证据，在此情况下胡某可以申请法院收集证据

C. 在周某诉贺某借款纠纷一案中，周某因自己没有时间收集证据，于是申请法院调查收集证据，在此情况下法院应当进行调查收集

D. 在武某诉赵某一案中，武某申请法院调查收集证据，但未获法院准许，武某可以向受案法院申请复议一次

8. 某基层法院曾审理一起借款纠纷。原告张某诉称被告王某曾向其借款 2 万元一直未还，故起诉要求被告王某还款，但并未提供书面借款证据，被告也予以否认。法院在审理过程中，根据其他间接证据认为王某有借款的可能，但不能形成内心确信，于是法院对被告进行了心理测试，结果表明被告的否认陈述为假。最后法院支持了原告的诉讼请求。

法律问题：测谎结论是否具有证据能力？为什么？

图书在版编目（CIP）数据

民事证据法学/江伟，邵明主编．—2版．—北京：中国人民大学出版社，2015.9
新编21世纪法学系列教材／曾宪义，王利明主编
ISBN 978-7-300-21970-7

Ⅰ.①民… Ⅱ.①江…②邵… Ⅲ.①民事诉讼-证据-法的理论-中国-高等学校-教材 Ⅳ.①D925.113

中国版本图书馆CIP数据核字（2015）第236784号

新编21世纪法学系列教材
总主编　曾宪义　王利明
民事证据法学（第二版）
主　编　江　伟　邵　明
Minshi Zhengjufaxue

出版发行	中国人民大学出版社		
社　　址	北京中关村大街31号	**邮政编码**	100080
电　　话	010－62511242（总编室）		010－62511770（质管部）
	010－82501766（邮购部）		010－62514148（门市部）
	010－62515195（发行公司）		010－62515275（盗版举报）
网　　址	http://www.crup.com.cn		
经　　销	新华书店		
印　　刷	固安县铭成印刷有限公司	**版　　次**	2011年3月第1版
规　　格	185 mm×260 mm　16开本		2015年10月第2版
印　　张	15.25	**印　　次**	2020年9月第2次印刷
字　　数	346 000	**定　　价**	29.80元

相关教材

书名	ISBN	作者	定价（元）	出版日期
民事诉讼法（第七版）（新编21世纪法学系列教材；“十一五”国家级规划教材；教育部全国普通高等学校优秀教材一等奖；教育部推荐教材）	978-7-300-21119-0	江　伟　肖建国	59.80	2015-04
民事证据法学（第二版）（新编21世纪法学系列教材）	978-7-300-21970-7	江　伟　邵　明	29.80	2015-10
民事执行法（21世纪法学系列教材）	978-7-300-19445-5	肖建国	45.00	2014-07
仲裁法（第三版）（新编21世纪法学系列教材）		江　伟	39.80（估）	2015-08
非诉讼程序（ADR）教程（第二版）（21世纪法学系列教材）	978-7-300-15800-6	范　愉	35.00	2012-06
简明证据法学（第三版）（21世纪法学系列教材；“十二五”普通高等教育本科国家级规划教材）	978-7-300-18201-8	何家弘	39.00	2013-11
物证技术学（第四版）（21世纪法学系列教材；高等学校文科教材）	978-7-300-14255-5	徐立根　李学军　刘晓丹	39.00	2011-09
民事诉讼法（第三版）（21世纪高等院校法学系列精品教材）	978-7-300-21614-0	张卫平	49.80	2015-08
民事诉讼法（第四版）（21世纪中国高校法学系列教材）	978-7-300-21308-8	齐树洁	43.00	2015-06
民事诉讼法（第四版）（21世纪高等院校法学系列精品教材）	978-7-300-18072-4	田平安	48.00	2013-01
民事诉讼法学原理与案例教程（第二版）（21世纪法学系列教材；全国法律硕士专业学位教指委秘书处推荐教材）	978-7-300-11841-3	汤维建	55.00	2010-04
民事诉讼法练习题集（第四版）（21世纪法学系列教材配套辅导用书）	978-7-300-21815-1	江　伟　肖建国	38.00	2015-09
《民事诉讼法》法律法规精释（21世纪法学系列教材配套辅导用书）	978-7-300-12582-4	肖建国	38.00	2010-09
民事诉讼法学关键问题（21世纪法学系列教材配套辅导用书）	978-7-300-12130-7	江　伟	39.00	2010-06

《　　　　　　》※任课教师调查问卷

为了能更好地为您提供优秀的教材及良好的服务，也为了进一步提高我社法学教材出版的质量，希望您能协助我们完成本次小问卷，完成后您可以在我社网站中选择与您教学相关的1本教材作为今后的备选教材，我们会及时为您邮寄送达！如果您不方便邮寄，也可以申请加入我社的**法学教师QQ群：83961183（申请时请注明法学教师）**，然后下载本问卷填写，并发往我们指定的邮箱（cruplaw@163.com）。

邮寄地址：北京市海淀区中关村大街31号中国人民大学出版社411室收

邮　　编：100080

再次感谢您在百忙中抽出时间为我们填写这份调查问卷，您的举手之劳，将使我们获益匪浅！

基本信息及联系方式：※

姓名：______________ 性别：_____________ 课程：_____________________________

任教学校：______________________________ 院系（所）：_____________________

邮寄地址：______________________________ 邮编：____________________________

电话（办公）：______________ 手机：______________ 电子邮件：________________

调查问卷：※

1. 您认为图书的哪类特性对您使用教材最有影响力？（　　）（可多选，按重要性排序）
   A. 各级规划教材、获奖教材　　B. 知名作者教材
   C. 完善的配套资源　　D. 自编教材
   E. 行政命令
2. 在教材配套资源中，您最需要哪些？（　　）（可多选，按重要性排序）
   A. 电子教案　　B. 教学案例
   C. 教学视频　　D. 配套习题、模拟试卷
3. 您对于本书的评价如何？（　　）
   A. 该书目前仍符合教学要求，表现不错将继续采用。
   B. 该书的配套资源需要改进，才会继续使用。
   C. 该书需要在内容或实例更新再版后才能满足我的教学，才会继续使用。
   D. 该书与同类教材差距很大，不准备继续采用了。
4. 从您的教学出发，谈谈对本书的改进建议：___________________________

____

____

选题征集：如果您有好的选题或出版需求，欢迎您联系我们：

联系人：黄　强　联系电话：010-62515955

索取样书：书名：____

书号：____

备注：※ 为必填项。